商务管理统计学

（2009 年版）

主　编　何海燕　张红元
副主编　黄发贵　郑奕君

中国商务出版社

图书在版编目（CIP）数据

商务管理统计学：2009 年版/何海燕，张红元主编 . —2
版 . —北京：中国商务出版社，2008.11（2016. 9 重印）
ISBN 978-7-80181-964-2

Ⅰ. 商… Ⅱ.①何…②张… Ⅲ. 商业统计学 Ⅳ.F712.3

中国版本图书馆 CIP 数据核字（2008）第 172819 号

商务管理统计学(2009 年版)

主　编　何海燕　张红元

副主编　黄发贵　郑奕君

中国商务出版社出版

（北京市东城区安定门外大街东后巷 28 号）

邮政编码：100710

电话：010—64269744（编辑室）
　　　010—64266119（发行部）
　　　010—64295501
　　　010—64263201（零售、邮购）

网址：www. cctpress. com

E-mail：cctp@cctpress. com

北京中商图出版物发行有限
责任公司发行

嘉年华文有限责任公司排版

北京密兴印刷有限公司印刷

787 毫米×980 毫米　16 开本

22.25 印张　388 千字

2008 年 11 月　第 2 版

2016 年 9 月　第 7 次印刷

ISBN　978-7-80181-964-2

定价：34.00 元

序　言

《商务管理统计学》第一版自2003年8月出版发行以来，因其结构紧凑、通俗实用等特点，受到广大读者欢迎，被多所高等院校作为教材使用，多次印刷。几年来，在使用过程中承蒙广大读者的关心与爱护，并提出了许多好的意见和建议，在此深表谢意。正因如此，我们决定在保持第一版体系特色的同时，对《商务管理统计学》一书进行修改和完善。修订后的《商务管理统计学》与第一版相比具有如下特点：

第一，订正了第一版中的疏漏和排版印刷方面的错误；

第二，在每章的前面增加了"本章学习目标"，以便读者对每章的核心内容有个初步了解；

第三，在每章的后面增加了"本章小结"和"本章重点名词"。目的是给读者提炼出本章重点，加深对每章内容的理解，以及应用和联系实际等方面的难点提示；

第四，分别在第六、第七、第八章增加了典型计算题；

第五，为配合教学需要，结合教材体系，我们增加了PPT课件，提供教学中需要的基本教学内容和理论体系框架。教师可以在此基础上，根据授课对象和专业特点，进行增减。

第六，《商务管理统计学》（2009年版）沿袭了第一版的结构紧凑、通俗实用，紧密结合商务管理实践等特点，力求以人为本、简捷明了，舍弃繁琐的公式推导，注重实用性。同时，为适应商务管理活动的日益国际化要求，保留了第一版的"外国人力资源与生产流通统计"和"外国居民收入与消费统计"两章内容。

《商务管理统计学》第二版的修订工作在暑假进行，由于时间关系，主要由何海燕、郑奕君、董黎明、何海鹰参与完成。

修订工作得到了中国商务出版社的大力支持和帮助，尤其是李学新和种清苑两位编辑提供了很好的建议，在此表示衷心感谢。

由于作者水平所限，时间较紧，本书中仍会有一些疏漏和错误，恳请各位同行和广大读者提出宝贵意见，以便我们进一步修改、完善。

编　者

2008年8月8日

目　　录

第一章　商务管理统计总论
及数据来源

本章学习目标

　　本章学习目标有四个：①了解统计的产生、发展以及现状；②了解统计的含义、研究方法、研究对象；③掌握统计中的几个常用概念；④学会在商务管理中使用统计常用的调查方法，能制订出简单的统计调查方案。

第一节　统计的历史与现状

一、商务管理与统计的关系

　　在市场经济环境下，企业商务管理活动的成败不仅与企业前途命运相关，也与百姓生活密切相连。作为企业，只了解产品成本、产值、产量、销售量，是远远不够的，他们更应关心的是其产品是否能卖出去，卖给谁，在哪里卖，何时卖，怎样卖和卖多少。因此，掌握产品的销售额、市场占有率、品牌信任度以及消费者购买意向等一系列统计数据至关重要。但是，市场的需求是动态的，因为消费者的购买动机是随着环境的变化而变化的。因此，企业还必须通过商务管理活动中的统计调查，研究消费者的未来购买心理，及时作生产和销售预测，进而巩固和扩大其市场占有率，为企业发展提供有效的数据依据。

　　商务管理统计为商务活动中的定量分析、企划管理、预测决策提供了大量的可量化的科学方法。这一点已被越来越多的从事商务管理活动的人士所注意。一位西方高级商业官员曾说过："事实毕竟是——不管自觉不自觉——现代工商业的大部分，像现代化政策一样是围绕着统计分析和控制系统组织起来的。"

　　据考证，远在奴隶社会就有了人口、税收等方面的统计活动。在我国，统计活动起源于夏朝；在国外，古希腊和古罗马时代，也已经开始了人口与居民财产等方面的统计实践活动。在封建社会，由于生产方式十分落后，商品交换活动不可能快速发展，因而商务统计的理论与实践的发展极其缓慢。统计在商务领域的广泛应用，开始于资本主义大发展时期。随着社会分工的日益深入，生产日益社会化，商务活动日趋活跃，统计从一般的政治管理扩展到社会生活的各个领域，包括工业统计、农业统计和商业统计等。

二、商务管理统计的任务

商务管理统计的任务是针对商务管理活动中的数量方面，包括数量表现、数量关系和数量变化等进行分析研究，为商务管理者提供多层面、全方位的数据信息，这些统计数据将生产、流通和消费有机地联系在一起，成为商务管理活动中不可缺少的组成部分。因此，应当指出的是，这里所指的商务管理统计与传统的商业统计、统计学原理等概念都有很大的区别，因为商业统计通常只限于对流通领域的数量方面进行研究，传统统计学原理则侧重于描述统计。但是，现代商务管理的概念，早已突破生产、流通和消费的固有割裂关系，消费引导生产，生产的目的是为了销售，以实现其产品价值。商务管理概念的演变，决定了统计研究的范围也相应的扩大了。

随着人类社会活动和经济活动的进步，统计实践的范围不断扩大，进而逐渐形成了比较系统的统计理论，产生了不同的学派。

三、古典统计学的形成

17世纪中叶至18世纪中叶，欧洲早期的统计学是伴随着资产阶级的古典哲学和古典政治经济学的理论而产生的。这一时期在统计学史上称之为"古典统计学"。"古典统计学"的发展有三条线索："政治算术"、"国势学"和"概率论"。古典统计学史，以国势学派和政治算术学派为主，概率论则只作为数学的一个分枝独立发展。

1. 国势学派

也称"记述学派"。这一学派的奠基人是康令（Hermann Conring，1606—1681年），德国人。其主要代表人物是阿亨·瓦尔（Gottfried Achenwall，1719—1772年）普鲁士人。18世纪中叶是国势学派发展的鼎盛时期。阿亨·瓦尔的代表作是1748年发表的论文《欧洲各国国势学引言》和1749年出版的专著《近代欧洲各国国势学纲要》，在该书的"序言"中首次使用了"统计学"一词。当时该书影响较大，曾五次再版。

国势学派有三个主要贡献：

（1）把国势学作为一门学科，最早在大学开设了这门课；

（2）创造和使用了"统计学"一词，并沿用至今；

（3）继承和发展了"国势论"，使它成为探索国家盛衰的因果关系的一门独立学科。

2. 政治算术学派

该学派的创始人是约翰·格朗特（John Graunt，1620—1674 年）和威廉·配弟（William Petty），两人都是英国人。格朗特的代表著作是 1662 年出版的专著《对死亡表的自然观察和政治观察》，该书至 1676 年已出版五次，被后来兴起的数理统计学派誉为"真正统计科学的肇端"。配弟是英国皇家学会的创始人之一，其代表著作《政治算术》写于 1671—1676 年之间，在他逝世后，于 1690 年出版。著名经济学家鲍尔指出："《政治算术》是产生英国政治经济学和统计学之母的科学。"

政治算术学派也有三个贡献：

（1）自觉或不自觉地把统计学建立在先进的哲学思想上；

（2）将先进的科学方法，包括数学、逻辑学、经济学和会计核算等方法，引进政治算术并加以改造，从而初步形成一个由大量观察法、图示法、分组法、比较法和平均数法所构成的统计方法体系；

（3）不仅为现代统计学奠定了基础，对人口学、保险学也作出了卓越的贡献。

四、近代统计学的发展

近代统计学，是指 18 世纪中叶末到 19 世纪中叶末这 100 年间的统计学。它是古典统计学的继续和发展，由古典传统学向现代统计学过渡的时期。从发展线索上看有四个分支，其发展概况如下。

1. 国势学派

由施洛兹开始，代表作是 1804 年出版的《统计学原理》，到瓦波斯结束，代表作是 1881 年出版的《统计学研究》。该学派发展趋势日渐衰微。

2. 政治算术学派

由韦伯斯特到富克斯，从人口统计向保险统计、卫生统计发展；由拉瓦锡到阿瑟·杨，经济统计向物价指数计算方法的研究发展。

3. 概率论

由拉普拉斯到威梯斯坦，概率论与政治算术初步综合，向数理统计发展。

4. 凯特勒与近代统计学

19 世纪 60 年代，比利时统计学家凯特勒，进一步将国势学、政治算术和概率论综合，最终形成近代统计学。其主要代表著作有：《概率论书简》、《社会物理学》、《人体测定学》。凯特勒所处的时代几乎与近代统计学史的年代相当，由于他的卓越贡献，许多学者称这一时代为"凯特勒时代"。凯特勒在统计理论方面的贡献，是把自然科学的研究精神和研究方法（实验法、归纳法）广泛、深入地带到社会现象的研究中来，将概率论、大数法则、误差法则、正态分布概念和计算方法引入到社会统计中，从而丰富了统计的方法论。

五、现代统计学的形成与发展

现代统计学，是指 19 世纪中叶到 20 世纪中叶这 100 年间的统计学。它是由近代统计学在继承和批判中发展起来的。近代统计学的三条发展线索为：

1. 社会统计学派

其中旧派的代表人物是恩格尔（代表作是《统计学是独立科学还是方法》）、梅尔（代表作是《统计学和社会学》）、梅奥·史密斯（代表作是《统计学和社会学》）、新派的代表人物为查多克（代表作是《统计学原理和方法》）、费拉斯科波（代表作是《普通统计学：统计学基础》）。

2. 数理统计学派

其中旧派的代表人物为戈尔顿（代表作是《自然遗传》）、皮尔逊（代表作是《数学对进化的贡献》）、新派的代表人物为戈塞特（代表作是《平均数的概差》）、费雪（代表作是《研究人员用统计方法》）、内曼（代表作是《统计学和概率论入门》）。

3. 社会经济统计学派

该学派以马克思《资本论》、恩格斯《英国工人阶级现状》、廖佐夫《统计学原理》、斯特鲁米林《统计学》为代表。

现代统计学的特点：

（1）统计学是一门多门类、多层次的科学。主要包括：思维科学统计学、自然科学统计学和社会科学统计学。

（2）社会统计学派日渐衰弱，在向经济统计学发展的过程中，成为数理统计学派的附庸。

（3）随着数学、自然科学的发展，数理统计学发展迅速，至 20 世纪 40 年代，成为占优势地位的统计学派。

（4）在前苏联兴起的社会经济统计学派，逐渐形成一门具有鲜明阶级性的社会科学统计学。

（5）现代统计学史中，不仅学派之间存在争论，而且学派内部也争论不休。

现代统计学中占主导地位的是数理统计学派，其主要成果表现在：以概率论为基础，发展小样理论，之后又陆续创立了统计推定法、统计假设检定法、试验设计及变异数分析法，以及抽样理论等。这些理论和方法至今仍在不断地被使用、发展和完善之中。

第二节　商务管理统计的基本问题

一、"统计"的含义

商务管理活动中，人们常常接触到统计问题，例如：某一品牌改装后一个月内其销量增加了 15％；某地消费者调查结果，有 45％的人希望在本地区开设一个快餐店；某销售经理要知道按照现有条件，是否能在年底前完成其销售计划；对一批进口商品进行质量检验，以决定是否接受；若企业销售额增长 10％，有多大成分是由价格引起的，有多大成分是由数量引起的等。从一般意义上说，这些数字化的资料都可以称之为统计，但实际上不只于此。可见，商务管理统计是对经营活动中的大量数量方面进行数据收集、整理（或简缩）和分析的一种认识活动和理论方法。商务管理统计的含义可以从如下三个方面去理解。

1. 商务管理统计是指经营活动中的统计数据资料

主要是指那些反映商务管理活动成果的规模、构成、水平、比例关系、动态趋势，以及由样本数据推断出的总体数据资料，或相关的统计表和统计图等。

2. 商务管理统计是指经营活动中的统计工作

主要是指商务管理活动中统计调查、数据整理（或简缩）、数据处理与分析等统计实践活动。

3. 商务管理统计是指统计学

统计学是关于如何科学收集、简缩整理和处理分析商务管理活动中统计数据特征的理论和方法。

二、商务管理统计的研究对象

通常说，商务管理统计的研究对象是研究大量商务管理活动中的数量特征、数量关系和数量变化的，目的是通过对商务管理活动中数据的观察和分析认识其规律性，为商务管理过程的计划、监督、预测和决策提供有力依据。由于商务管理活动中的数量变化也受自然技术因素的影响，因此，在研究商务管理活动中的数量方面的同时，也必须联系社会现象、经济现象和技术现象，研究它们对商务数据的影响程度及变化规律。所以，商务管理统计数据的分析研究不是孤立的，它不仅包括流通领域、生产领域，也和消费领域的统计数据是密切相关的。

三、商务管理统计的工作过程

（一）统计工作的四个程序

1. 商务管理统计设计

它是按照商务管理统计活动的目的和要求，事先所作的总体规划和安排，即商务管理中的统计调查、统计资料整理和商务管理数据分析等一系列实践活动开始之前的准备工作。商务管理统计设计要科学、清晰、简明和具有可行性。通常在设计之前，要对所研究的事物或现象进行一次粗略的了解，以便在设计时做到有的放矢，针对性强。统计设计质量好坏、科学与否，直接影响着后面的几个工作程序。

2. 商务管理统计调查

它是搜集商务管理统计数据的阶段，即根据统计研究的目的和任务，有计划、有步骤地组织调查、登记和访问，以取得数据资料的工作过程。这一过程进行得是否顺利，直接决定着商务管理统计数据的真实性与可靠性，也直接影响着商务管理统计分析结果的科学性和可信性。

3. 商务管理统计数据的整理、简缩与资料显示

它是一项案头统计工作，是对搜集得来的原始统计数字资料，按照研究目的进行分组、加工、汇总、制表、制图的统计工作阶段。即把分散的说明个别现象的数字过渡到总体上来，以表明商务管理活动总体的情况和特征以及发展趋势。

4. 商务管理统计数据分析

它是对加工、整理过的商务管理统计数据，用特有的统计方法进行系统的、周密的深入研究，进而揭示被研究现象的本质和规律性，揭示现象之间的联系程度，进行适当的估计、推断、检验和预测，提出决策意见和建议。这是统计工作程序中的总结和出结论的阶段。

（二）商务管理统计工作过程的相互关系

商务管理统计工作的上述四个程序，实际上反映出人们对客观事物的一种认识过程。商务管理统计活动和其他认识活动一样，是一个不断深化的过程。就一次具体的统计活动而言，它包括统计设计、调查、整理和分析四个阶段，实际上也是使商务管理统计的认识从感性认识阶段上升到理性认识阶段的过程。统计工作的全部过程各阶段之间不是互相孤立的，而是前后紧密联系的一个整体，同时各个环节之间又是常常交叉进行的。例如在统计分析阶段研究数据时，时常会发现某一事物与另一事物之间的密切关系，要进一步分析研究，或个别问题在设计标志时发生遗漏，这时就有必要在分析阶段再次搜集资料作补充。另外在分析阶段也常因研究角度不同、使用方法不同，而对整理过的数据资料进行重新分组简缩和汇总。

四、商务管理统计研究方法

随着统计学科体系的不断完善和发展，统计研究的方式方法也越来越趋于多

样性和科学性。常用的商务管理统计研究方法有大量观察法、统计分组法、对比分析法、综合指标法、动态测定法和统计推断法等。

1. 大量观察法

指在研究大量商务管理活动过程中，必须从总体上进行全面观察，要对足够多的单位进行调查和分析，否则得出的结论就不具有代表性。这是统计的"大数定律"决定的。

2. 统计分组法

统计分组法与大量观察法在商务管理统计调查中共同使用。它是根据商务管理的研究目的，从研究对象最本质的特征出发，将所研究的对象，按一定标志区分出不同的类型或性质不同的组。目的是寻找组与组之间的差异性。

3. 对比分析法

它将调查得到的大量的商务管理数据，在统计分组的基础上，从不同角度进行绝对数或相对数对比分析、内部或外部对比分析、静态或动态对比分析，从而找出商务现象的内部差异程度，以及两种现象之间的联系程度。

4. 综合指标法

它是对商务管理活动中的数量方面进行综合分析研究的方法。如商务管理活动中某一总体的集中趋势和离散趋势的测量。目的是揭示研究对象的一般水平，使不便对比的两个总体水平可以进行比较研究。同时在遇到两个相似总体时，也可以进行差异分析。

5. 统计推断法

统计推断法可以用于对总体数量特征的估计，也可以用于对总体的某些假设进行检验。由于被研究总体自身的大量性和复杂性，从某种意义上说，我们所观察的搜集到的数据及资料，都是一种样本资料。对此，只能用样本信息去估计总体一般水平。因而统计推断方法被广泛地应用于统计研究的各个领域，特别是产品质量检验、市场调查、消费者意愿研究等方面的估计和检验。

6. 动态测定法

任何事物都不是静止的和一成不变的，尤其是市场经济条件下，消费者的观念更是不断变化的。动态测定法，就是将商务管理数据与时间概念相联系，进行动态的分析研究，说明现象在不同时间上的变化差异，以及变化方向和变动幅度。

此外，还包括方差分析、非参数检验等特有的统计方法，这里就不一一列举了。

应当指出，统计学所提供的上述一系列研究方法，使得从事商务管理活动的人们有可能透过对客观总体现象数量特征的观察与分析，去发现这些现象自身发展规律的存在，或者加深对这些规律的认识和理解。但是，对这样的实质性规律的论证和解释，则要由研究这些特定现象的实质性学科去完成。商务管理统计学所提供的研究方法是，借助于观察和分析具体的总体现象来研究和分析其数量特征的一般方法。商务管理统计学不研究各种商务管理现象自身的发展规律，而商务管理现象中的固有的自然规律和社会规律，只能由研究现象的各门实质性学科去承担。当然，商务管理统计数据及方法，可以为商务管理活动实质性科学的研究，提供科学的方法和依据。

第三节　统计中常用的几个概念

商务管理统计中的概念和术语比较多，其中有一些是较常用的和基本的。对这些概念和术语有一个准确清晰的理解，对于以后各章的学习是很有好处的。

一、统计总体、总体单位、样本

1. 统计总体

统计总体这里指的是统计要研究的商务现象的整体，即由具有某一相同性质的许多个别单位组成的集合体，简称总体。总体具有同质性、差异性和大量性的特点。

（1）同质性是指被研究对象中的个体，至少有一个属性是相同的，正因为有了这一相同性质，才使某一范围内的许多个体构成一个特定的商务总体。

（2）差异性是总体的研究的前提，也是统计分析的主要方面，假定某一总体是无差异的，即每一个体各方面都是相同的，那么统计研究就不必要了。

（3）大量性是指总体内要尽量含有多个个体元素，数量越大，反映事物越有代表性，对经营管理活动的认识偏差越小。

例如，某品牌家电公司要了解其在广州市场销售等方面的问题，公司研究的统计总体是广州市全体常住居民。其中，同质性表现在，公司只对"广州市常住居民"有兴趣，不含北京或其他地区的居民；差异性是指每一市民对该品牌的认识与评价都是有差别的。大量性也体现在"广州市常住"居民之中，如果只访问广州某一住宅小区的个别市民，显然是没有代表性的。

2. 总体单位及其与总体的关系

（1）总体单位是指构成统计总体的各个单位。如果将总体视为集合的话，则总体单位就是元素。在上例中，当总体为广州市常住居民时，每一市民就是总体单位。

（2）总体单位与总体的关系。上例的研究目的中，总体与单位之间的关系是一种包含关系。但这种包含关系随着统计研究目的的不同，总体的外延会相应扩大或缩小。因此，原来作为总体的那部分，可以转换为单位。例如，上例中，如研究目的是某品牌家电在全国范围内的销售及受欢迎程度，这时，"广州市常住居民"就由原来的总体转换为单位了，总体范围则是全国居民。

3. 样本

从某种意义上说，商务管理统计所搜集到的数据都是样本数据。由于种种原因，如总体的无限性，即使总体是有限的也不必要或不可能取得全部数据，这时只要或只能观察到总体中部分个体，然后从观察到的部分个体去估计总体，这里所指的"部分个体"就统称为样本。样本在统计推断中具有特殊意义。关于总体与样本的关系，将在后面章节中作进一步介绍。

二、标志及其分类

标志是用来说明总体单位的特征或属性的名称，也称标识。

在研究某一消费者群体时，每一消费者作为一个总体单位，具有多种特征或属性，如消费者的性别、年龄、收入、爱好等。

为恰当使用标志，可将标志分为如下类型。

1. 按标志的性质不同分为品质标志和数量标志

（1）品质标志。即表明总体单位的品质或属性的标志称为品质标志。品质标志一般都是用文字表示的，如产品品名、商品类别、消费者的性别、籍贯以及对某商品品牌的态度等。

（2）数量标志。即表明总体单位数量特征的标志称为数量标志。数量标志一般都是用数字表示的，如商品价格、消费者的收入、年龄、某项消费额等。

2. 按标志表现的异同分为不变标志和可变标志

（1）不变标志。即在总体的各单位中表现都相同的特征叫做不变标志。例如，商业企业的行业类别标志，在商业企业总体的每一个单位中，都表现为经营商品流转的性质，因此行业类别这一标志在商业行业总体中，就是一个不变标志。在任何一个总体中，都至少有一个不变标志，即把总体单位结成同质总体的那个标志。虽然这一特性很重要，但不变标志在统计中没有研究的价值，所以不是统计关心的问题。

（2）可变标志。即在总体中表现不尽相同的特征叫可变标志。在统计研究中，把可变标志的差异、变化称为变异。可变标志的这种差异性，恰恰是统计研究时所关心的问题，具有研究价值。例如，在调查某品牌商品的认同情况时，"认同与否"是个可变标志，调查的目的就是要确定"认同"与"否定"之间有多大差距。可以说商务管理统计研究的目的，就在于辨别可变标志的差异程度。

3. 标志值

标志值是标志的具体表现形式。其中品质标志的具体表现形式为不同质，一般用文字区别，如商业企业的经营性质表现为：批发、零售、批零兼营等。数量标志的具体表现形式为不同值，一般用数字区别，如企业的销售额、库存额、利润额等。

4. 中性标志

中性标志是指那些标志值既不表现为不同质也不表现为不同值的一类标志，它的性质介于品质标志和数量标志之间。例如：随机号码、电话号码、上网地址码、地区代码、商品条码等。它们虽然也是用数字回答标志提出的问题，但这些数字带有随机性，不反映总体单位之间的数量界线，也不能说明总体单位之间的性质区别。中性标志在近些年大量使用的抽样调查中，被广泛地使用。

三、指标及分类

（一）指标的含义

统计指标是反映总体数量特征的范畴。对于指标的含义通常有两种理解：

第一种理解，统计指标只表现为说明总体数量特征的指标名称或具体概念。如某地区居民人均收入、工业总产值、销售额、销售量、出口额等。

第二种理解，统计指标指说明总体数量特征的指标概念和相应的具体数值。如 2002 年某地区居民人均收入为月平均 1950 元，工业总产值 365 亿元，出口总值 98 亿美元等。

上述两种理解并不矛盾，在作统计理论研究和统计设计时，只能确定统计指标的名称和概念，这时不可能含有具体数值。经过统计调查和汇总之后得到的具体数据，正是统计设计和制订统计指标的目的。指标具有明显的可量性和综合性。需要指出的是，企业在制订计划和承包任务时所使用的统计指标，都是含有指标概念和具体数值两方面的。不仅如此，还要明确规定指标的时间、范围（空间）、名称、数值和计算单位。另外，为体现统计学的实用性，书的后面各章中常以统计数据代替统计指标，它们的关系是：统计指标是统计数据在特定条件下的具体表现形式，统计数据的范畴更大一些。

（二）指标与标志的关系

1. 指标与标志的不同点

指标是说明统计总体数量特征的概念，而标志是说明总体单位特征的名称，反映的客观范围不同，这是第一个不同点。第二个不同点是，指标是说明总体数量特征的，即指标具有明显的可衡量性，或称数量性，因此统计指标都是用数字表达或表现的。而标志是说明总体单位特征的名称，它可以表现为品质特征，也可以表现为数量特征，因此，有能用数字表达的数量标志，也有不能用数字表达的品质标志。

2. 指标和标志之间的联系

指标和标志之间的联系第一是汇总关系，表现为许多总体单位的某一数量标志值汇总起来就是指标。如表示某商业集团公司销售总额时，是个指标，公司包含的每一商场的销售额则是数量标志；第二是转化关系，由于一个客观现象是作为统计总体还是总体单位，可以随统计研究任务的变换而变换，即总体与单位之间存在转化关系，因此，指标与数量标志之间也存在类似的转化关系。例如，在上例的销售额问题中，当以集团公司中某一商场为研究总体时，则该商场的销售额就是指标，而商场下属的，如服装部、家电部、日用品部等部门的销售额就是数量标志。

（三）指标的分类

在统计理论体系中，指标有多种分类，这里介绍商务管理统计中几种常见的分类形式。

1. 按指标构成的形式分为总量指标（绝对数）、相对指标（相对数）和平均指标（平均数）

（1）总量指标反映总体的规模和总水平，如企业员工总数、工资总额、销量总量等。

（2）相对指标反映现象之间的对比关系，如企业大专以上学历员工比重、工资增长率、生产与销售比率等。

（3）平均指标反映总体内各单位某一数量标志的一般水平，如企业员工平均工资、5家商场的平均销售额等。

2. 按指标反映的总体内容不同分为数量指标和质量指标

（1）数量指标是说明总体外延规模的指标，一般用绝对数表示，反映事物的广度，如税收额、出口额、库存量、进口量等。

（2）质量指标是说明总体内部或总体之间数量关系或总体单位一般水平的指标，一般用相对数或平均数表示，反映事物深一层次的关系与联系程度。如：每百户电脑拥有量、某品牌产品市场占有率、商品流通费用率等。

3. 按指标计量时的单位不同分为实物指标和价值指标

（1）实物指标是以实物单位计量的统计指标，它的优点是能反映事物的使用价值量，而使用价值的数量必须通过相应的计量单位表示。因此，计量单位的选择是否合理，对能否恰当体现物品用途具有直接影响。常见的实物计量单位主要有：自然单位、度量衡单位、双重单位、标准实物量单位等。

（2）价值指标是货币单位计算的统计指标，价值指标的优点是便于汇总计算，能够反映现象的综合总水平，如国民收入总值、出口商品总值、流通费用总额等。

4. 按指标的性质不同可分为时期指标和时点指标

（1）时期指标反映现象在一段时间内的总规模或总水平，其指标数值是可以累加的，指标数值的大小与时期长短有直接关系。如"年销售收入"是 12 个月销售收入的总和。

（2）时点指标反映现象在某一时刻上的总水平或总状况，不同时间上的指标数值相加无意义，因而指标数值的大小与时期长短无直接关系。如某年末库存量是指 12 月 31 日那一天的库存量，它不可能是 12 个月每个月库存量的总和。

（四）指标体系

任何事物都有与其他事物相联系的特性，这种普遍存在的规律，决定了商务管理活动中的具体事物不可能只用一个指标来描述其全貌。指标体系是各种互相联系的指标所构成的整体，用来说明现象各方面的依存与制约关系。例如，反映上市公司经营状况的指标体系包括：总股本数、流通盘总股数、每股收益和净资产收益率等；而反映股市当日行情的指标体系则包括：成交量、成交额、综合指数涨跌幅、大盘股指数、A 股指数、B 股指数、成分指数、30 指数等。显然，研究目的不同，统计指标体系包含的范围也不相同。

第四节　常用的数据搜集方法

一、统计数据搜集的种类和程序

（一）统计数据的搜集

商务管理统计数据的搜集，即通常意义上的统计调查。统计调查是根据统计研究的目的和要求，采用科学的统计方法，有计划、有组织地搜集资料的工作过程。统计调查是统计工作的基本环节，是统计资料整理和分析的基础，它在整个统计研究中占有十分重要的地位。统计调查和其他的调查，如社会调查、新闻调查有着本质的区别，统计调查的成果形式必须是用数据说话，以及用相关的图表的形式说明问题。

根据统计资料的来源不同，一般对资料的搜集划分为两种，即对原始资料的搜集和对次级资料的搜集。前者指向调查单位搜集尚未加工整理的资料，后者则是指对已加工整理过的资料的搜集。

（二）统计数据搜集的种类

（1）根据数据搜集的组织形式的不同，可分为统计报表和专门调查。统计报表是按一定的表式和要求，自上而下统一布置，自下而上地逐级提供统计资料的一种统计形式。

专门调查，是为了研究某些专门问题或为某一目的而对某些商业数据专门组织的调查。如普查、重点调查、抽样调查和典型调查等。

（2）根据数据搜集对象包括的范围不同，可分为全面调查和非全面调查。全面调查是对构成对象的所有单位无一遗漏地进行调查。如全国人口普查、工业普查、第三产业普查等。而非全面调查只是对调查对象中一部分单位进行的调查，其目的是通过对这些部分的调查，来了解一定领域范围的全面情况。抽样调查、典型调查及重点调查属于非全面调查。

（3）根据数据搜集登记的时间是否连续，可分为连续性调查和非连续性调查。连续性调查是一种随着时间的推移，对调查对象的有关数据和情况，连续不断地进行搜集和登记的统计调查方式。此类调查对象的数量特征一般是随时间的变动而连续不断地发生着变化，即时期现象；非连续性调查又称一次性调查，是指间隔一段时间才进行一次的调查登记。其对象往往是时点现象。

（4）按搜集资料的具体方法不同，可分为直接观察法、采访法、报告法和通信法等。

（三）统计数据搜集方案的制定

商务管理统计数据的搜集具有高度的科学性和广泛的群众性，是一项复杂的细致的工作。为了使统计数据的搜集达到准确、及时、全面、科学和系统的要求，在进行统计数据的搜集之前，必须制订一个周密的统计数据搜集方案。所谓统计数据搜集方案，就是根据统计数据搜集的目的和要求设计的统计数据搜集赖以进行的规范性文件。一个完整的统计数据搜集方案应包括以下内容：

1. 确定数据搜集的目的

数据搜集的目的，就是数据搜集所要解决的问题。明确了要解决的问题，就可以确定适当的调查对象、内容和方法。这样就不会遗漏一些必要的数据和避免搜集一些不必要的资料，从而提高工作效率，减少重复劳动保证统计工作的顺利进行。

2. 确定调查对象和调查单位

（1）确定调查对象。调查对象是指调查的总体界限，明确调查对象的目的是避免由于总体界限不清而导致登记时的误差。

（2）确定调查单位，可以让我们明确从哪里取得调查项目的情况和资料，也就是说，调查单位就是具有所要调查的那些项目的单位，调查单位是调查项目的承担者。例如，如果是全面了解工业企业情况的工业普查，那么，由所有从事工业生产活动的单位所组成的"全部工业企业"就是调查对象，其中的每一个工业企业就是调查单位。

（3）填报单位。填报单位或称报告单位与调查单位是有区别的。所谓填报单位是指负责报告调查内容的单位。调查单位与填报单位有时一致，有时不一致。如上例，每个工业企业既是调查单位也是填报单位。而在进行工业企业职工情况调查时，调查单位是每个职工，填报单位则通常是工业企业。

3. 拟订调查项目和设计调查表

调查项目是指在统计调查中向被调查者进行登记的那些标志。在调查方案中，要清楚的列出与调查目的关联度最高的一些标志，注意避免重复。调查项目不可贪多求全。

调查表是把确定好的调查项目，按照合理的顺序排列后的一种表格形式，以便于调查资料的登记和整理。

调查表一般分为两种：单一表和一览表。单一表是一张调查表只登记一个调查单位的资料；一览表是在一张表上登记若干单位调查内容的统计表。单一表比一览表涵盖的信息量多一些，而一览表则便于统计。

4. 确定调查的时间

调查时间包括两种类型的时间。

一种是调查项目所反映的时间，指调查资料所属的时间。如果所要调查的是时期现象，就要明确规定资料所反映的是调查对象从何时起到何时止的资料；如果所要调查的是时点现象，就要明确规定统一的标准调查的时点。

另一种调查时间是调查工作进行的时间，即调查期限，指规定调查工作的起止时间，包括搜集和报送资料的整个工作所需的时间。

5. 制订调查的组织实施计划细则

这个计划细则中要明确规定调查工作的组织领导、设置领导机构和执行机构；规定调查的工作步骤、工作程序和工作内容；组织培训调查人员、印制文件资料的程序、制订经费开支计划等与统计调查有关的其他细则。对于一些规模较大的统计调查，往往还要组织试点调查，以便总结经验，修订方案，完善调查工作。

二、几种常用的数据搜集方法

统计常用的数据搜集方法包括统计报表、普查、抽样调查、重点调查和典型调查。

1. 统计报表

统计报表即基层企业、事业等填报单位，依据企业的原始记录资料，按照国家统一规定的表式、程序和时间，自下而上地逐级提供统计数据的一种调查方式。统计报表按报送时间分，包括年报、季报、月报等经常性的报表。还可以按行业分为工业、农业、商业、外贸、服务等业务报表。

统计报表的特点是具有指令性、统一性、实效性和全面性。

2. 普查

普查是某一特定目的而专门组织的一次性（非连续性）全面调查，一般用来搜集属于一定时点状态的重要的社会经济现象。如人口普查，物资库存普查、设备普查、基本建设在建项目普查、全国乡镇企业污染源普查等。普查能提供原始资料，搜集的资料较为全面、准确，是摸清国情国力的重要手段。普查具有一次性和全面性的特点，对普查资料的准确性和时效性要求较高。因此在进行普查时必须遵守以下几个原则：

（1）正确地规定普查的时点；

（2）统一规定普查的期限；

（3）统一规定普查的内容和间隔的时间。

3. 抽样调查

抽样调查属于非全面调查。它是按随机原则，从所研究的现象总体中，抽取足够的单位进行观察、登记，通过对部分单位（样本）的数量结果来推断总体的数量特征。例如，从全部产品中，随机抽取部分产品对其进行质量检验，利用这一部分产品的检验结果，如合格率，来推断全部产品的合格率。

作为非全面调查的抽样调查与其他非全面调查相比，有三个特点：一是随机性，即按随机原则抽取调查单位；二是推断性。即运用样本数据推算总体数量特征；三是误差存在的必然性，但可以有效的得到控制。由于样本与总体存在差异，因而在样本数据与总体数量特征之间必然存在误差，只不过与工作误差相比，这种误差可以通过抽样方式控制在需要的一定范围内。

4. 重点调查

重点调查属于非全面检查，是在所要研究的对象中，选择部分重点单位进行调查。所谓重点单位是指这些单位虽然在全部总体单位数中只占少数，但在所要调查的标志上，其标志总量却占总体该标志总量的绝大比重。这样，通过重点调查就可以了解被研究现象总体的基本情况。例如，要了解全国钢铁生产情况，只需对全国几家大型钢铁企业进行调查，就可以达到目的。因为这些重点钢铁企业的产量占全部企业产量的绝大比重。

当调查的目的只是为了了解某种社会经济现象的基本情况或主要情况，而不要求掌握全面资料时，而部分单位又比较集中地反映所研究的项目和指标时，采用重点调查比较适宜。根据调查任务的不同，重点调查可以是一些基层单位，也可以是一些地区和部门。重点调查由于重点单位比较集中，资料容易取得，它比全面调查更节省人力、物力和时间，所以是一种很有用的统计调查方式。

5. 典型调查

典型调查指在统计总体中根据调查的目的和要求，在对调查对象进行初步分析的基础上，选择有代表性的调查单位进行周密系统的调查研究，借以认识现象发展变化的特点和规律。典型调查的关键在于正确地选择典型。调查研究的目的和任务不同，典型的选择也不一样。

典型调查一般有两种：其一是对个别典型单位进行"解剖麻雀"式的调查，这样可以将资料搜集与问题研究相结合，具有较大的灵活性和对一般问题的指导意义。其二是在总体差异较大而又要用典型调查资料推算总体总量指标时，一般采用划类选典型的方法。即根据统计的目的和任务，选定分组标志。将总体划分为若干类型，然后再从各类中分别选择若干典型单位进行调查。

上述各种调查方式，包括前面所讲的统计报表制度，各有其特点。过去，我国的统计调查制度立足于计划经济体制，加上国有经济成分占有绝大比重，反映在调查方式上就以执行全面统计报表制度为主。除了进行次数有限的普查外，其他非全面调查的方法很少采用。改革开放以来，我国的经济制度发生了很大的变化，新的经济体制是建立社会主义的市场经济。因此，统计报表制度依然有其存在的必要性和可行性。但不能把它作为唯一的统计调查方式。在实际工作中，必须根据调查对象的性质特点和客观条件，充分发挥各种统计调查的作用。因此，1993 年，全国统计局长会议明确地提出了我国统计调查方法改革的目标模式，即建立一个以必要的周期性普查为基础，以经常性的抽样调查为主体，同时辅之以重点调查、科学推算和全面报表结合运用的统计调查方法体系。

本章小结

本章作为教材的总论，通过对统计的产生、发展以及现状的介绍，使读者清楚人类的商务管理活动始终伴随着统计数据。通过对统计的研究方法、研究对象的介绍使读者了解，统计这一量化工具在商务管理活动中的重要作用。本章的重点是掌握统计中的几个常用概念，避免在实践中将统计数据混淆和使用错误，学会在商务管理中使用统计常用的调查方法，并能作出简单的统计调查方案。

本章重点名词

　　统计　政治算术学派　国势学派　大量观察法　综合指标法　统计推断法
统计总体　标志　品质标志　数量标志　指标　普查　抽样调查　调查单位　调查时间

本章思考题与习题

　　1. 古典统计史中，国势学派的主要代表人物是谁？国势学派的主要贡献是什么？

　　2. 古典统计史中，政治算术学派的主要代表人物是谁？政治算术学派的主要贡献是什么？

　　3. 凯特勒与近代统计史有何关系？他在统计学中的主要贡献是什么？

　　4. 商务管理统计有几方面的含义？

　　5. 商务管理统计的研究对象是什么？

　　6. 商务管理统计工作的程序是怎样的？

　　7. 商务管理统计的研究方法主要有哪几种？

　　8. 解释下列名词：

　　(1) 大量观察法

　　(2) 统计分组法

　　(3) 统计推断法

　　(4) 统计总体

　　(5) 总体单位

　　(6) 标志

　　(7) 品质标志、数量标志、中性标志

　　(8) 指标

　　(9) 数量指标、质量指标

　　(10) 时期指标、时点指标

　　9. 举一些商务管理活动中的例子说明统计总体与总体单位的关系。

　　10. 标志与指标有何联系与区别？

　　11. 举例说明商务事物中的指标体系及特点。

12. 统计学在商务管理活动中有何作用？请查阅资料后，举出几个实例。

13. 什么是统计调查？统计调查是如何分类的？

14. 如何设计一个完整的统计调查方案？

15. 如何理解调查对象、调查单位、报告单位？何为调查时间？

16. 普查、重点调查、抽样调查各有何特点？

第二章　统计数据的简缩、显示和对比分析

本章学习目标

本章学习目标有四个：①统计资料整理的程序、统计如何分组；②分配数列及种类，分配数列的编制方法；③统计数据的图表显示；④数据的对比分析（相对数）概念、表现形式，以及在商务管理活动中的使用特点。

第一节　数据的频数、频率及表格显示

一、统计整理的含义和步骤

通过商务数据的搜集所得到的资料是反映个体的量，是分散的，无系统的，而且还可能存在重复或遗漏及错误。为了使统计资料系统化，以反映现象总体的特征、规律及发展趋势，就要进行商务统计数据的整理。而统计数据整理所用的最基本的方法是统计分组。所谓统计整理就是根据统计研究的目的和任务，将搜集到的原始商务资料进行科学地加工和汇总的工作过程。它是统计数据搜集的继续，是统计分析的前提，它在统计的整个工作过程中起着承先启后的作用。

商务统计资料的整理一般分为审核、分组、汇总和编统计表四个步骤。

第一，对搜集来的大量原始资料进行数据、内容以及逻辑上的审核与证正。调查资料的审核主要包括资料的准确性、完整性和及时性的审核。

第二，确定按什么标志分组。

第三，在统计分组的基础上，对各项指标进行汇总。即计算各组和总体的有关总体总量和标志总量。汇总方法主要有手工汇总和计算机汇总两种。若利用计算机对数据进行整理，先要选择合适的软件，然后录入原始资料，由计算机自动完成统计的整理工作。

第四，把汇总的结果用统计表的形式，简单明了地表达出来。

19

下面将对分组与编表作较为详细的说明。

二、统计分组

统计分组是认识深化的必要前提。它不仅是统计整理的重要方法，同时也是统计研究的基本方法之一。

（一）统计分组的含义和分组标志的选择

统计分组就是根据事物内在的特点和统计研究的任务，对所要研究的对象总体按照一定的标志划分为若干个部分（组）的一种统计方法。统计分组同时具有两个方面的含义：对总体而言是分，对总体单位则是合。就总体结果而言，分组之后，分别形成了组内各单位的同质性和组间各单位的差异性。

统计分组的关键在于正确地选择分组标志。分组标志是指将所研究的总体划分为若干部分的标准或依据。分组标志选择不当，不但无法显示总体的基本特征，甚至会把不同性质的事物混淆在一起，掩盖或歪曲事物的本来面目。标志的选择需考虑三方面：一是根据研究的具体目的选择。例如，农副产品收购统计可以按照在国计民生中重要程度的不同，分为一类商品、二类商品和三类商品；按收购对象可以分为购自集体农场、联合农业生产组织和个人三部分；按收购方式，可以分为征收、计划收购和议购等。在不同的情况下，我们要根据不同的研究目的来对分组标志进行选择。二是根据事物的性质来选择分组标志。例如，商业企业计划完成程度必须以100％作为完成与未完成计划的数量界限，而不能把95％～105％划分为同一组。三是统一的划分标准或分类目录可以作为分组标志。如农副产品收购按统一商品目录分组一般分为粮食、食用植物油、棉花、麻、烟叶、茶叶、蚕茧、土产、畜产品、肉禽蛋、水产品、干鲜果、干鲜菜、中药材等。这种分组是核算农副产品产值的基础。

（二）简单分组、复合分组、分组体系

简单分组是采用一个分组标志进行的分组。如上述对农副产品的分组。这种分组比较简单，但只能说明总体某一方面的构成状况，不能对总体作出全面细致的分析研究。

复合分组是对同一总体采用两个或两个以上的分组标志连续进行的重叠分组。它可以全面、深入地反映总体内部多方面的结构特征，可以更清楚地显示出总体的结构层次和各指标之间的主从关系。如商业系统可以先按经济类型分为国有、集体、私营、个体、联营、股份制、外商投资、港澳台投资和其他九大类，然后将各类又可按投资规模大小进一步划分为大、中、小型三类。

分组体系是根据统计分析的要求，通过对同一总体进行多种不同分组而形成的一种相互联系、相互补充，并从不同侧面反映内部关系的体系。如上述对农副产品收购，就从四个不同的角度，采用不同的标志进行分组，综合起来，就构成对农副产品收购统计分组体系。由此可见，由于事物的多方面性和复杂性，往往需要从多方面来剖析事物发展过程中的具体状况及其规律性。这一任务不论简单分组还是复合分组都难以做到，只有分组体系才能完成。

三、分配数列

（一）分配数列的概念和种类

统计分组和汇总之后，将各组次数依分组顺序，依次编排而形成的数列就叫频数分配数列。它反映总体中所有单位在各组间的分布状况和分布特征。构成分配数列必须具备两个要素：一是组别，即按分组标志划分的各个组；二是分配在各组的总体单位数。也叫频数或次数。一般用绝对数表示。假使各组单位数和总体单位数相比，求得以百分数表示的相对数则称为频率。它表示各组单位数占总体单位数的比重。将频率依组别顺序排列而成的数列也叫频率分配数列或频率分布数列。

分配数列根据选择的分组标志不同，可分为品质数列和变量数列两种。品质数列是按品质标志分组所形成的分配数列，它一般是单项式数列。变量数列是按数量标志分组形成的分配数列。对于变量数列，按分组标志变量是否存在变动范围的不同，又可分为单项式变量数列和组距式变量数列两种。

1. 单项式变量数列

这是指当变量值较少时，以每个变量值作为一组的名称而形成的变量数列。例如，某城市家庭按人口数分组所形成的变量数列是单项式变量数列。

2. 组距式变量数列

单项式变量数列只适用于变量值较少的离散型变量，对于变量值较多的离散型变量以及连续性变量，就不可能用单项式变量数列表示，而只能用组距式变量数列了。所谓组距式变量数列，是以变量值的一定变动范围作为组别，按各组顺序排列编制的变量数列。各组内变量值变动的范围，叫组距，它表示各组内变量值的最大值与最小值的距离。组距的两个端点值叫组限，其中，每个组变量的起点值叫下限，每个组变量的终点值叫上限。显然，组距＝上限－下限。含有上限和下限的组叫封闭组；不含下限，只含上限的组一般表示为"……以下"，称为以下开口组；不含上限，只含下限的组通常表示为"……以上"，称为以上开口组。

（1）总体单位数归集原则

一般说来，离散型变量在进行组距式分组时，相邻两组的上限和下限之间通常是以两个确定的不同数据表示的，这样的组距，称为非连续型组距。如对商品流通企业按职工人数分组，可分为：

99 人以下

100～299 人

300～599 人

600～999 人

1 000～1 499 人

1 500 人以上

某个具体商品流通企业归属于哪一组十分容易。但对连续型变量来说，相邻两组不可能绝对分开，相邻两组的上限和下限通常是重合的。下一组的下限，同时也是上一组的上限。这种组距称作连续型组距。如商业企业职工按月收入分组，可分为：

800 元以下

800～1 000 元

1 000～1 200 元

1 200～1 400 元

1 400～1 600 元

1 600～1 800 元

1 800 元以上

遇到某职工月收入是 1 400 元，他应归集到 1 200～1 400 元这一组还是归集到 1 400～1 600 元这一组呢？遇到相邻两组的组限是相同的标志值表示时，总体单位数习惯上归集于作为下限的所在组中。这个原则叫"下闭上开"或"含下限不含上限"原则。上例中，月收入为 1 400 元的职工，应归集于 1 400～1 600 元组中。1 400～1 600 元表示为（1 400，1 600）或 $1\,400 \leqslant x < 1\,600$。假如非连续型变量采用连续型组距分组法，这一方法同样适用。

（2）等距分组和不等距分组

各组组距相等的变量数列叫等距分组。各组组距不等的数列是不等距分组。如上例中商品流通企业按职工人数分组是不等距分组，而商业企业职工按月收入分组是等距分组。

编制变量数列采用等距分组有如下优点：便于各组单位数的直接比较和研究总体单位数或频率的分布状况；便于计算各项综合指标并进行结构分析和对比分析。一般地说，凡是变量值的变动比较均匀，现象性质相对差异是由数量的变化逐渐积累起来的情况下，适用于采用等距分组。有些现象总体单位标志值的分布状态极端偏斜，或者现象的特点及研究目的不适于用等距分组时，就只能采用不等距分组。如消费者市场按年龄分组，就不适宜用等距分组，而适宜根据消费者的成长特点，采用婴儿、幼儿、儿童、少年、青年、中年、老年来划分其年龄段。

（3）组数的确定

在总体变量值的范围已知的情况下，即已知总体资料的全距＝最大的标志值－最小的标志值的情况下，对于全体变量值应该划分多少组才恰当。这是组距式分组的关键所在。在等距分组的情况下：组距（C）＝全距（R）÷组数（m）。组距与组数成反比例变化。当然根据此公式计算的组距不一定适合计算，此时，可通过适当增大全距达到组数为整数、组距有利于计算的要求。对于不等距分组，则首先要确定组数，然后根据对现象本身的分析再具体确定各组的组距。美国统计学家埃·斯特奇斯（Sturges）曾提出过一个确定组数的经验公式，即：

建议组数 $m=1+3.322\lg N$

其中：N 是总体单位数。

在一般情况下，组距与组数成反方向变动。因此，当分组标志变量比较集中的时候，要适当缩小组距，增加组数；当分组标志比较分散时，则要适当扩大组距，减少组数。总的原则是，确定组距和组数，应当全面分析统计资料所反映的社会经济现象的内容，标志变量分散程度以及项目多少等各方面情况，从而达到统计分组的目的。

［例1］　某企业80名职工的月收入（单位：元）如下：

1 652	1 237	1 652	1 665	1 750	1 934	2 038	1 870
1 998	1 920	1 800	1 793	1 630	2 354	1 973	1 302
1 630	1 452	1 543	1 699	2 040	1 200	1 260	1 452
1 670	1 050	1 854	1 600	2 595	2 270	1 870	1 700
1 712	2 143	1 154	1 860	2 070	1 658	1 965	1 870
1 298	1 109	1 543	2 076	2 000	1 578	1 356	1 235
1 546	1 753	1 758	1 784	1 958	1 690	1 027	1 435
1 679	1 280	2 300	1 560	1 794	1 573	1 835	1 779
1 893	1 987	1 579	1 890	1 670	1 830	1 690	1 730
1 940	1 570	1 780	2 140	1 705	1 645	1 678	2 478

第一步：将上述数据从小到大（亦可从大到小）排序。

1 027	1 050	1 109	1 154	1 200	1 235	1 237	1 260
1 280	1 298	1 302	1 356	1 435	1 452	1 452	1 543
1 543	1 546	1 560	1 570	1 573	1 578	1 579	1 600
1 630	1 630	1 645	1 649	1 652	1 652	1 658	1 665
1 670	1 670	1 678	1 679	1 690	1 690	1 699	1 700
1 705	1 712	1 730	1 750	1 753	1 758	1 779	1 780
1 784	1 793	1 794	1 800	1 830	1 854	1 860	1 870
1 870	1 870	1 890	1 893	1 920	1 934	1 940	1 958
1 965	1 973	1 987	1 998	2 000	2 038	2 040	2 070
2 076	2 140	2 143	2 270	2 300	2 354	2 478	2 595

第二步：找到最大值是 2 595，最小值是 1 027。即全距 $R=2\ 595-1\ 027=1\ 568$。根据经验公式可知，$N=80$ 可分 7 组左右，这里我们将其分为 8 组，即 $m=8$，则各组组距 $C=R/m=196$。为便于计算，我们以 200 为组距编制分组表。

表 2—1　　　　　　　　　　　频数、频率编制表

按月收入分组（元）	职工人数（人）（即频数）	比重（%）（即频率）
1 200 以下	4	5
(1 200，1 400)	8	10
(1 400，1 600)	11	13.75
(1 600，1 800)	28	35
(1 800，2 000)	17	21.25
(2 000，2 200)	7	8.75
(2 200，2 400)	3	3.75
2 400 以上	2	2.5
合　计	80	100

（4）组中值

在计算各组标志总量时，需要用到该组标志值的平均值或代表值乘以总体单

位数获得。为方便计算，用组中值作为各组标志值的代表值。当然，这样做有一个重要前提：各标志值在组内的分布是均匀的。这样，组中值实际上就是用各组标志值的上限和下限的中点数值来确定，其计算公式为：

$$封口组，组中值＝（上限＋下限）/2 \qquad (2.1)$$

$$以下开口组：组中值＝上限－相邻组距/2 \qquad (2.2)$$

$$以上开口组：组中值＝下限＋相邻组距/2 \qquad (2.3)$$

由此可见，一般根据组中值计算的统计指标是一个近似值。

（二）累计频数和累计频率

在研究变量数列时，除了要知道各组的频数和频率之外，往往还要知道某个标志值以上或某个标志值以下的总体单位数或总体频率是多少。这就要计算累计频数和累计频率。其计算方法有两种：即"以下累计法"和"以上累计法"。"以下累计法"是从最小变量值的总体单位数或总体频率开始累计，一直累计到包含该变量值作为上限的一组止，它表示该组上限以下的总体单位数的大小及该组上限以下的变量值在总体中所占的比重大小。"以上累计法"则是从最大变量值的总体单位数或频率开始累计，一直累计到包含该变量值作为下限的一组止，它表示该组下限以上的总体单位数的多少以及下限以上的变量值在总体中所占比重的多少。

表 2－2　　　　　　　　组中值、累计频数、累计频率计算表

按月收入分组（元）	组中值	频数	频率（%）	累计频数		累计频率（%）	
				以下	以上	以下	以上
1 200 以下	1 100	4	5	4	80	5.00	100
（1 200，1 400）	1 300	8	10	12	76	15.00	95
（1 400，1 600）	1 500	11	13.75	23	68	28.75	85
（1 600，1 800）	1 700	28	35	51	57	63.75	71.25
（1 800，2 000）	1 900	17	21.25	68	29	85	36.25
（2 000，2 200）	2 100	7	8.75	75	12	93.75	15
（2 200，2 400）	2 300	3	3.75	78	2	97.5	6.25
2 400 以上	2 500	2	2.5	80	2	100.00	2.5
合　计	—	80	100	—	—	—	—

四、统计数据表格显示

把统计数据用直观形式显示出来的工具就是统计图和统计表两种。

（一）统计表

把统计调查得来的数字资料经过整理后，按照它们的对应关系填列在一定的表格内，这种表格就叫统计表。统计表是表现统计资料的常用形式，它具有简明、系统、科学、便于阅读和比较等特点。

1. 统计表的构成

从形式上看，统计表由总标题、横行标题、纵行标题和数字资料四部分构成。总标题是统计表的名称，它以简明的文字概括统计资料所属时间、基本内容和空间范围，一般放在表的上端正中央；横行标题放在表的左端，表示分组的名称；纵行标题写在表的右上方，说明纵行所列各项资料的内容；数字资料即统计整理的结果，它是统计表的具体内容，由横行标题和纵行标题所限定。

从内容上看，统计表由主词和宾词两部分构成。主词是统计表所要说明的总体或总体的各个组，一般放在表的左端；宾词是说明主词的各项指标，包括指标名称和数值，一般列在表的右端。在有些情况下，也有主词在上方，宾词列在下方的情况。例如表2—3。

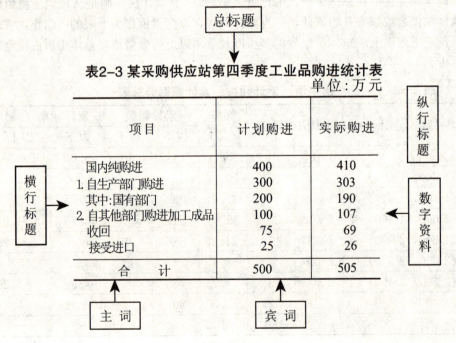

表2-3 某采购供应站第四季度工业品购进统计表

单位：万元

项目	计划购进	实际购进
国内纯购进	400	410
1. 自生产部门购进	300	303
其中：国有部门	200	190
2. 自其他部门购进加工成品	100	107
收回	75	69
接受进口	25	26
合　　计	500	505

2. 统计表的种类

（1）统计表按时空性质分类，可分为时间数列表、空间数列表和时空数列结合表。

时间数列表是反映某项或某几项指标数据在同一空间、不同时间上发展变化的统计数列表格。例如，按时间顺序排列的某省按行业划分的社会商品零售额构成见表2—4。

表 2—4　　　　　　　　　　　　　　　　　　　　　　　　单位：%

年份	会计	商业	工业	餐饮业	其他行业
1995	100.00	82.40	8.40	8.05	1.15
1996	100.00	82.10	7.90	7.60	2.40
1997	100.00	80.60	7.60	9.40	2.40
1998	100.00	78.90	7.40	11.20	2.50
1999	100.00	74.30	7.20	14.50	4.00
2000	100.00	70.10	7.00	16.65	6.25
2001	100.00	68.30	7.25	16.85	7.60

空间数列表是反映某项或某几项指标数据在同一时间，不同空间范围内的发展状况的统计数列表格。如1995年信息市场销售结构统计表见表2—5。

表 2—5

行业分类	销售额（亿元）	比重（%）
传统信息服务业	40.5	2.9
近代信息服务业	446.0	32.0
现代信息服务业	908.5	65.1
合　计	1 395.0	100.0

时空数列结合表是指同时说明某项或某几项指标数据在不同时间、不同空间的发展水平及其数量分布状况的统计数列表格。

（2）统计表按主词结构分类，可分为简单表，简单分组表，复合分组表。

简单表，即主词未经任何分组统计表。简单表只是简单罗列各单位名称或按时间顺序对总体单位一一排列的统计表，其主要作用是用来反映各地区、各单位的基本情况以及发展变化趋势，不能用来分析现象之间的联系，只能粗略反映总体的结构分布类型。

简单分组表，它对应的是简单分组，即表的主词按某一标志进行分组的统计表。分组表的主词可按品质标志分组，也可按数量标志分组。利用简单分组表可以分析总体结构及现象的依存关系，但分类比较粗糙，类别较大，信息含量较少。

复合分组表，它对应的是复合分组。是指主词按照两个或两个以上标志进行分组所形成的统计表。复合分组表能把几个标志结合起来，把类别分得更细，给出的信息量更大。因此，适合于总体较大的情况，便于更深入地分析比较复杂的商务现象。

3. 编制统计表的要求

编制统计表的总原则是：简明、清晰、准确、醒目，具体要注意：

（1）统计表的总标题和纵、横标题都要简明扼要，主题突出，一目了然。

（2）统计表的格式不能过分庞杂，要简明清晰，若反映的问题较多，可分成两个表或多个表。

（3）标目要反映出横行、纵行的含义，并注明计量单位，如果全表只有一个统一的计量单位可将其列在表的右上角。

（4）填写统计表的数字，要工整、清楚，字码要整齐对位，同栏数据要有同等的精确度。表中不应有空格，无数字的地方用"—"表示，应有数字而不详的地方用"…"表示。

（5）统计表的各栏要统一编号。主词栏和计量单位栏用甲、乙、丙、丁…表示，宾词各栏用（1）、（2）、（3）等标明栏号。同时，表内分组和指标的排列顺序，要符合内容的逻辑关系。如果表上只列部分重要项目，合计栏应列在项目的最前面，下加"其中"后列重要项目。

（6）统计表上，下用粗线封口，左右两端不封口，纵行之间可用细线分开，纵横标题与数字栏也用细线分开，横行之间则不必划线。习惯上把统计表叫"开口式表"。

（7）统计表的注解，一般写在表的下端。必要时，可说明表的资料来源、制表人或制表单位、制表日期以及个别需要说明的指标或数据，也列在表的下端，称为表脚或称表外附注。

第二节　数据的图形显示

统计图是在统计表的基础上。用几何图形或具体形象来表述统计资料的一种方式。与统计表相比，统计图具有更形象、更直观、更生动的特点。

统计图的种类很多，一般分为平面图示和直角坐标系图示两种。平面图示，是以面积表示的图形，如矩形、圆形等。直角坐标系图示是直角坐标系中由横坐标轴、纵坐标轴所组成，一般分为直方图、折线图和曲线图三种。

（一）直方图

直方图是在直角坐标系中，以横轴表示各组组限，纵轴表示频数或频率。对于异距数列，则通常按次数密度绘制直方图。

次数密度＝次数÷组距

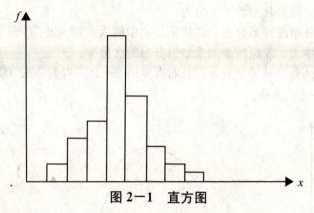

图 2—1　直方图

（二）折线图

在直方图的基础上，将直方图的每个矩形顶边的中点按顺序用线段连接起来的几何图形就是折线图。

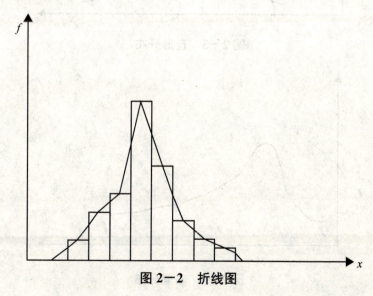

图 2—2　折线图

（三）曲线图

当组距极小、组数足够多时，直方图上的折线图就趋于一平滑曲线，这样的理论曲线就是曲线图。它包括频数或频率分布曲线图、动态曲线图、相关曲线图三类。

1. 频数或频率分布曲线图是以变量值和为横坐标，频数或频率作为纵坐标形成的曲线图。依据其形状又可分为：

（1）丘形分布或钟形分布。其特征是"中间大，两头小"，即靠近中间变量值的次数或频率大，靠近两端的变量值分布的次数少。

丘形分布的典型种类又有正态分布（见图2—3）、右偏分布（图2—4）和左偏分布（图2—5）之分。

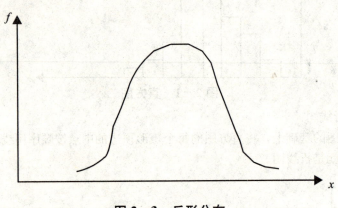

图2—3   丘形分布

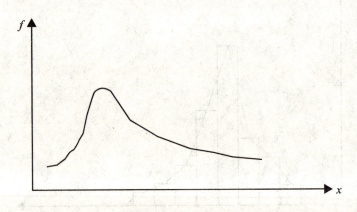

图2—4   右偏分布

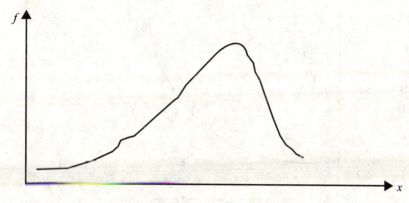

图 2—5　左偏分布

（2）U 形分布。与丘形分布相反，它的分布状态表现为"两头大、中间小"，如人口死亡率按年龄的分布。

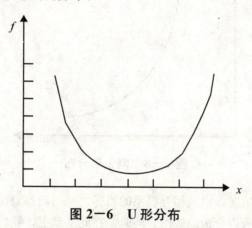

图 2—6　U 形分布

（3）J 形分布与倒 J 形分布。当次数随变量值的增大而增多时，其图表在直角坐标系中就表现为 J 形分布（见图 2—7）。如表示产业市场集中程度或表示一个国家人口收入分配的洛伦茨曲线即是如此。

反之，当次数随变量增大而减少时，其图形在坐标平面上就表现为倒（反）J 形分布（见图 2—8）。如经济学中常用的需求曲线。随着价格的增大，购买者便减少。

2. 动态曲线图是在直角坐标系中以横坐标表示时间，以纵坐标表示社会经济数据，表明社会经济现象随时间的推移而发生升降变化的图形。在同一图形中，可以用不同颜色、不同粗细的曲线表示不同地区、不同企业、不同产品的市

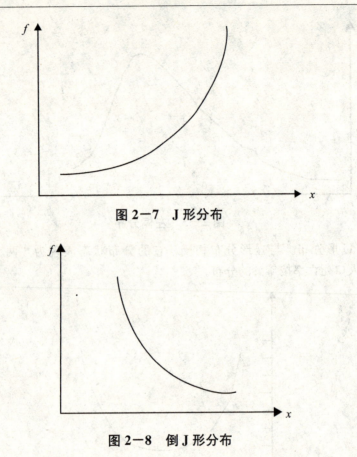

图 2－7　J 形分布

图 2－8　倒 J 形分布

场销售的动态变化情况，以及相互联系的指标之间的动态对比关系，如反映一段时间内价格变动的股市分析曲线图。同时，在此基础上，我们可以利用时间数列分析方法，配合曲线或直线模型，以此预测某种社会经济现象的未来发展状况，进而为经济决策服务。

　　3. 相关曲线图是在坐标平面上一般以原因变量为横轴，以结果变量为纵轴绘制现象之间依存关系的曲线图。其作用类似于时间数列的动态曲线图。

第三节　数据的对比分析

　　商务数据的对比分析习惯上也称为相对数分析，即将两个有关的数据加以比较而得到的一个相对数。它可以是不同空间、不同时间的，也可以是不同性质的或同一事物内部的对比，这里简单介绍几种常用的对比分析方法。

一、相对数的概念

相对数是两个有联系的数据对比计算的比率。相对数可以反映数据内部的结构、比例，以及数据的发展速度、强度、差异程度等。如某公司对外贸易的计划完成程度，某地区的产业构成、比例关系，以及出口总值的发展速度等，都是相对数对比分析。它们可以分别反映出外贸出口定额与实际出口之间、产业结构内部之间以及出口总值不同时期之间的数量比率和联系程度。总之，凡是两个相联系并能反映实际意义的数据相对比，都是相对数。

二、相对数的表现形式

相对数计算的结果，一般没有计量单位的，它是一种抽象化的无名数，恰恰是这种抽象，才能清晰地反映现象之间的对比关系。相对数的表现形式一般为百分数、千分数、系数、倍数和成数等。

个别相对数计算的结果是有计量单位的，主要是突出性质不同的数据之间的对比关系，因此，常使用双重单位。如平均每人分摊的国民收入用"元/人"表示、人口密度用"人/平方公里"表示等。

三、几种常用的相对数

1. 计划完成程度相对数

计划完成程度相对数是用某一时期内的实际数据与同期计划数据相比较得到的相对数，用（％）符号表示计划完成的程度。其公式为：

$$计划完成相对数 = \frac{实际完成数据}{计划（定额）数据} \times 100\% \qquad (2.4)$$

[例2] 某工贸企业集团公司，本年度计划定额为 15 000 美元/人，实际数据为 16 230 美元/人。则劳动生产率的计划完成程度为：

$$计划完成程度相对数 = \frac{16\ 230}{15\ 000} \times 100\% = 108.2\%$$

从以上计算结果可以看出，本公司劳动生产率提高的计划（定额）完成程度为 108.2％，超额完成 8.2％。

2. 结构相对数

任何一个现象包括社会的、经济的、自然的，通常都是由许多部分，至少有几个部分构成的。各个部分占总体的比重，就称为结构相对数，用百分数表示。公式为：

$$结构相对数 = \frac{总体内部分数据}{总体的全部数据} \times 100\% \qquad (2.5)$$

33

[例3]　某企业在进出口商品总值中，总值为 3 562 万美元，其中进口总值为 2 066 万美元，则：结构相对数 $= \dfrac{2\ 066}{3\ 562} \times 100\% = 58\%$

可见，该公司进口比重大于出口比重。同时，由于进出口总值（分母）只可分为进口总值与出口总值两部分，因此这里只有两个结构相对数，而且两个结构相对数之和为 100%或 1。

3. 比例相对数

比例相对数将总体内各组成部分的数量加以对比，用来说明它们之间的比例关系、协调程度等。其计算公式为：

$$比例相对数 = \frac{总体内某一部分数据}{总体内另一部分数据} \tag{2.6}$$

[例4]　某地区去年人口总数为 515 万人，其中女性 250 万人，男性为 265 万人，则得出男女比例为 1.06∶1 或 106∶100。

计算结果发现，该地区每 100 名女性，就有 106 名男性，或者说每一个女性就有 1.06 个男性。

4. 比较相对数

比较相对数等于两个同类性质的不同空间数据之比，其公式为：

$$比较相对数 = \frac{某一条件下的总体数据}{另一条件下的总体数据} \tag{2.7}$$

比较相对数可以用%表示，也可以用倍数表示。分子分母可以互换，互换后仍有实际意义。

[例5]　SA 公司去年出口总值为 5 863 万美元，另一同类性质 WI 公司出口总值为 4 296 万美元，则 SA 公司出口总值与 WI 公司出口总值之比较相对数为 $\dfrac{5\ 863}{4\ 296} = 1.36$。

5. 强度相对数

强度相对数就是将两个性质不同，但是有联系的两个总体数据加以对比，用来表现事物的强度、密度以及普遍程度等。其计算公式为：

$$强度相对数 = \frac{某一现象总体数据}{另一个不同性质但有联系的总体数据} \tag{2.8}$$

[例6]　某企业去年平均占用资金 2 130 万元，利税总额为 852 万元，则：

$$该企业资金利税率 = \frac{852}{2\ 130} = 0.4$$

上述计量说明该企业去年平均每百元资金实现的利税额为 40 元。

强度相对数的表现形式，一般都是有计量单位的，用分子和分母的两个数据作为复合计量单位来表示，以便更有利地反映分子分母之间的对比强度、联系程度和密度等。复合计量单位适用于分子分母的计算单位不同时的情况。

强度相对数的分子分母可以互换，互换后的两个指标都有意义，并分别称为正指标和逆指标。通常，正指标的数值大小与现象的关系程度、强度、密度或服务程度成正方向变化；逆指标则成反向变化。如每 100 元资金利税率、人均国民生产总值、人均粮食产量、每万人拥有的医院病床数等都是强度相对数的正指标，同时这些相对数的分子分母都可以互换，并且有经济意义，互换后的逆指标分别为：每百元利税所需的资金额、每百元国民生产总值分摊的人数、每 100 公斤粮食产量分摊的人数、每张病床负担的人口数等。不过，一些强度相对数的逆指标不太常用。

6. 动态相对数

任何事物都是不断发展与变化的，将两个不同时期的数据加以分析比较是十分必要的，也是一种常见的统计分析方法。将一事物在不同时间上进行比较的方法通常有三种形式：即不同时期数据相减、相除以及相减与相除相结合。

(1) 动态增减量比较

事物的增减量是由报告期的数据减去基期数据而得到的一个差数，它是一个绝对数，这个绝对数可以是正的，也可以是负的。

显然，正的表示增加（或提高）的绝对量，负的表示减少（或降低）的绝对量。由于对比时采用了不同的基期数据，因此增减量可分为"累计增减量"和"逐期增减量"两种。计算公式如下：

逐期增减量＝报告期数据－前一期数据

$$a_1 - a_0, \ a_2 - a_1, \ a_3 - a_2, \ \cdots, \ a_n - a_{n-1} \tag{2.9}$$

累计增减量＝报告期数据－某一固定基期数据

$$a_1 - a_0, \ a_2 - a_0, \ a_3 - a_0, \ \cdots, \ a_n - a_0 \tag{2.10}$$

上述两个增减量在数量上有着固定的关系，即累计增减量等于逐期增减量之和。用公式表示为：

$$a_n - a_0 = (a_1 - a_0) + (a_2 - a_1) + (a_3 - a_2) + \cdots + (a_n - a_{n-1}) \tag{2.11}$$

以上概念与公式应用见表 2—6。

表 2—6 某工贸公司历年进口总值资料

动态时间 （年份）	出口总值 （万美元）	差额对比（万美元）		环比（%）		定基比（%）	
		逐期	累计	发展速度	增长速度	发展速度	增长速度
1996	95.2	—	—	—	—	100	—
1997	100.0	4.8	4.8	105.0	5.0	105.0	5.0
1998	104.0	4.0	8.8	104.0	4.0	109.2	9.2
1999	110.0	6.0	14.8	105.8	5.8	115.6	15.6
2000	115.0	5.0	19.8	104.5	4.5	120.8	20.8
2001	122.0	7.0	26.8	106.1	6.1	128.2	28.2

（2）动态相对数比较

动态相对数是将两个不同时期的数据加以对比，抽象成为一个比率，用来表示某一现象在下段时期内的发展变化方向及程度，通常称为发展速度。其公式如下：

$$动态相对数 = \frac{报告期数据}{基期数据} \times 100\% \tag{2.12}$$

通常现象发展速度都是用百分数表示的，只有在特殊情况下，如时期跨度比较大或比率很大时，才使用倍数表示。

例如，1982 年世界各国服务贸易出口总额为 4 050 亿美元，到 1992 年扩大到 10 000 亿美元，则发展速度为：

计算结果为 246.9%，也可以称为 10 年内世界各国服务贸易出口总额发展速度为 2.47 倍。

在计算动态相对数时，当报告期数据确定时，可使用不同的基期数据进行对比分析方法。以前一期数据为基期水平时，称为环比发展速度；以某一固定时期数据为基期水平时，称为定基发展速度。其公式分别为：

$$环比发展速度：\frac{a_1}{a_0}, \frac{a_2}{a_1}, \frac{a_3}{a_2}, \cdots, \frac{a_n}{a_{n-1}} \tag{2.13}$$

$$定基发展速度：\frac{a_1}{a_0}, \frac{a_2}{a_0}, \frac{a_3}{a_0}, \cdots, \frac{a_n}{a_0} \tag{2.14}$$

上面两个发展速度存在一种确定的关系，即定基发展速度等于相应环比发展速度的连乘积。即：

$$\frac{a_1}{a_0} \times \frac{a_2}{a_1} \times \frac{a_3}{a_2} \times \cdots \times \frac{a_n}{a_{n-1}} = \frac{a_n}{a_0} \tag{2.15}$$

计算方法及应用参见表 2—6。

与发展速度相联系的另外两个数据是环比增长速度和定基增长速度。当相对数大于100％时为增长速度，当相对数小于100％时，为下降速度。由于使用了不同的基期数据，增长速度也分环比增长速度和定基增长速度，在计算方法上也不同。

$$环比增长速度=\frac{a_n-a_{n-1}}{a_{n-1}}=\frac{a_n}{a_{n-1}}-1=环比发展速度-100\% \qquad (2.16)$$

$$定基增长速度=\frac{a_n-a_0}{a_0}=\frac{a_n}{a_0}-1=定基发展速度-100\% \qquad (2.17)$$

以上计算方法及应用参见表2－6。从表中可以看出，该公司出口总值从1997年开始，每年比前一年分别增加了4.8万美元、4万美元、6万美元、5万美元和7万美元，而1996—2001年累计增加了26.8万美元。从动态相对数对比分析看，1996—2001年，每年比前一年增长了5％、4％、5.8％、4.5％和6.1％。而1996—2001年累计增长了28.2％。由此可见，该公司在这个时期的出口状况一直保持稳步增加的好势头，增长速度稳步上升。

（3）增长1％的绝对值

发展水平和增长量是绝对数，说明现象发展所达到的和所增长的绝对数量；发展速度和增长速度是相对数，说明现象发展和增长的程度，把现象之间的差异抽象化了，在一定程度上掩盖了发展水平的差异。因此，低水平基础上的增长速度与高水平基础上的增长速度是不可比的，而环比增长速度具有不同的经济意义。由此可知，在动态分析时，不仅要看各期增长的百分数，还要看每增长1％所包含的绝对值，这是一个由相对数和绝对数相结合运用的指标。

$$每增长速度1\%的绝对值=\frac{逐期增长量}{环比增长速度\times100}$$

$$=\frac{逐期增长量}{\dfrac{逐期增长量}{前一期水平}\times100}$$

$$=\frac{前一期水平}{100}$$

用符号表示：

$$每增长速度1\%的绝对值=\frac{a_n-a_{n-1}}{\dfrac{a_n-a_{n-1}}{a_{n-1}}\times100}$$

$$=\frac{a_{n-1}}{100}$$

本章小结

　　本章共有三个小节。其中第一、二节介绍统计资料整理的程序，数据的频数、频率、图表显示，原始统计资料如何分组，分组标志的选择原则，如何编制分配数列，如何恰当地使用统计图表显示，形象的描述统计数据。这两节承接上一章的第四节"常用的数据搜集方法"，进一步介绍统计数据的整理技术。第三节"统计中常用的相对数"是对通过统计整理形成的变量数列进行简单的对比分析。这些简单的对比分析方法是商务管理活动中经常出现的，但也常会使用错误。尤其是"计划完成相对数"、"强度相对数"、"动态相对数"要注意使用上和计算上科学性。其中"计划完成相对数"要注意计划数的性质；"强度相对数"要注意分子分母的可比性；"动态相对数"中各个对应指标的换算关系；"结构""比例""比较"三个相对数在统计实践中也较容易混淆。希望读者在学习时用心体会。

本章重点名词

　　统计整理　复合分组　分配数列　组中值　频率　累计频数　累计频率　统计表　直方图　结构相对数　计划完成相对数　强度相对数　累计增减量　逐期增减量　发展速度　增长速度　增长1%绝对值

本章思考题与习题

1. 统计资料整理包括哪几个步骤？

2. 何谓统计分组？其关键是什么？

3. 如何区分简单分组、复合分组及分组体系？

4. 什么是分配数列？它具备哪两个要素？

5. 区分下列几组基本概念：

（1）频数与频率。

（2）组距、组中值与全距。

（3）以上累计与以下累计。

（4）单项式变量数列与组距式变量数列。

（5）以上开口组与以下开口组。

（6）等距数列与不等距数列。

6. 什么是统计表？简述统计表的结构和种类。

7. 现象的分布特征有哪几种形式？各有什么特点？

8. 什么是相对数？其计量单位如何表示？

9. 相对数有哪几种？计算方法怎样？

10. 某灯泡厂从一批灯泡中抽取 50 只进行检验，测得每只灯泡耐用时间数据如下：（单位：小时）

851	901	800	914	991	827	909	904	891	996
886	928	999	946	950	864	1 048	967	948	853
948	992	948	867	988	846	958	934	1 000	878
978	876	1 001	968	1 040	854	1 098	900	956	945
938	869	949	890	1 038	927	878	1 050	924	1 100

试将以上数据整理成组数为 7 的组距数列，计算组中值、频率和累计频数。并绘制次数分布图。

11. 某炼钢厂连续六年钢产量资料如下表：

年份	1996	1997	1998	1999	2000	2001
钢产量（万吨）	200	240	300	360	540	756

要求：（1）试编一统计分析表，列出下列各种分析数据：发展水平、增长量（逐期、累计）、发展速度与增长速度（定基、环比）。

（2）就表中数字说明下列各种关系：发展速度与增长速度、定基发展速度与环比发展速度、逐期增长量与累计增长量。

12. 根据已知资料，运用动态相对数之间的关系，计算下列表格中的空缺数据：

动态时间（年份）	出口总值（万美元）	差额对比（万美元）		环比（%）		增长1%的绝对值（万美元）	定基比（%）	
		逐期	累计	发展速度	增长速度		发展速度	增长速度
1996	110	—	—		—	—		—
1997		5.0						
1998				106				
1999							150	
2000			200					
2001				15				

第三章 统计数据集中趋势测定

本章学习目标

本章学习目标有三个：①算术平均数、调和平均数的含义与算法；②位置平均数、众数和中位数的含义与算法；③序时平均数的含义与算法。

第一节 一般平均数

统计资料经过整理，编制成各种频数分布表，并由此给出相应的直方图或频数曲线图。在观察这些统计图的时候我们会发现，大多数变量值都存在一种向中间值集中的趋势。这种特性，称为集中趋势。

常用的测量集中趋势的方法有：算术平均数、几何平均数、中位数、众数和序时平均数。

平均数是表明现象一般水平的统计指标，它既能反映现象在静止上的一般水平，也能反映现象在动态上的一般水平，前者称为静态平均数，后者称为动态平均数，这里阐述的是静态平均数。

一、平均数的一般概念

（一）平均数的概念

平均数是将总体中各单位某一数量标志的不同数值抽象化，用来反映同一总体数量标志的一般水平。

在社会经济现象的总体中，总体单位的某一数量标志，在总体各单位的具体表现是不相同的。如果统计研究的目的是了解该数量标志的一般水平，显然不能用某一个总体单位的标志值来说明，这就需要计算一个代表值，用它来表明该数量标志的平均水平，这个代表值就称为平均数。所以平均数是反映总体某一数量标志在具体条件下一般水平的统计指标。

40

例如，某班 10 名学生，统计学的考试成绩分别为：68，91，82，73，64，86，70，93，84，90。要说明这些学生考试成绩的一般水平，就不能用个别学生的考分作代表，而应采用平均成绩 80.1 分作为代表值。这个平均数把各个学生之间成绩水平的差异抽象化了。它是 10 名学生考试成绩的一般水平，即平均水平。

（二）平均数的特点

根据对平均数概念的分析，可看出平均数具有以下特点：

（1）同质性。平均数必须在同质总体中计算。

（2）代表性。它是总体各单位某一数量标志的代表值。

（3）抽象性。它把某一数量标志在总体单位之间的数量差异抽象化了。

就社会经济现象变量数列的分配情况看，通常是接近平均数的标志值居多，而远离平均数的标志值很少。与平均数离差愈小的数值出现的次数愈多，与平均数离差愈大的数值出现的次数愈少，形成的正离差与负离差就大体相等，整个变量数列以平均数为中心而左右波动。所以，平均数反映了总体分布向中心靠拢的集中趋势，它是总体分布的重要特征值。掌握了分布数列的平均数，就可以了解总体分布集中趋势的一般特征。

（三）平均数的作用

由于平均数能够综合反映所研究现象在具体条件下的一般水平，因而在统计研究和各项经济管理中得到了广泛地应用。平均数除了具有表明现象一般水平的基本作用外，其具体作用有以下几方面：

（1）平均数是次数分布数列的中心数值，它能够反映现象在具体条件下，次数分布的集中趋势和一般特征。在一个总体中，各总体单位的某一标志的数值变动往往呈正态分布状况，即最高和最低的数值出现的较少，出现最多的是中等水平的数值，即前面所讲的钟形分布。因此，反映到次数分布中，是距离中等水平的次数较多。所以在一个次数分布数列中，常常围绕着一个中心值变动，了解这个中心值，就可以研究现象的集中趋势和一般特征。

（2）当同类现象的一般水平需作空间上的比较时，可以说明现象在不同条件下的差距。例如评价两个企业的生产水平和工作质量，一般不采用工业总产值这个总量指标对比，因为工业总产值受生产规模的影响，而是用单位产品成本等平均指标来衡量，这样就可以消除不可比因素的影响，揭示企业之间的差别。另外，比较同类现象在不同时期的平均水平，能说明现象的发展趋势或变动规模性。

（3）平均数可以作为评论事物一种数量标准或参考。由于平均数是作为一个

"代表值"来代表总体的一般水平，它抽象掉了现象规模大小等的因素影响，因此可用来作为评论事物的一种数量标准或参考。例如，企业的劳动效率的评价，往往是以全员劳动生产率水平为标准。

（4）使用平均数可以在数量上进行推算，为科学预测和决策提供依据。如果根据某种产品的平均单位成本，可以推算出生产该种产品的总成本；利用样本平均数推断总体平均数，进而推算总体总量；企业的劳动定额、生产定额、销售定额、物资消耗额等都是依据相应的平均指标来确定的。

二、算术平均数

（一）算术平均数的基本公式

算术平均数是平均数中最重要和最常见的一种。一般不特别说明时，所称的"平均数"就是指算术平均数。算术平均数的计算方法与许多经济现象中客观存在的数量关系相符合，因而得到广泛地应用。在社会经济现象中，总体的标志总量常常是总体单位标志值的算术总和。在掌握了标志总量和总体单位数的资料时，用总体的标志总量除以总体单位数，就可直接求得平均数。

其计算公式为：

$$\text{算术平均数} = \frac{\text{标志总量}}{\text{总体单位数}}$$

[**例1**]　某公司某月份，职工工资总额为 1 200 000 元，职工人数为 1 000 人，则该公司职工平均月工资额为：

$$\text{平均月工资} = \frac{1\ 200\ 000}{1\ 000} = 1\ 200\ \text{元}$$

需要指出，平均数与强度相对数的计算式很相似，都是两个总量指标的比值，但实际上它们是两个不同的综合指标。强度相对数是两个来自不同总体，但有联系的总量指标之比，作为分子的总量指标并不随着作为分母的总量指标的变动而变动。而平均数则是同一总体的各单位标志值的平均，因而表现为总体内标志总量与单位总数之比。在这里，标志总量是随着总体单位总数的变动而变动，二者是相互适应的。因此，在利用基本公式计算平均指标时，要注意公式的子项（标志总量）和母项（单位总数）必须属于同一总体，保证两者总体范围上一致。否则，所计算的平均指标不仅不能反映总体的一般水平，反而会歪曲现象的本质和特点。借助于科学的分组法建立性质相同的总体是计算和应用平均数的基本前提。

统计实务中，算术平均数按照掌握的资料不同和计算的复杂程度不同，可分为简单算术平均数和加权算术平均数。

（二）简单算术平均数

计算算术平均数在不具备总体的标志总量和单位总量资料时，要依据总体各个单位的具体资料来计算。将总体的各个单位标志值简单相加，然后除以单位个数，求出的平均标志值，叫做简单算术平均数。其计算公式为：

$$\bar{x} = \frac{x_1 + x_2 + \cdots + x_n}{n} = \frac{\sum x}{n}$$

式中：$\bar{x}$ 代表算术平均数；

x 代表各单位标志值；

n 代表总体单位总数；

$\sum$ 是求和符号；

$\sum x$ 是总体标志总量。

[例2]　某公司有 8 名产品推销员，某年推销额（千元）分别为 256，280，236，228，278，223，277，302，则这 8 名推销员的年平均推销额计算为：

$$\bar{x} = \frac{\sum x}{n} = \frac{256 + 280 + 236 + 228 + 278 + 223 + 277 + 302}{8} = 260（千元）$$

（三）加权算术平均数

当被研究的现象总体单位数相当多，且各单位又有相同或相近的标志值时，在资料整理过程中，往往将其编制成分配数列。在这种情况下，计算平均数时，就不能采用简单算术平均数的方法，而需要用加权算术平均数的方法。即用各组的标志值（变量值）乘以相应各组的次数（各组单位数），求出各组的标志总量，然后加总，计算出总体的标志总量，再除以总次数（总体单位数）。其计算公式为：

$$\bar{x} = \frac{x_1 f_1 + x_2 f_2 + \cdots + x_n f_n}{f_1 + f_2 + \cdots + f_n} = \frac{\sum x f}{\sum f}$$

式中：$\bar{x}$ 代表算术平均数；

x 代表各组标志值；

f 代表各组单位数（次数）；

$\sum$ 是求和符号。

由于我们所掌握的变量数列有单项数列和组距数列之分，加权算术平均数的计算，也有些区别。

1. 由单项数列计算加权算术平均数

[例3]　已知某企业 80 名工人某月奖金的分配情况如表 3—1。

表 3-1   80 名工人某月奖金分配情况

等级	奖金额 x（元）	人数 f（人）
一等奖	320	8
二等奖	300	42
三等奖	290	30
合　计	—	80

根据上述资料计算这个企业 80 名工人的平均奖金额（$\bar{x}$），应先求出各组工人的奖金总额（xf）及全部工人的奖金差额（$\sum xf$），然后再把奖金总额和工人总数（$\sum f$）相比，如表 3-2。

表 3-2   算术平均数计算表

等级	奖金额 x（元）	人数 f（人）	各组奖金总额 xf（元）
一等奖	320	8	2 560
二等奖	300	42	12 600
三等奖	290	30	8 700
合　计	—	80	23 860

$$\bar{x}=\frac{\sum xf}{\sum f}=\frac{23\ 860}{80}=298.25\ （元）$$

2. 由组距变量数列计算加权算术平均数

由于组距数列中的各组变量是以若干个不同的变量值表示的，所以计算平均数，必须先求组中值，用组中值来代表各组的变量值。例如，某地居民按水电费月支出分组的组距数列资料如表 3-3 所示。

表 3-3   122 户居民水电费用支出情况

按月水电费支出分组 组别	组中值（元） x	居民户数（户） f	费用支出总额（元） xf
80 以下	72.5	15	1 087.5
80～95	87.5	30	2625
95～110	102.5	40	4100
110～125	117.5	24	2820
125～140	132.5	9	1 192.5
140 以上	147.5	4	590
合　计	—	122	12415

$$\bar{x}=\frac{\sum xf}{\sum f}=\frac{12\,415}{122}=101.76\,（元）$$

利用组中值计算算术平均数具有一定的假定性，即假定各组内的变量是均匀分配的，但实际上却不一定是这样的。因此，计算结果只是一个近似值，其近似程度取决于组距的大小。组距越小，计算结果越接近于实际的平均数；组距越大，计算结果距实际平均数的偏差也越大。

3. 权数与加权

简单算术平均数，反映出的是一个因素的影响即变量值的影响，因为次数在各组中的表现是一致的。而加权算术平均数则反映两个因素的影响即变量值和次数数值的影响。各组的变量值越大，则总体平均数越高；反之越低。次数数值的影响，实质上是指各组次数占总次数比重大小的影响，即频率的影响。频率高的那组变量值对总体平均数影响大，频率低的那组变量值对总体平均数影响小。因此，次数多少对平均数大小的影响具有权衡轻重的作用。因此，在统计中通常把各且单位数称为权数，把每个变量值乘以权数的过程叫加权过程。

4. 用相对数表示的权数计算加权算术平均数

计算的方法有两种情况：当权数的形式表现为百分数时，可用各组变量值乘以各组权数，加总后除以100。当权数的形式表现为小数时，则可用各组变量值乘以各组权数，加总即可。

（四）算术平均数的数字性质

算术平均数有两个重要数学性质。

1. 各个变量值与其算术平均数的离差之和等于零

以简单算术平均数为例：

$$\sum (x-\bar{x})=0$$

因为：$\sum (x-\bar{x})=\sum x-\sum \bar{x}=\sum x-n\bar{x}$

$$=\sum x-n\cdot\frac{\sum x}{n}=\sum x-\sum x=0$$

加权算术平均数：$\sum (x-\bar{x})f=0$

2. 各变量值与其算术平均数的离差平方之和为最小值

以简单算术平均数为例：

$$\sum (x-\bar{x})^2=最小值$$

设任意的 x_0，$c=\bar{x}-x_0$，$x_0=\bar{x}-c$

以 x_0 为中心的离差平方之和为：

$$\sum (x-x_0)^2=\sum [x-(\bar{x}-c)]^2$$

$$= \sum [(x-\bar{x})+c]^2$$
$$= \sum [(x-\bar{x})^2+2c(x-\bar{x})+c^2]$$
$$= \sum (x-\bar{x})^2+2c\sum (x-\bar{x})+nc^2$$
$$= \sum (x-\bar{x})^2+nc^2$$

因为 $nc^2 \geqslant 0$，所以：

$$\sum (x-x_0)^2 \geqslant \sum (x-\bar{x})^2$$

即 $\sum (x-\bar{x})^2$ 为最小值。

这两个性质是进行趋势预测、回归预测，建立数学模型的重要数学理论依据。

（五）算术平均数在应用中的优缺点

算术平均数以一个单独的数值来代表全体数据，具有如下几个优点：

（1）算术平均数适合于代数方法的运算，十分容易掌握，同时它与大量社会经济过程相适应，所以应用十分广泛。

（2）任何一组数据都有一个平均数，而且只能有一个平均数，它是一个确定的、可计算的量。

（3）计算算术平均数时，全部数据都要参加运算，它不能用概率推算。因此，它是一个可靠的具有代表性的量。

与其他统计量一样，算术平均数也有它不足之处：

（1）由于算术平均数是根据统计资料上的全部数计算的，因此会受到资料中那些没有代表性的极端数值影响。当许多变量值之中出现特别大或特别小的数值时，算术平均数的代表性就差一些，与实际的平均水平误差就大。这时应适当选择其他方法。例如，有几家外贸公司，3 月份出口额分别为 20、50、60、70、200（万美元）它们的平均出口额为：

$$\bar{x}=\frac{20+50+60+70+200}{5}=80 \text{（万美元）}$$

显然在实际工作中，这里的 80 万美元的代表性就很差。

（2）在组距数列中，当遇到开口组时，组中值的确定本身就有很大的假定性。因此，由它计算的算术平均数的假定性也就更大。所以，在这种情况下计算出来的算术平均数的数值，其代表性也很不可靠，此时也应适当选用其他方法。

三、调和平均数

在经营管理统计中，常常由于资料的限制（如缺乏总体单位数的资料），不能直接采用算术平均数的公式计算平均数，而需把算术平均数的形式加以改变，应用调和平均数来计算。调和平均数又称"倒数平均数"，它是根据变量值的倒数计算的。调和平均数有简单调和平均数和加权调和平均数两种。

（一）简单调和平均数

如以 H 表示，其计算公式为：

$$H=\frac{n}{\frac{1}{x_1}+\frac{1}{x_2}+\cdots+\frac{1}{x_n}}=\frac{n}{\sum\frac{1}{x_i}}$$

[例4] 某农贸市场，某种蔬菜价格：早市每斤 0.5 元；中市每斤 0.45 元；晚市每斤 0.4 元。如果早、中、晚三市各买一元，则该种蔬菜的每斤平均价格应为多少元？

根据上述资料，计算平均价格，应先求得早、中、晚三市购买蔬菜的数量为多少斤？早市用 1 元购买了 $\frac{1}{0.5}$＝2 斤；中市用 1 元购买了 $\frac{1}{0.45}$＝2.2 斤；晚市用 1 元购买了 $\frac{1}{0.4}$＝2.5 斤。共购买了 6.7 斤。然后再求出平均每元可以购买的蔬菜数量 $\frac{6.7}{3}$＝2.23 斤。最后计算平均每斤蔬菜的价格 $\frac{1}{2.23}$＝0.448 元。将上述计算步骤归纳，则：

$$平均每斤蔬菜价格=\frac{1}{\frac{\frac{1}{0.5}+\frac{1}{0.45}+\frac{1}{0.4}}{1+1+1}}=\frac{1}{\frac{\frac{1}{0.5}+\frac{1}{0.45}+\frac{1}{0.4}}{3}}=0.448（元）$$

所以调和平均数是各变量值倒数的算术平均数的倒数。

（二）加权调和平均数

简单调和平均数是在未经分组的资料中，各变量值对平均数起同等作用的条件下应用。但是在许多情况下，各变量值对于平均数的作用是不同的。例如，在上例中，如果早、中、晚不是各买 1 元，而是用不同的金额，那么每种价格所起的作用就不同了。这时就需要用加权调和平均数。加权调和平均数是各单位标志值倒数的加权算术平均数的倒数，其计算公式为：

$$H=\frac{m_1+m_2+\cdots+m_n}{\frac{m_1}{x_1}+\frac{m_2}{x_2}+\cdots+\frac{m_n}{x_n}}=\frac{\sum m}{\sum\frac{m}{x}}$$

式中：H 代表加权调和平均数；

m 代表各组标志总量；

x 代表各组变量值。

[例5] 某地区 122 户居民水电费用月支出资料如表 3—4，求月平均费用。

表 3—4　　　　　　　　**122 户居民水电费用支出情况**

水电费（元）	组中值	费用总额（元）
80 以下	72.5	1 087.5
80～95	87.5	2 625
95～110	102.5	4 100
110～125	117.5	2 820
125～140	132.5	1 192.5
140 以上	147.5	590
合计	—	12 415

在给定的资料中，由于缺少居民户数资料，所以不能直接采用加权算术平均数，而只能运用加权调和平均数来计算平均费用（H）：

$$H = \frac{\sum m}{\sum \frac{m}{x}} = \frac{1\ 087.5 + 2\ 625 + 4\ 100 + 2\ 820 + 1\ 192.5 + 590}{\dfrac{1\ 087.5}{72.5} + \dfrac{2\ 625}{87.5} + \dfrac{4\ 100}{102.5} + \dfrac{2\ 820}{117.5} + \dfrac{1\ 192.5}{132.5} + \dfrac{590}{147.5}}$$

$$= \frac{12\ 415}{122} = 101.76 \ （元）$$

本例中 m 为各组费用总额，即权数，各组费用水平（组中值 x）为变量值，分子是各组费用总额之和（$\sum m$），即总体标志总量，分母为各组居民户数之和（$\sum \frac{m}{x}$），即总体单位总数。加权调和平均数实际上是加权算术平均数的变形。从公式上看：

$$H = \frac{\sum xf}{\sum f}, \quad H = \frac{\sum m}{\sum \frac{m}{x}}$$

m 是各组标志总量，它等于各组变量值 x，乘以各组单位数 f，即 $m = xf$，所以

$$H = \frac{\sum m}{\sum \frac{m}{x}} = \frac{\sum xf}{\sum \frac{xf}{x}} = \frac{\sum xf}{\sum f}$$

也就是说，调和平均数是在拥有资料不同于算术平均数时，计算平均数的一种方法。

第二节 位置平均数

前面所讲的算术平均数和调和平均数是根据每一变量计算的平均值。除此以外，还有众数和中位数，也属于平均数，也是测量现象集中趋势的重要方法。众数和中位数在测量时，是根据变量值在一组数据中所处的位置决定的，称位置平均数。在一些特定的条件下，众数和中位数能够比算术平均数更能恰当地反映现象的集中趋势。

一、众数

（一）众数的概念

众数是指总体中重复出现次数最多的那个变量值。由于该变量值在被研究总体中出现的次数最多，因此，众数可以用来说明该总体的一般水平。比如，要了解某农贸市场某日的猪肉价格水平，可以用某日市场上最普遍成交的价格来加以说明。在现实生活中，众数的使用范围非常广泛，无论是生产部门，还是销售部门，或者是其他行业，众数都会被有意无意地使用着。例如，在众多的鞋号中，某一型号的需求量最大；某一股票价格在一周的变化中，在某一水平上的最大购买量或抛售量的价格等等。另外，众数较多的用于品质数列中，表示最流行的，最普遍的款式、尺寸等特征。这些现象都只能用众数表示，并且是其他平均数形式所不能代替的。由于分布数列分布状况的不同，众数可能是一个或多个，一些情况下，可能没有众数。

（二）众数的计算方法

1. 直接观察法

它适用于由单项式组成的变量数列。如表3-5。

表3-5   **某大学二年级的学生年龄分布资料**

学生年龄（岁）	大二学生人数（人）
18	122
19	589
20	305
21	120
22	105
合　计	1241

表 3-5 中某大学二年级的学生人数中，19 岁的最多。因此说，19 岁就是这五个年龄中的众数。另外，在分布曲线中的最高点所对应的变量值也可以是众数。

2. 插补法

它适用于由组距式变量数列求众数的情况。假设定分布数列均匀的情况下，可以用组中值粗略替代众数；但是通常在变量数列分布不对称情况下众数的具体数值常受相邻组次数的影响。确定众数的插补法，就是按众数组次数与上下两个相邻组次数的差数比例计算的。其公式为：

（1）下限公式：

$$M_0 = L + \frac{\Delta_1}{\Delta_1 + \Delta_2} \times i$$

（2）上限公式：

$$M_0 = U - \frac{\Delta_2}{\Delta_1 + \Delta_2} \times i$$

式中：M_0 表示众数；

L 表示众数组的下限；

U 表示众数组的上限；

Δ_1 表示众数组次数与其前一组次数之差；

Δ_2 表示众数组次数与其后一组次数之差；

i 表示众数组组距。

下面以表 3-6 资料为例，说明计算方法。

表 3-6　　　　　　某地区居民人均月收入抽样调查资料

按月平均收入分组（元）	居民人数（人）
1 400 元以下	54
1 400～1 500	85
1 500～1 600	286
1 600～1 700	600
1 700～1 800	1 000
1 800～1 900	800
1 900～2 000	425
2000 以上	380
合　计	3630

在表 3-6 中，该地区居民人均月收入在 1 700～1 800 元之间的人数最多，为 1 000 人。因此可以初步确定众数在 1 700～1 800 元之间。具体确定众数仍需

借助上述公式。将有关资料代入公式：

用下限公式计算如下：

$$M_0 = 1700 + \frac{1\,000 - 600}{(1\,000 - 600) + (1\,000 - 800)} \times 100 = 1\,766.67 \text{（元）}$$

用上限公式计算如下：

$$M_0 = 1800 - \frac{1\,000 - 800}{(1\,000 - 600) + (1\,000 - 800)} \times 100 = 1\,766.67 \text{（元）}$$

计算结果表明该地区职工月收入水平一般为 1 766.67 元，并且用两个公式计算的结果完全一致。

众数的优点在于它不受极端值影响。另外，当数据分布曲线出现两个高峰时，按照众数的定义，似乎存在两个众数。但事实上，这种形态的分布，常常说明数据来源于两个有区别的总体。如某商场销售运动鞋，可能出现 38 码和 41 码两个众数，但实际上是将男女不同性别的数据混合在一起描述的。这时，可将数据按性别不同重新整理，然后进行分析。

二、中位数

中位数就是所有按大小排列的数据中处于中间位置的数值，它将所有数据一分为二，正好有一半的数据比中位数小，也正好有一半数据比中位数大。它与众数有一个共同特点，即都是根据它们在数列中所处的位置决定的。但中位数的确定与众数不同。

1. 对于未分配资料的数据来说

先将数据按大小顺序加以排列，然后找出中间项数值，即中位数。具体计算进程如下：

（1）将所有的数据按上升顺序排列，记为 x_1，x_2，…，x_n（$x_1 \leqslant x_2 \leqslant x_3 \leqslant \cdots \leqslant x_n$）；

（2）若 n 为奇数，则位于正中间的那个数据就是中位数，即 $x_{\frac{n+1}{2}}$ 就是中位数；若 n 为偶数，则中位数为 $\dfrac{x_{\frac{n}{2}} + x_{\frac{n}{2}+1}}{2}$，即位于数列正中间的两个数据的平均值。

例如，已知 7 名工人日产某种产品的产量资料为（单位：件）：9，11，12，13，14，15，16，则中位数为 $x_{\frac{7+1}{2}} = x_4 = 13$。

又如，以例 2 的数据为例，计算该公司 8 名推销员年推销额的中位数。将原数据按上升顺序排列得到：223，228，236，256，277，278，280，302，因为 $n = 8$，$x_4 = 256$，$x_5 = 277$，故：

$$中位数=\frac{x_4+x_5}{2}=\frac{256+277}{2}=266.5（元）$$

2. 对于已分组的资料来说

只能借助于公式推算其中位数，特别是当数据为组距式变量数列时，还必须借助于累计次数进行推算，中位数计算公式如下：

下限公式：

$$M_e=L+\frac{\frac{\sum f}{2}-S_{m-1}}{f_m}\times i$$

上限公式：

$$M_e=U-\frac{\frac{\sum f}{2}-S_{m+1}}{f_m}\times i$$

式中：M_e 代表中位数；

L 代表中位数所在组的下限；

U 代表中位数所在组的上限；

$\sum f$ 代表次数之和；

S_{m-1} 代表中位数所在组的前一组的累计次数（以下累计中）；

S_{m+1} 代表中位数所在组的前一组的累计次数（以上累计中）；

f_m 代表中位数所在组的次数；

i 代表中位数所在组组距。

假定某地乡镇居民每户月收入资料如表 3—7

表 3—7   **2855 户居民月收分组资料**

按居民收入分组（元）	城镇居民户数（户）	以下累计（户）	以上累计（户）
1 500 元以下	80	80	2 855
1 500～1 800	100	180	2 775
1 800～2 100	110	290	2 675
2 100～2 300	225	515	2 565
2 300～2 600	439	954 (S_{m-1})	2 340
2 600～2 900	856 (f_m)	1 810	1 901
2 900～3 200	560	2 370	1 045 (S_{m+1})
3 200～3 500	325	2 695	485
3 500 以上	160	2 855	160
合　计	2 855	—	—

从表3-7资料可知乡镇居民月收入的中位数位置为$\frac{\sum f}{2}=\frac{2\,855}{2}=1\,427.5$。

从累计数可以看出，1 810和1 901都是最小包含1 427.5的数，因此可推算中位数在2 600~2 900元组内。假定中位数所在组内的各个数值是均匀分布的。

用下限公式：

$$M_e = 2\,600 + \frac{\frac{2\,855}{2}-954}{856} \times 300 = 2\,766\ （元）$$

用上限公式：

$$M_e = 2\,900 - \frac{\frac{2\,855}{2}-1\,045}{856} \times 300 = 2\,766\ （元）$$

计算结果说明，该地区乡镇居民平均每户月收入的中位数是2 766（元），且两种公式计算结果完全一致。

中位数的优点在于它是根据其位置确定的，不受数列中的极端数值影响，因此在经营管理统计实践中应用范围比较广泛。

三、算术平均数、众数和中位数的关系

1. 次数分布单峰对称

当次数分布单峰对称时，$\bar{x}=M_e=M_0$，如图3-1。此时次数分布曲线的对称点，即是曲线的中心点和最高点。

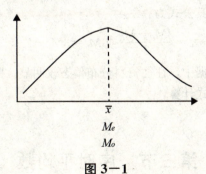

图 3-1

2. 次数分布为左偏

当次数分布为左偏时，$\bar{x}<M_e<M_0$，如图3-2。此时算术平均数向左移动，为最小，中位数在中间，而众数则最大，也称为负偏斜。

3. 次数分布为右偏

当次数分布为右偏时，$\bar{x}>M_e>M_0$，如图3-3。此时算术平均数向右偏，

众数最小，中位数仍居两者中间，也称之为正偏斜。

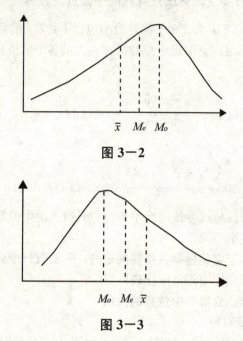

图 3—2

图 3—3

英国著名统计学家皮尔生发现，在微偏分布条件下，$\bar{x}$、M_e 与 M_0 存在一个相对固定的数量关系。其公式为：

$$\bar{x}=\frac{3M_e-M_0}{2} \text{ 或 } M_0=3M_e-2\bar{x}$$

在经营管理统计数据中，往往资料分布偏态较明显。因此，较少使用皮尔生公式，而多使用实际公式计算。

第三节　序时平均数

序时平均数反映的是数据在不同时期上的一般水平，也称动态平均数。它与静态平均数的共同点在于都是将数据中的个别差异抽象化，不同之处在于：静态平均数是将数据在同一时间的差异抽象化，是由变量数列计算的一般平均数。而动态平均数则是将数据在不同时间的差异抽象化，是由时间数列计算的序时平均数。它可以反映一段时间内现象发展的一般水平。通常用 $\bar{a}$ 或 $\bar{b}$、$\bar{c}$ 表示。序时

54

平均数的计算可以从绝对数、相对数、平均数三个方面进行计算。

一、由绝对数动态数列计算 $\bar{a}$

绝对数动态数列按数据特征不同可分为时期数列和时点数列。时期数列反映的是现象在一段时间内的总规模和总水平,其特点是各不同时期可以相加,数值大小与时间长短有直接关系。而时点数列反映的是现象在某一时刻上的状态,其特点是不同时期不能相加,数值大小也与时间的长短无关。

(一) 由时期数列求序时平均数 $\bar{a}$

计算方法与静态平均数相同:

(1) 简单序时平均数公式为:

$$\bar{a} = \frac{\sum a}{n}$$

(2) 加权序时平均数公式为:

$$\bar{a} = \frac{\sum af}{\sum f}$$

(二) 由时点数列求序时平均数 $\bar{a}$

1. 由连续时点数列计算 $\bar{a}$

按统计惯例,若资料为每日登记,称为连续时点。

(1) 资料未分组时公式为:

$$\bar{a} = \frac{\sum a}{n}$$

(2) 资料已分组时公式为:

$$\bar{a} = \frac{\sum af}{\sum f}$$

2. 由间断时点数列计算 $\bar{a}$

若资料不是每日登记,而是间隔一定时间登记,称为间断时点。

(1) 间隔相等时公式为:

$$\bar{a} = \frac{\dfrac{a_1}{2} + a_2 + a_3 + \cdots + a_{n-1} + \dfrac{a_n}{2}}{n-1}$$

例如,某公司去年第四季度员工人数资料见表3—8。

表3—8　　　　　某公司去年第四季度员工人数资料

日期	10月1日	11月1日	12月1日	今年1月1日
人数(人)	865 (a_1)	872 (a_2)	890 (a_3)	879 (a_4)

去年第四季度月平均人数 $= \dfrac{\dfrac{865}{2}+872+890+\dfrac{879}{2}}{4-1} = \dfrac{2634}{3} = 878$（人）

（2）间隔不等时公式为：

$$\bar{a} = \dfrac{\dfrac{a_1+a_2}{2}\cdot f_1 + \dfrac{a_2+a_3}{2}\cdot f_2 + \cdots + \dfrac{a_{n-1}+a_n}{2}\cdot f_{n-1}}{\sum\limits_1^{n-1} f_i}$$

式中：f_i 为间隔时期的长度。

例如，设某种股票 2000 年各统计时点的收盘价如表 3—9。

表 3—9   某种股票 2000 年各统计时点的收盘价

统计时点	1 月 1 日	3 月 1 日	7 月 1 日	10 月 1 日	12 月 31 日
收盘价（元）	15.2	14.2	17.6	16.3	15.8

该种股票 2000 年平均价格为：

$$\bar{a} = \dfrac{\dfrac{15.2+14.2}{2}\times 2 + \dfrac{14.2+17.6}{2}\times 4 + \dfrac{17.6+16.3}{2}\times 3 + \dfrac{16.3+15.8}{2}\times 3}{2+4+3+3}$$

$=16.0$（元）

二、由相对数动态数列计算 a

相对数据的动态数列，是由两个有联系的绝对数对比得到的动态数列。在计算其序时平均数时，通常是分别求出构成相对数动态数列的分子与分母各自的序时平均数，而后将两个序时平均数加以对比，求出相对数动态数列的序时平均数。其基本公式为：

$$\bar{c} = \dfrac{\bar{a}}{\bar{b}} , \quad \bar{b} = \dfrac{\bar{a}}{\bar{c}} , \quad \bar{a} = \bar{b}\cdot\bar{c}$$

需要强调的一点是，在计算分子与分母的序时平均数时，所用公式仍要遵循绝对数动态数列计算序时平均数的原则与公式。例如，当由两个间隔相等的时点数列对比的相对数动态数列求序时平均数时，其公式如下：

$$\bar{c} = \dfrac{\bar{a}}{\bar{b}} = \dfrac{\left(\dfrac{a_1}{2}+a_2+\cdots+a_{n-1}+\dfrac{a_n}{2}\right)\big/ (n-1)}{\left(\dfrac{b_1}{2}+b_2+\cdots+b_{n-1}+\dfrac{b_n}{2}\right)\big/ (n-1)}$$

$$= \frac{\dfrac{a_1}{2}+a_2+\cdots+a_{n-1}+\dfrac{a_n}{2}}{\dfrac{b_1}{2}+b_2+\cdots+b_{n-1}+\dfrac{b_n}{2}}$$

其他不同情况，以此类推。以表 3-10 为例。

表 3-10　　　　　某商品专卖店 2000 年第一季度资料

	1 月	2 月	3 月	4 月
商品月初库存额 b（万元）	38	45	40	50
商品零售额 a（万元）	93	87	100	120

2000 年第一季度月平均商品流转次数：

$$\bar{c}=\frac{\bar{a}}{\bar{b}}=\frac{\dfrac{93+87+100}{3}}{\dfrac{\dfrac{38}{2}+45+40+\dfrac{50}{2}}{4-1}}=\frac{93.33}{43}=2.17\text{（次）}$$

除此之外，由平均数动态数列求序时平均数，其方法与绝对数动态数列求序时平均数的方法相同。

三、几何平均数

几何平均数是平均数的表现形式之一，是计算平均比率和平均速度最适用一种方法。在经济现象中，总体的标志总量有时不等于总体各标志值的总和，而等于各标志值的乘积。例如，各个时期的经济发展速度之和就不等于总发展速度，总发展速度却等于各时期发展速度之积。在这种情况下，只有几何平均数能够反映数量标志的平均水平，因此几何平均数的计算与应用有很重要的意义。

（一）简单几何平均数

几何平均数的计算公式为：

$$m_{\mathrm{g}}=\sqrt[n]{x_1 \cdot x_2 \cdot x_3 \cdot \cdots \cdot x_n}=\sqrt[n]{\prod x}$$

式中：m_{g} 代表几何平均数；

　　　x 代表变量值 x_1，x_2，$\cdots$，x_n；

　　　n 代表变量值的个数；

　　　$\prod$ 为连乘符号。

（二）加权几何平均数

简单几何平均数通常在资料中每个变量值次数相同时使用，而加权几何平均数由在资料中每个变量值次数不同时使用。其计算公式为：

$$m_{\mathrm{g}} = \sqrt[f_1+f_2+\cdots+f_n]{x_1{}^{f_1} \cdot x_2{}^{f_2} \cdot \cdots \cdot x_n{}^{f_n}}$$

式中：f 代表各变量值的次数。

假定某进出口公司某种产品出口总值资料如下：

表 3-11 　　　　　　　**某种商品出口环比发展速度**

年份	出口额	环比发展速度 $x\%$
1996	20	—
1997	25	125
1998	30	120
1999	36	120
2000	45	125
2001	54	120

用简单几何平均数方法计算：

$$m_{\mathrm{g}} = \sqrt[5]{1.25 \times 1.20 \times 1.20 \times 1.25 \times 1.20} = \sqrt[5]{2.70} = 1.22$$

用加权几何平均数方法计算：

$$m_{\mathrm{g}} = \sqrt[2+3]{1.25^2 \times 1.20^3} = \sqrt[5]{2.70} = 1.22$$

以上计算说明该公司这种产品的出口额，从 1996—2001 年的平均发展速度为 122%。

本章小结

通过上一章的统计资料整理，编制成各种频数分布表，并由此给出相应的直方图或频数曲线图。在观察统计图的时候我们会发现，大多数变量值都存在一种向中间值集中的趋势。这种特性，称为集中趋势，用平均数来测量。本章主要介绍了静态平均数中的 算术平均数、调和平均数、众数和中位数（位置平均数）；动态平均数中的序时平均数。静态平均数和动态平均数是根据不同的数列计算的。除了掌握各个平均数的计算方法以外，还要注意区分各个平均数的使用条件。例如"几何平均数"计算时，其中只要有一个变量值为零，就不能计算。而众数和中位数则不受极端数值的影响，算术平均数的大小是随极大值或极小值摆动的；序时平均数是针对时间数列计算的代表值。

本章重点名词

集中趋势　权数　离差　调和平均数　几何平均数　众数　中位数　序时平均数　时

期数列　时点数列　连续时点　间断时点

本章思考题与习题

1. 什么是集中趋势？

2. 什么是平均数？它有哪些特点？

3. 常用的平均数有哪几种？它们之间的相互关系是什么？各适用于什么情况？

4. 如何理解权数？

5. 算术平均数有哪些数学性质？

6. 几何平均数应用的条件是什么？怎样计算？

7. 什么是众数、中位数？它们的主要优点是什么？

8. 时期数列和时点数列有何区别？序时平均数与静态平均数有何区别？

9. 根据下列资料：28，20，26，18，30，21，17，28，24，30，28，28，24，26，28，计算简单算术平均数，并整理成数列；计算加权算术平均数、众数、中位数，指出三种平均数之间的关系。

10. 某公司将所属销售同一商品的商场，按售货员的劳产率高低分组如下：

按劳动生产率分组（台/人）	商场数（个）	各组销量（台）
50～60	8	82 500
60～70	5	65 000
70～80	3	52 500
80～90	2	25 500
90～100	1	15 200

求售货员的平均劳动生产率。

11. 根据下面资料计算众数和中位数。

推销员按完成定额百分比分组（％）	各组人数（人）
80～90	5
90～100	11
100～110	14
110～120	27
120～130	20
130～140	14
140～150	9

12. 根据某城市 500 户居民统计调查结果，将居民按其食品开支占全部消费开

支的比重（即恩格尔系数）分组后，得到如下频数分布资料：

恩格尔系数（％）	居民户数
20 以下	6
20～30	38
30～40	107
40～50	137
50～60	114
60～70	74
70 以上	24
合　计	500

要求：(1)据以估计该城市恩格尔系数的中位数和众数，并说明这两个平均数的具体分析意义。(2)利用上表资料，按居民户数计算该城市恩格尔系数的算术平均数。(3)试考虑，上面计算的算术平均数能否说明该城市恩格尔系数的一般水平？为什么？

13. 某公司去年库存额资料如下：

月份	1 月	2 月	3 月	4 月	5 月	6 月	7 月
月初库存额（万元）	12.2	9.5	4.1	7.3	2.2	8.5	3.4

分别计算第一、第二季度和上半年的平均库存额。

14. 某城市 1999 年各月人口数如下：

月份	1998 年 12 月	1999 年 2 月	5 月	7 月	11 月	12 月
月末人口数（万人）	520	482	529	533	534	539

根据以上资料计算 1999 年该市全年平均人口数。

15. 某百货商场 2001 年上半年的零售额、商品库存额及流通费用额如下：

（单位：万元）

日期	1 月	2 月	3 月	4 月	5 月	6 月
零售额	42.30	43.64	40.71	40.93	42.11	44.54
月初库存额	20.82	21.35	23.98	22.47	23.16	23.76
流通费用额	3.75	3.21	2.94	3.18	3.54	3.64

试计算该商场 2001 年上半年商品平均流转次数和商品平均流通费用率（已知 6 月末商品库存额为 24.73 万元）。

第四章　统计数据离散
趋势测定

本章学习目标

本章学习目标有三个：①离散趋势的含义与作用；②离散趋势的测量方法和应用条件；③偏斜度的测量方法和应用条件。

第一节　离散趋势的含义与作用

一、离散度的概念

离散度是指反映总体内各单位某一标志值差异程度的综合指标，换句话说，离散度是用来反映某组特定数据之间差别程度的一个量，也可以称之为标志变动度。

第二章中的平均数将总体中的各个数据差异抽象掉了，以便反映事物的集中趋势和它们的共性，但这只是问题的一方面，事物的另一特征，即它的差异性，并不会因其平均数的计算而消失，它是客观存在的，并且是普遍存在的。这种差异程度在全面反映事物的整体与本质过程中，起着重要的作用。测定离散度的指标主要有：极差、四分位差、平均差、标准差和离散系数等。

二、离散度的作用

1. 可以说明平均数的代表程度大小

平均数是一个代表值，代表总体的集中趋势和一般水平，这里讲的代表性，与其标志值的分散程度有直接关系，通常分散程度大，其代表性就小；分散程度小，其代表性就大。

［**例 1**］　某出口商品加工厂某车间有两个生产班组，各有 10 个工人，其日产量分别如下（单位：件）：

甲组：12，14，16，19，22，28，16，22，18，20

乙组：10，12，18，16，18，20，30，24，18，20

计算结果，平均数分别为：

$$甲组：\bar{x}=\frac{\sum x}{n}=\frac{187}{10}=18.7（件）$$

$$乙组：\bar{x}=\frac{\sum x}{n}=\frac{186}{10}=18.6（件）$$

甲、乙两组平均数几乎相等，但从具体数值来看，显然是有差别的。甲组最低产量为 12 件，最高者为 28 件，相差 16 件；而乙组最低产量是 10 件，最高产量是 30 件，相差 20 件。

因此说甲组平均数比乙组平均数的代表性要好一些。可见，离散度的测量可以在评价平均数的可靠程度时，提供有力的依据。

2. 可以用来研究某一总体标志值的均衡性和稳定性

在企业经营管理中，经常使用离散度指标分析研究其生产、销售等业务过程是否处于均衡状态，是否有节奏地执行计划。

[例 2]　某工贸生产厂家在检查三地分厂计划执行情况时，得到如下资料，见表 4—1。

表 4—1　　　　　　　某出口厂家三分厂计划执行资料

（%）

分厂	第一季度	第二季度	第三季度	第四季度	全年
甲	85	90	102	150	101
乙	100	103	101	106	104
丙	105	92	95	101	98

从表 4—1 看出，乙厂计划完成状况较好，生产安排的节奏性很强。甲厂则前松后紧，丙厂也是不够稳定。

3. 离散度的测量在选择最优样本和控制误差等方面，也起着重要作用

这方面将在后几章的推断统计中，做详细地介绍。

三、离散度指标的种类

反映总体内部各总体单位之间差异程度的指标很多，按其比较标准的不同，

大致可分为三类：

（1）极差和四分位差。其中极差是总体中极端值之差，四分位差则是根据第三分位点数据与第一分位点的数据之差来计算的。

（2）平均差、标准差和方差。平均差是各数据与其平均数离差绝对值的平均水平；方差是各数据与其平均数离差平方的平均水平；标准差则是方差的平方根。

（3）偏斜度。偏斜度反映分布曲线的偏斜程度。

第二节　离散度的测量方法

一、极差

极差也称全距，它是一组数据中最大值与最小值之差。用公式表示时，R 代表极差，x_n 代表数据中的最大值，x_1 代表数据中的最小值。极差的计算公式为：$R = x_n - x_1$。以表 4－2 数据为例。

表 4－2

	7 月	8 月	9 月	10 月	11 月	12 月
出口商品加工厂	2850	3052	2890	3002	2900	3000
零售商场	4950	2150	1300	3965	1200	5100

分析计算它们的极差：

商品加工厂：

$R = x_n - x_1 = 3\ 052 - 2\ 850 = 202$（元）

零售商场：

$R = x_n - x_1 = 5\ 100 - 1\ 200 = 3\ 900$（元）

计算结果说明，零售商场的利润极差远远大于加工厂，这也说明在有利可图的行业，同时也存在更大的风险。国外常用极差来测定某项试验或净收入的稳定程度，有时也用来反映某一特定时间内某种股票价格的活跃程度。极差的含义清楚，容易理解，计算简便。但它的弱点在于忽视了所有数据之间的所有差异，而只取两头的数值，这不免有些片面。另外，当数据中出现开口组时，或者缺少上限，或者缺少下限，或者两个都不存在，此时计算极差是不可能的，必须选用离散度的其他方法。

二、四分位差

四分位差是四分位数中间两个分位数之差，一般以 Q 表示。

若将总体各单位标志值顺序排列后划分为总体单位数相等的四分部分，使每部分单位数各占 25%，它们的端点依次为 Q_0，Q_1，Q_2，Q_3，Q_4，且 Q_1 与 Q_3 之间的单位数占总体的 50%，且 $Q_0 = x_{min}$，$Q_4 = x_{max}$，$Q_2 = M_e$，四分位差的计算公式为：

$$Q = Q_3 - Q_1$$

公式中：Q_3 为第三个四分位数，Q_3 的位置 $= \dfrac{3(n+1)}{4}$，

Q_1 为第一个四分位数，Q_1 的位置 $= \dfrac{n+1}{4}$，

[例3]　某车间 12 个工人，其日产量按数量大小依次排列如下：10，20，22，24，25，26，27，28，30，32，34，35，求其四分位差。

Q_1 的位置 $= \dfrac{n+1}{4} = \dfrac{12+1}{4} = 3.25$，则 $Q_1 = \dfrac{22+24}{2} = 23$

Q_3 的位置 $= \dfrac{3(n+1)}{4} = 9.75$，则 $Q_3 = \dfrac{30+32}{2} = 31$

所以，$Q = Q_3 - Q_1 = 31 - 23 = 8$（件）

该总体各单位间差异程度为 8 件。

若以全距来反映该总体各单位间差距程序，则为：

$R = x_{max} - x_{min} = 35 - 10 = 25$（件）

显然四分位差反映的只是数列中段占总体 50% 的单位之间的差异程度，故比全距要小得多。但四分位差也不是根据全部标志值计算的，存在某个与全距类似的缺点。

三、平均差

针对极差的不足之处，显然只有使用能够测得全部数据对平均数的平均偏差，才能对资料的离散性作出较为全面地、综合地说明。平均差就是由全部离差计算出来的一个平均数值。在计算过程中，由于总体中每一数据与其算术平均数的离差之和恒等于零，即 $\sum (x - \bar{x}) = 0$。这在前一章已经证明过。因此，在这里使用离差的绝对值，以便消除负数符号的影响使其有意义。所以平均差的计算公式为：

$$AD = \frac{\sum |x - \bar{x}|}{n} \text{（适用于未分组数据资料）}$$

$$AD = \frac{\sum |x - \bar{x}| f}{\sum f} \text{（适用已分组数据资料）}$$

由未分组数据资料计算平均差方法，以前面资料为例计算如下，见表4-3。

表 4-3 由未分组资料计算平均差

甲　组		乙　组	
x	$\|x - \bar{x}\|$	x	$\|x - \bar{x}\|$
12	6.7	10	8.6
14	4.7	12	6.6
16	2.7	18	0.6
19	0.3	16	2.6
22	3.3	18	0.6
28	9.3	20	1.4
16	2.7	30	11.4
22	3.3	24	5.4
18	0.7	18	0.6
20	1.3	20	1.4
合　计	35	合　计	39.2

$$\bar{x}_{甲} = \frac{\sum x}{n} = \frac{187}{10} = 18.7 \text{（件）}$$

$$AD_{甲} = \frac{\sum |x - \bar{x}|}{n} = \frac{35}{10} = 3.5 \text{（件）}$$

$$\bar{x}_{乙} = \frac{\sum x}{n} = \frac{186}{10} = 18.6 \text{（件）}$$

$$AD_{乙} = \frac{\sum |x - \bar{x}|}{n} = \frac{39.2}{10} = 3.92 \text{（件）}$$

从以上计算结果可以看出甲、乙两个班组的工人日产量几乎相等，但乙组的平均差则大于甲组。因此，乙组平均数代表程度小于甲组，或者说乙组的集中趋势弱于甲组。可见平均差越小，平均数代表性越大，其数据的集中趋势越强；反之，平均差越大，平均数代表性越小，其数据的集中趋势越弱。

由分组数据资料计算平均差的方法，见表4—4。

表4—4　　　　　　　　由分组资料计算平均差

单位：万元

某次洽谈成交额	成交公司数	组中值	成交总额	离差绝对值	离差绝对值×权数
符　号	f	x	xf	$\lvert x-\bar{x} \rvert$	$\lvert x-\bar{x} \rvert f$
15 以下	22	10	220	30	660
15～25	40	20	800	20	800
25～35	56	30	1 680	10	560
35～45	69	40	2 760	0	0
45～55	51	50	2 550	10	510
55～65	38	60	2 280	20	760
65 以上	25	70	1 750	30	750
合　计	301	—	12 040	—	4 040

$$\bar{x}=\frac{\sum x}{\sum f}=\frac{12\ 040}{301}=40\ （万元）$$

$$AD=\frac{\sum \lvert x-\bar{x} \rvert f}{\sum f}=\frac{4\ 040}{301}=13.42\ （万元）$$

上述计算结果说明，本次商品洽谈会平均成交额与各组的成交额的平均差是13.42万元。假定另一次同等规模、同类性质的洽谈会平均成交额也是万元左右，但平均差为21万元，则说明另一次洽谈会的平均成交额代表性不如本次的平均数代表性强。即成交额不如本次集中趋势强。

从上述计算过程可以看出，平均差的含义清晰，计算方便。但由于它是用绝对值消除正负号的，不适于用代数形式处理，因此在实际应用时受到一定的限制。

四、标准差和方差

标准差也叫均方差，通常以σ表示。它是测定离散度的最重要指标之一，也是最常用的指标。它是总体各标志值与其算术平均数离差平方的算术平均数的平方根。标准差的平方称为方差，以σ^2表示。标准差的含义与平均差的含义基本一致，只是在处理正负号的方式上采用平方的形式，使其在数学上更加合理，其计算公式为：

$$\sigma=\sqrt{\frac{\sum (x-\bar{x})^2}{n}}\ （适合于未分组资料）$$

$$\sigma = \sqrt{\frac{\sum (x-\bar{x})^2 f}{\sum f}} \text{（适合于已分组资料）}$$

以表4-5资料为例说明标准差的计算方法。

表4-5 由分组资料计算平均差

单位：万元

某次洽谈会 成交额	成交公司数	组中值	成交总额	离差平方	离差绝对值×权数
符号	f	x	xf	$(x-\bar{x})^2$	$(x-\bar{x})^2 f$
15以下	22	10	220	900	19 800
15~25	40	20	800	400	16 000
25~35	56	30	1 680	100	5 600
35~45	69	40	2 760	0	0
45~55	51	50	2 550	100	5 100
55~65	38	60	2 280	400	15 200
65以上	25	70	1 750	900	22 500
合 计	301	—	12 040	—	84 200

$$\bar{x} = \frac{12\ 040}{301} = 40 \text{（万元）}$$

$$\sigma = \sqrt{\frac{\sum (x-\bar{x})^2 f}{\sum f}} = \sqrt{\frac{84\ 200}{301}} = \sqrt{279.73} = 16.7 \text{（万元）}$$

上面计算结果标准差为16.7万元，而方差则为279.73万元。

标准差的作用在描述统计中，可以反映平均数的代表程度。标准差越小，平均数代表性越大，该组数据的集中趋势越明显，这种关系可在图4-1反映出来。

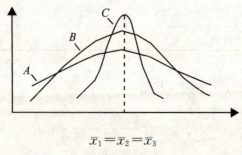

$$\bar{x}_1 = \bar{x}_2 = \bar{x}_3$$

图4-1

67

从图 4—1 可以看出曲线 A 最平缓，集中趋势最不明显，它的标准差最大，其平均数代表性也就最差；相反，曲线 C 的形状最陡，集中趋势最显著，从量上看它的标准差必定小于其他两条曲线的标准差，曲线 C 的平均数代表性最大。此外，标准差与平均数之间的关系在推断统计中的标准正态分布方面，还有许多特殊的、固定的数理关系，在推断统计理论中，起着极其重要的作用。

（一）标准差的简捷计算方法

前面介绍了关于标准差的重要地位，但它的计算方法不免有些繁杂。特别是当数据比较大时，加上每步要计算离差，计算量相当大。因此，统计理论工作者寻找出一些简捷方法，这里只介绍其中一种方法。其公式如下：

$$\sigma = \sqrt{\frac{\sum x^2}{n} - \left[\frac{\sum x}{n}\right]^2} \ （适用于未分组资料）$$

$$\sigma = \sqrt{\frac{\sum x^2 f}{\sum f} - \left[\frac{\sum xf}{\sum f}\right]^2} \ （适用于已分组资料）$$

表 4—6　　　　　　　由分组资料计算平均差的简捷法

单位：万元

某次洽谈成交额	成交公司数	组中值	成交总额	离差绝对值	离差绝对值×权数
符　号	f	x	xf	$\lvert x-\bar{x}\rvert$	$(x-\bar{x})f$
15 以下	22	10	220	30	660
15～25	40	20	800	20	800
25～35	56	30	1 680	10	560
35～45	69	40	2 760	0	0
45～55	51	50	2 550	10	510
55～65	38	60	2 280	20	760
65 以上	25	70	1 750	30	750
合　计	301	—	12 040	—	4 040

$$\bar{x} = \frac{\sum x}{\sum f} = \frac{1\,2040}{301} = 40 \ （万元）$$

$$\sigma = \sqrt{\frac{\sum x^2 f}{\sum f} - \left[\frac{\sum xf}{\sum f}\right]^2} = \sqrt{\frac{5\,658\,020}{301} - (40)^2}$$

$$= \sqrt{1\,879.73 - 1\,600} = \sqrt{279.73} = 16.7 \ （万元）$$

需要指出的是，当对比两个总体平均数的代表程度时，两个标准差的计算必须采用同一个公式，以避免计算误差形成的假象。

（二）样本标准差

以上介绍的是总体方差和标准差。目前在经营管理统计实践中，抽样调查被广泛地使用。因此，统计数据常常来自于样本，如市场调查的数据绝大部分是抽样调查得到的。在没有总体的任何资料的条件下，就只能通过样本的方差和标准差去估计总体的方差和标准差。它们的计算公式分别为：

（1）　对于未分组的资料，公式为：

$$S^2 = \frac{\sum (x-\bar{x})^2}{n-1}$$

$$S = \sqrt{\frac{\sum (x-\bar{x})^2}{n-1}}$$

式中：S^2 代表样本方差；

S 代表样本标准差；

n 代表样本的个数。

（2）对于已经分组的资料，公式为：

$$S^2 = \frac{\sum (x-\bar{x})^2 f}{\sum f-1}，简便计算公式为：S^2 = \frac{\sum x^2 f - \sum f \bar{x}^2}{\sum f-1}$$

$$S = \sqrt{\frac{\sum (x-\bar{x})^2 f}{\sum f-1}}，简便计算公式为：S = \sqrt{\frac{\sum x^2 f - \sum f \bar{x}^2}{\sum f-1}}$$

式中：f 为权数。

以表 4—6 资料为例：

$$S = \sqrt{\frac{565\,800 - 301 \times (40)^2}{301-1}} = \sqrt{\frac{84200}{300}} = 16.75（万元）$$

这里公式的分母之所以采用 $\sum f - 1$，而不是 $\sum f$，是由于"自由度"的关系，本章暂不讨论这个问题，详见推断统计的估计问题。

五、相对离散度

相对离散度也称离散系数，是以离散度与其相对应的算术平均数相比而得到的一个相对指标。它的一般公式为：

$$离散系数 = \frac{离散度}{算术平均数} \times 100\%$$

离散系数的优点在于，它消除了标志值自身水平高低的影响，不受计量单位不同的限制，是一个无量纲的量，从而充分弥补了离散度的不足，被广泛地应用于相似总体的对比分析当中。

离散系数有许多种类，其中较常用的是平均差系数和标准差系数。

（一）平均差系数

平均差系数是用平均差与其算术平均数对比的相对数，一般用百分数表示，以 V_{AD} 代表平均差系数，计算公式如下：

$$V_{AD} = \frac{AD}{\bar{x}} \times 100\%$$

以表 4−3 为例，它们的平均差系数分别是：

$$V_{AD甲} = \frac{AD}{\bar{x}} \times 100\% = \frac{3.5}{18.7} \times 100\% = 18.7\%$$

$$V_{AD乙} = \frac{AD}{\bar{x}} \times 100\% = \frac{3.92}{18.0} \times 100\% = 21.7\%$$

由此，可以更加明显地看出甲组的平均差小于乙组的平均差，因此其平均数代表性明显大于乙组。

（二）标准差系数

标准差系数等于标准差绝对值与其平均数对比的相对数，通常也是用百分数表示，也有用系数表示的。用 V_σ 代表标准差系数，其计算公式为：

$$V_\sigma = \frac{\sigma}{\bar{x}} \times 100\%$$

以表 4−7 为例，某公司有两个产品销售部，一部是推销家电，二部是推销服装。两个部推销内容不同，管理人员要考察他们整体工作效率，就必须从日平均推销能力和业务熟练程度的均衡程度两个方面考虑。数据资料见表 4−7。

表 4−7　　　　　　　　两个推销部的日平均推销量及标准差

	$\bar{x}$	σ
推销一部（台）	56	12.2
推销二部（件）	89	11.6

$$V_{\sigma I} = \frac{\sigma}{\bar{x}} \times 100\% = \frac{12.2}{56} \times 100\% = 21.8\%$$

$$V_{\sigma II} = \frac{\sigma}{\bar{x}} \times 100\% = \frac{21.6}{89} \times 100\% = 24.3\%$$

从表 4−7 中看出，推销一部的平均日产量水平似乎低于推销二部，但事实上，由于计量单位不同，以及数据分散程度不同，第二推销部平均数 89 的代表性不一定高于一部。通过标准差系数的计算，得知 $V_{\sigma I} < I_{\sigma II}$，由此可以说一部

的平均数 56 的代表程度高于二部，同时还可以进一步地解释为：在市场需求相似的条件下，一部的业务人员熟练程度比二部业务人员的熟练程度更具有均衡性和稳定性。

第三节 交替标志的平均数与标准差

一、交替标志的含义

在社会经济现象的统计调查中，常常可以把研究对象简单地划分为两部分或两组，而这两组又可以用"有"和"无"、"是"和"否"、"成功"和"失败"等区分开来，这种分组的标志，称为"交替标志"。如人口可按男女分组，产品质量可按合格与不合格分组，某次洽谈结果可用成功与失败表示，等等。目前国际国内常用的民意测验中，对政府的某项决定"赞成"或"反对"的调查，其标志的选择也是一种典型的交替标志。

交替标志的表示方法比较特殊。由于全部结果只有两种可能，因此具有某种属性的标志值表示为 1，不具有这种属性的标志值则表示为 0。显然若具有某种属性的比重为 p，则不具有这一属性的比重一定为 $1-p=q$，即：$p+q=1$。这是交替标志的自身特征所决定的。

二、交替标志的平均数与标准差

依照算术平均数的计算方法，交替标志的平均数也为 $\bar{x}=\dfrac{\sum xf}{\sum f}$，见表 4—8。

表 4—8　　　　　　　　交替标志平均数与标准差的计算

按交替标志分组	单位数（比例）	变量×单位数	离差平方	离差平方×权数
x	f	xf	$(x-\bar{x})^2$	$(x-\bar{x})^2 f$
合格品 1	p (0.95)	0.95	$(1-p)^2$	$(1-p)^2 p$
不合格品 0	q (0.05)	0	p^2	$p^2 q$
合　计	1	0.95	—	$(1-p)^2 p + p^2 q$

$$\bar{x} = \frac{\sum xf}{\sum f} = \frac{0.95}{1} = 0.95$$

由此可知交替标志的平均数公式为：

$$\bar{x} = \frac{\sum xf}{\sum f} = \frac{p}{p+q} = p$$

不难看出，交替标志的算术平均数就是具有某种属性的单位数在全部单位数中所占的比例，统计学上也称之为成数 p。

交替标志的标准差则是具有某种属性的单位数在全部单位数中的 q 之积的平方根，其公式为：

$$\sigma = \sqrt{\frac{\sum (x-\bar{x})^2 f}{\sum f}} = \sqrt{\frac{(1-p)^2 p + p^2 q}{p+q}}$$

$$= \sqrt{\frac{q^2 p + p^2 q}{1}} = \sqrt{pq} \text{ 或 } \sqrt{p(1-p)}$$

以表4—8为例计算交替标志的标准差：

$$\sigma = \sqrt{pq} = \sqrt{0.95 \times (1-0.95)} = 0.218$$

交替标志的平均数和标准差，在经营管理统计调查中得到广泛的应用。假定某企业要了解一下本公司生产的 G 牌洗洁精是否受消费者的欢迎，于是调查了500位消费者，其中323位消费者回答"喜欢"，那么喜欢该牌子的成数为：

$$p = \frac{323}{500} = 0.646 \text{ 或 } 64.6\%$$

$$\bar{x} = \frac{\sum xf}{\sum f} = \frac{0.646}{1} \text{ 或 } 64.6\%$$

$$\sigma = \sqrt{p(1-p)} = \sqrt{0.646 \times (1-0.646)} = \sqrt{0.2286} = 0.4782$$

这里所计算的交替标志的标准差，在后面的比例推断估计中还将继续介绍它的使用方法和重要地位。

第四节　偏斜度的测量

一、偏斜度的含义

平均数和标准差反映了次数分布的集中趋势和分散趋势，是表明次数分布特征的两个重要指标。但是次数分布的形状并非都是正态的，它们的峰顶常常向左偏斜或向右偏斜。测定次数分布的偏态方向和程度，也很重要，它在抽样推断和企业质量管理中有广泛的用途。

偏斜度是用来测量次数分布形态的偏斜方向和偏斜程度的。偏斜度简称为偏度。测量偏度的方法很多，其中较为常用的方法是皮尔生偏态测定法。

二、偏斜度的测定方法

（一）偏斜度绝对数

以绝对数表示的偏斜度，是以算术平均数和众数的关系，或者算术平均数和中位数的关系来测定的。关于偏度问题，曾在上一章中的算术平均数和中位数、众数的关系时做过初步的讨论。

当次数分布微偏时，算术平均数和众数的距离约为算术平均数和中位数距离的三倍即 $\bar{x}-M_0=3（\bar{x}-Me）$。当算术平均数与众数的距离为零时，即 $\bar{x}-M_0=0$，此时次数分布是正态分布；当 $\bar{x}-M_0>0$ 时，次数分布为正偏态分布。当 $\bar{x}-M_0<0$ 时，次数分布为负偏态分布。这里的 $\bar{x}-M_0$ 就是偏度绝对量测定的公式。

偏度绝对量虽然可以测定次数分布的偏斜方向，但很难测量偏态程度。另外偏度是有计量单位的，这就不便于不同次数分布数列之间进行直接比较。因此，还需要用相对数来进一步消除计量单位不同的影响，进而说明次数分布的偏态程度。这种以相对数表现的偏态程度称之为偏度系数。

（二）偏度系数

偏斜度系数是用次数分布的偏度绝对数除以该次数分布的标准差。计算公式如下：

$$S_k=\frac{\bar{x}-M_0}{\sigma}$$

式中 S_k 代表偏度系数。

因为分子 $\bar{x}-M_0=3（\bar{x}-M_e）$，所以偏度系数的公式也可做以下改变：

$$S_k=\frac{3（\bar{x}-M_e）}{\sigma}$$

从公式可以看出分子 $\bar{x}-M_0$ 的差数与偏斜度成正比，$\bar{x}-M_0$ 越大，S_k 也随之增大，反之，$\bar{x}-M_0$。越小，S_k 也随之减小。同样当 $\bar{x}-M_0>0$ 时，为正偏态，当 $\bar{x}-M_0<0$ 时，为负偏态。另外，S_k 公式中，之所以要除以 σ，不仅仅是为了消去不同单位的影响，也是为了结合离散度的大小，分析次数分布的偏态状况。同时，还可以借助 σ 为单位来测量偏度是否明显。

以表 4-9 为例说明系数的应用和计算。计算资料在表 4-7 基础上加以补充。

表 4-9	两个推销部的 $\bar{x}$、M_0 和 σ 数据资料		
	$\bar{x}$	M_0	σ
推销一部（台）	56	60	12.2
推销二部（件）	89	74	21.6

$$S_{kI} = \frac{\bar{x} - M_0}{\sigma} = \frac{56 - 60}{12.2} = -0.3279$$

$$S_{kII} = \frac{\bar{x} - M_0}{\sigma} = \frac{89 - 74}{21.6} = 0.6944$$

计算结果表明，推销一部日推销量次数分布为负偏态，推销二部日推销量次数分布为正偏态，并且推销二部日推销量次数分市的偏态程度高于推销一部。

通常，偏斜度系数的变动范围，在±3 之间。不过，统计实践中，即使是±1 之外的变动范围也不常见，往往偏度系数是小于±1 的。

本章小结

上一章中的集中趋势的测定是将总体中的各个数据差异抽象掉了，以便反映事物的集中趋势和它们的共性，但这只是问题的一方面，事物的另一特征，即它的差异性，并不会因其平均数的计算而消失，它是客观存在的。任何事物都有其对立面，本章正是从分散的角度考察事物的离中趋势，进而说明现象的变异程度，达到全方位的描述现象本质特征的目的。离散趋势的测量方法主要有极差 四分位差 平均差 方差 标准差 离散系数 交替标志等。计算方法各有其特点和使用条件。其中最常用的是方差、标准差和离散系数。

本章重点名词

离散度 离差 极差 四分位差 平均差 方差 标准差 离散系数 交替标志 偏斜度

本章思考题与习题

1. 什么是离散度？它与平均数有什么区别？
2. 标志变动度有什么作用？常用的有哪几种？
3. 什么是标准差？为什么说标准差是运用最普遍的一种标志变动度？
4. 什么是离散系数？在什么情况下必须计算离散系数？

5. 什么是交替标志？交替标志的算术平均数和标准差如何计算？

6. 什么是偏斜度？它有什么特点？如何测定？

7. 某车间有两个小组，每组都是 7 个工人，各人日产量件数如下：

第一组：20　40　60　70　80　100　120

第二组：67　68　69　70　71　72　73

这两组工人平均日产量件数都是 70 件，试计算：（1）全距；（2）平均差；（3）标准差。比较哪一组的平均代表性最大？

8. 已知某地区农民家庭按年人均收入分组的资料如下表：

按人均收入分组（百元）	家庭户数占总户数比重（％）
100 以下	2.3
100～200	13.7
200～300	19.7
300～400	15.2
400～500	15.1
500～600	20.0
600 以上	14.0
合　计	100

计算该地区平均每户农民家庭人均收入的均值与标准差。

9. 甲、乙两地各抽选 33 个商场的资料如下：

甲地区		乙地区	
销售额（万元）	商场数（个）	销售额（万元）	商场数（个）
520	2	530	1
500	4	515	2
485	10	495	4
470	7	475	6
455	6	465	12
440	4	440	8
合　计	33	合计	33

根据以上资料计算：

（1）哪个地区商场平均销售额高？

(2) 计算标准差及标准差系数，并说明哪一区的平均销售额更具代表性？

(3) 说明在什么情况下，只需计算标准差而不必计算标准差系数，就可以比较不同资料的平均数代表性大小。为什么？

10. 设已知总体某数量标志值的平均数为 13，而标志值平方的平均数为 174，计算标准差系数。

11. 某单位职工的年平均工资为 7715 元，标准差为 850，这些职工的平均年龄为 41 岁，标准差为 6 年，分析年工资的变异程度大还是年龄的变异程度大？

12. 某农场在不同自然条件的地段上用同样的管理技术试种两个粮食新品种，有关资料如下表所示：

试种地段	一号品种		二号品种	
	播种面积（亩）	收获率（公斤/亩）	播种面积（亩）	收获率（公斤/亩）
A	2.0	450	2.5	383
B	1.5	385	1.8	405
C	4.2	394	3.2	421
D	5.3	420	5.5	372
合计	13.0	—	13.0	—

试计算有关指标，并从作物收获率的水平和稳定性两方面综合评价，哪个品种更值得推广？

13. 某商店某月对一批库存的茶叶进行质量检验，其结果是：库存茶 3 000 斤，其中合格没有异味的 2 700 斤，其余均为不合格有异味茶叶，试求交替标志的算术平均数和标志差。

第五章　数据推断预备知识

本章学习目标

本章学习目标有四个：①了解概率的基本概念及定义；②掌握随机事件概率的计算、计算法则及定理；③掌握随机变量的概念，离散型随机变量的概率分布及连续型随机变量的密度函数和分布函数；④掌握随机变量的正态分布及其数学期望、方差并能综合运用。

第一节　概率的基本问题

一、概率的基本概念

在现实社会中，有些事物发生的结果存在着偶然性。例如：今年的生意好不好做；在浮动汇率制下，外汇汇率是升还是跌；新牌子的商品是否会受消费者欢迎等等。凡此种种，我们称之为随机现象。随机现象的偶然性在于它的结果的不确定性，但不确定性，并不是不可捉摸。人们在日常生活中，常用"可能性"来估计各种随机现象发生的结果，"可能性"含有主观因素，概率论理论把"可能性"的大小进行量化，用数字对随机现象的必然规律加以研究。

定义　概率是事物出现的"可能性"大小的量。概率以 0 到 1 之间的数字表示。对于必然出现的现象，其概率为 1，对于不可能出现的现象，其概率为 0。

在一个随机现象中，可能会产生一个或多个结果，每一个可能的结果，我们都称为一个随机事件简称为事件。常用 A、B、C 等表示；若一个事件不可能再分，就称作基本事件；基本事件的全体称为完全集合或样本空间；由某些基本事件组合而成的事件称复合事件；在随机现象中一定会发生的事件称为必然事件；一定不发生的事件称不可能事件。

例如，在某城市调查 30～40 岁的女性对洗发水的偏好，则每个人喜欢的牌子会有不同，喜欢 A 牌、B 牌或 C 牌等等，喜欢 A 牌可以看作一个事件，喜欢 B 牌也可以看作一个事件，既喜欢 A 牌又喜欢 C 牌也可以看做一个事件等等。

对于任一事件 A，其概率是多少，该如何计算呢？

二、概率的三种类型

（一）古典概型

考查"投掷一枚均匀的硬币"与"从 50 个产品中随机抽取一件进行检查"这样的随机现象，我们会看到，这类随机现象有两个特征：

（1）试验只可能有有限的结果，即基本事件有限；

（2）每个基本事件出现的可能性是相同的。

具有上述特征的试验，我们称为等可能概型或古典概型。对于古典概型的事件概率的大小，我们定义：

如果试验的基本事件总数为 n，随机事件 A 所包含的基本事件数为 m，我们就用 m/n 来描述事件 A 出现的可能性的大小。称 $\dfrac{m}{n}$ 为事件的概率。记作：

$$P(A) = m/n \tag{5.1}$$

在古典概型中，基本事件总数 n 的集合（E_1，E_2，E_3，……，E_n）构成等概完备事件组，即：

（1）等概性：E_1，E_2，……，E_n 发生的可能性相等，$P(E_1) = P(E_2) = \cdots = P(E_n) = 1/n$。

（2）完备性：在任一次试验中，E_1，E_2，…，E_n 至少有一个发生。

（3）互不相容：在任一次试验中，E_1，E_2，…，E_n 至多只有一个发生，即任意两个 E_i 或 E_j 不可能在一次试验中同时出现。

[例1] 50 件产品中，有一级品 10 件，二级品 35 件，次品 5 件，从中随机抽取一件检验，是次品的概率？

解：依公式（5.1）得：

$$P(A) = \frac{次品个数}{产品总数} = \frac{5}{50} = \frac{1}{10} = 0.1$$

（二）概率的统计定义（相对频率）

在现实社会中，许多随机现象并不能满足古典概型的基本假设。例如，某地区的年降雨量并不是等概的，而且降雨量是连续型数据，基本事件可以是无限的；又如运动会上，某同学既可以参加田径比赛，又可以参加球类比赛，这时，随机抽出一名同学是田径运动员的同时，也可以是球类运动员，即事件是相容的。

除此之外，古典概率是事前概率，而在实际中，由于有些因素我们没有掌握，也要通过试验去了解事件的概率，如商检在检查 100 件产品时，事前并不知道次品的个数等等。

概率的统计定义为我们提供了一种近似地计算概率的一般方法：

在不变的一组条件 s 下，重复进行 n 次试验，事件 A 发生的次数为 m，当 n 很大时，如果 m/n 稳定在某一常数 p 附近摆动，并且，这种摆动的幅度随 n 的增加而逐渐减少，则称事件 A 发生的概率为 p，记做：

$$P（A）＝p \tag{5.2}$$

事实上，人们常利用实践中积累的一系列频率作为概率的近似值，这并不表示概率决定于试验，概率是先于试验而客观存在的。

统计定义与古典定义是一致的，有人对古典概型做过试验，如掷硬币，发现"出现正面"的频率随着抛掷次数的增加而稳定于 $1/2$，反过来，如果频率为 $1/2$ 有偏差，我们认为硬币本身不均匀，因而不符合"等概"的要求。

[例2]　在人口统计中，不论是哪个国家，何种民族，也不论是什么时期的统计资料，都发现：男婴出生的频率摆动于 $22/43$ 之间，而不是 $1/2$。

（三）主观概率

主观概率是以概率估计人的个人信念为基础，而估计的是其根据自己的经验和所掌握的信息，对事件发生的可能性大小给以主观的估计。主观概率具有灵活性，可以用于只发生一次的事件中。

例如，在三个申请人中选一名业务员，这三人各有一套丰富的工作经验、高超的活动能力、坚定的自信心和过去业绩的纪录。

这时就需要审查员对每一个人的潜在能力作一个主观概率，也就是这三人各自成功被选中的概率。

三、概率的性质

在概率的理论研究中，为了概率论数学理论上的严密性和完备性，数学家概括了上述各种概率定义的共性，指出概率界有如下三条公理（基本性质）：

（1）对任意的随机事件 A，有 $0 \leqslant P（A）\leqslant 1$；

（2）必然事件的概率为 1，不可能事件的概率为 0；

（3）对于两斥事件 A_i（$i=1，2，3，\cdots$），则有

$$P（A_1＋A_2＋\cdots）＝P（A_1）＋P（A_2）＋\cdots$$

第二节　概率的运算法则

一、边缘概率的表示方法

仅有一个事件发生的概率叫边缘概率或无条件概率，也叫单一概率。

假定某公司的 70 名职工用抽签的方式确定一人参加公费旅游，每个职工都可以用下面公式计算出自己中签的概率：

$$P（中）=\frac{1}{70}=0.014$$

二、概率的加法法则

（一）不相容事件的加法

如果两个事件 A 和 B 不可能同时发生，则称为不相容事件，事件 A 和事件 B 的和的概率为：

$$P（A 或 B）=P（A+B）=P（A）+P（B）\qquad(5.3)$$

[例 3]　某店供应商品中有甲厂的商品 80 件，其中有 5 件是次品，乙厂的商品 50 件，其中有 10 件次品，现从该店随机抽取一件，求是合格品的概率。

解：设 A＝合格品，

则：抽取是合格品表示为，或抽得甲厂的合格品 $A_甲$，或抽到乙厂合格品 $A_乙$。

显然 $A_甲$ 与 $A_乙$ 互不相容，且 $A=A_甲+A_乙$

由古典定义：$P（A_甲）=\frac{75}{130}$，$P（A_乙）=\frac{40}{130}$

$$P（A_甲+A_乙）=P（A_甲）+P（A_乙）$$

$$=\frac{75}{130}+\frac{40}{130}=\frac{115}{130}=0.885$$

（二）相容事件的加法法则

如果两个事件有可能同时发生，为避免重复计算，必须对公式（5.3）进行调整。

[例 4]　从一副牌中抽到 K 的概率是 $\frac{4}{52}$，抽到红桃的概率是 $\frac{13}{52}$，那么抽到一张牌是红桃或者是 K 的概率是多少？这时，在一副牌中只有一张红桃 K，可是计算 K 时和计算红桃时，都把红桃 K 包括在内了。因此，相容的两个事件至少有一个出现的概率，应按下式计算：

$$P（A 或 B）=P（A）+P（B）-P（AB）\qquad(5.4)$$

式中 $P（AB）$ 是事件 A 和事件 B 同时出现的概率，在互不相容事件的加法中，事件 A 与事件 B 不可能同时出现，即 $P（AB）=0$。

应用公式（5.4），抽出一张牌是红桃或者是 K 的概率为：

$$P（K 或红桃）=P（K）+P（红桃）-P（K 和红桃）$$

$$=\frac{4}{52}+\frac{13}{52}-\frac{1}{52}=\frac{16}{52}=0.308$$

三、独立事件的概率

如果一个事件发生与否并不影响另一事件发生的概率，就称这两个事件是相互独立的事件。例如甲、乙两台车床独立工作，那么甲车床发生故障的概率为0.03，而甲车床是否发生故障，对乙车床是否发生故障是没有影响的，则甲故障（事件 A）与乙故障（事件 B）就彼此独立。独立事件的概率有三种形式：边缘概率、联合概率、条件概率。

（一）独立事件的边缘概率

独立事件的边缘概率就是单一事件发生与否的概率。例如甲车床故障的概率 $P(A) = 0.03$，甲车床正常运行的概率 $P(\overline{A}) = 0.97$。

（二）独立事件的联合概率

两个或两个以上的事件同时发生或连续发生的概率我们称为联合概率或积概率。独立事件的联合概率等于它们的边缘概率的积。用公式表示如下：

$$P(AP) = P(A)P(B) \tag{5.5}$$

式中：$P(AB)$ 为 A 和 B 的联合概率；$P(A)$ 和 $P(B)$ 分别表示事件 A 和事件 B 出现的边缘概率。

以抛掷一枚均匀的硬币为例，设正面为 H，反面为 T，两次抛掷都出现正面的概率，等于第一次出现正面 H_1 的概率和第二次出现正面 H_2 的概率的乘积，因为事件是独立的，而抛掷均匀硬币出现正面的概率为 0.5，应用公式（5.5）。

$$P(H_1H_2) = P(H_1) \times P(H_2) = 0.5 \times 0.5 = 0.25$$

同理，抛掷三枚均匀的硬币，出现三个正面的概率为：

$$P(H_1H_2H_3) = P(H_1) \times P(H_2) \times P(H_3) = 0.5^3 = 0.125$$

如果硬币不均匀，$P(H) = 0.8$，$P(T) = 0.2$，问三次得到三个正面和三次得到三个反面的概率分别是什么？用公式（5.5）得：$P(H_1H_2H_3) = 0.8^3 = 0.512$

$$P(T_1T_2T_3) = P(T_1) \times P(T_2) \times P(T_3) = 0.2^3 = 0.008$$

注意：这两个概率之和不等于1，因为事件 $H_1H_2H_3$ 与事件 $T_1T_2T_3$ 不能构成完全集合。

下面用概率树直观地说明事件的概率。图5-1表示抛一次均匀硬币的可能结果及各自概率的概率树。

图5-1表示抛一次硬币有两种可能结果：正面和反面，概率各为0.5。

假定抛了一次，结果是正面，再抛第二次，又会有两个结果：正面和反面，各自的概率还是0.5，在图5-2中加入第二次抛币的结果：

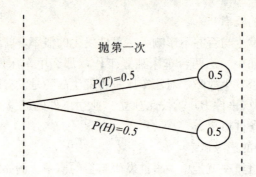

图 5—1 抛一次的概率树

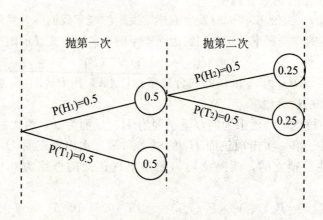

图 5—2 表示抛第二次的一部分概率树

第一次抛币也有可能出现反面，在出现反面时，第二次抛币的结果就需从抛第一次的反面上加入第二次抛币的结果。如图 5—3：

抛两次币可能得到的结果有 4 个：H_1H_2、H_1T_2、T_1H_2、T_1T_2、（下标表示抛币次数）。如果抛币三次，就在这株概率树上加更多的枝，如图 5—4：

运用图 5—4，可以回答下面列举的问题：

（1）连续抛三次得到 TTH 的概率。

解：$P(TTH) = P(T_1) \times P(T_2) \times P(H_3) = 0.125$

沿概率树中相应的分枝可以找到相同的答案。

（2）抛三次得到 THT 的概率。

解：$P(THT) = P(T_1) \times P(H_2) \times P(T_3) = 0.125$

注意一：按照指定的路径到达端点所指示的概率是联合概率，并不是第三次

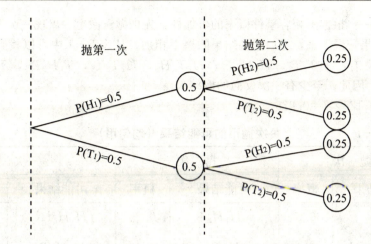

图5-3　表示抛二次的概率树

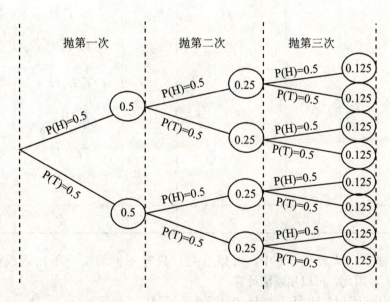

图5-4　表示抛三次的概率树

抛币出现正面的概率。

　　注意二：每一次抛币的全部可能结果构成了完全集合，概率和为1。这表明这些结果是互不相容的，既无重叠又无遗漏，见表5-1。

　　（3）连续抛均匀币三次，至少出现一次反面的概率是什么？

解法一：根据不相容事件概率的可加性，先把抛三次至少出现一次正面的各种可能结果记录下来，然后把各结果的概率相加。从表 5-1 中可以找到满足题意的结果有：$T_1T_2T_3$，$H_1H_2T_3$，$H_1T_2H_3$，$H_1T_2T_3$，$T_1H_2H_3$，$T_1H_2T_3$，$T_1H_2T_3$，因此，至少有一次反面的概率为：

$P=0.125×7=0.875$

表 5-1 　　　　　　　　每次抛币的可能结果（均匀币）

抛一次		抛二次		抛三次	
可能结果	概率	可能结果	概率	可能结果	概率
H_1	0.5	H_1H_2	0.25	$H_1H_2H_3$	0.125
T_1	0.5	H_1T_2	0.25	$H_1H_2T_3$	0.125
		T_1H_2	0.25	$H_1T_2H_3$	0.125
		T_1T_2	0.25	$H_1T_2T_3$	0.125
				$T_1H_2H_3$	0.125
				$T_1H_2T_3$	0.125
				$T_1T_2H_3$	0.125
				$T_1T_2T_3$	0.125
—	1.0		1.00		1.00

解法二：从表 5-1 中，可以看到，只有一种情况下不出现反面，即 $H_1H_2H_3$，因此，可以用减法计算：

$P=1-P\ (H_1H_2H_3)\ =1-0.125=0.875$

（三）独立事件的条件概率

我们把在"出现事件 B 的条件下出现事件 A"的概率简称为事件 A 关于事件 B [$P\ (B)\ >0$] 的条件概率，记做 $P\ (A/B)$，读做：在事件 B 发生的条件下事件 A 发生的概率。

对于独立事件来说，一事件的概率是否发生，并不受其他事件发生与否的影响，也就是说，事件 B 是否发生，事件 A 的发生概率都是 $P\ (A)$，所以在事件

B 已出现的条件下，事件 A 的发生概率就是事件 A 的单一概率：

$$P（A/B）＝P（A） \tag{5.6}$$

公式（5.6）也是判断事件 A 与事件 B 是否独立的依据。

四、相关事件的概率

如果某个事件的概率依赖于或受到其他事件发生与否的影响，这种事件就叫相关事件。

（一）相关事件的条件概率

[**例5**]　市场上供应的灯泡中，有甲厂产品 70 个，乙厂产品 30 个，其中甲厂产品中合格品为 63 个，7 个次品，乙厂产品中合格品 24 个，次品 6 个。随机购买一个产品，是甲厂生产的产品，问合格品的概率，次品的概率各是多少？

解　若用事件 A、$\overline{A}$ 分别表示甲、乙厂的产品，B、$\overline{B}$ 表示为合格品和次品。

则前一个问题可记做 $P（B/A）$，后一个问题记做 $P（\overline{B}/A）$。现已知道购买的是甲厂产品，因此计算其是否是合格品时，不必考虑乙厂产品。所以问题变成计算在甲厂产品中的合格品与次品的单一概率。依题得：

$$P（B/A）＝\frac{63}{70}＝0.9$$

$$P（\overline{B}/A）＝\frac{7}{70}＝0.1$$

这两个概率都是在甲厂产品条件下发生的。在这里生产厂家影响着合格率和次品率，是相关事件。上式还可以写成：

$$P（B/A）＝\frac{P（AB）}{P（A）}＝\frac{\dfrac{63}{100}}{\dfrac{70}{100}}＝\frac{63}{70}＝0.9$$

所以相关事件的条件概率可以写做：

$$P（B/A）＝\frac{P（AB）}{P（A）} \tag{5.7}$$

[**例6**]　在例 5 的条件下，求乙厂的合格率及合格产品中甲厂产品的比例。

解　（1）乙厂的合格率为 $P（B/\overline{A}）$

依公式（5.7）得：

$$P（B/\overline{A}）＝\frac{P（\overline{A}B）}{P（\overline{A}）}＝\frac{\dfrac{24}{100}}{\dfrac{30}{100}}＝\frac{24}{30}＝0.8$$

（2）合格产品中甲厂产品的比例 P（A/B），代入公式（5.7）得：

$$P（A/B）=\frac{P（AB）}{P（B）}=\frac{\frac{63}{100}}{\frac{63+24}{100}}=\frac{63}{87}=0.724$$

（二）相关事件的联合概率

相关事件的联合概率可以从相关事件的条件概率的公式推出，由公式（5.7）得：$P（B/A）=\frac{P（AB）}{P（A）}$

则有：$P（AB）=P（B/A）\times P（A）$ （5.8）

或者：$P（AB）=P（A/B）\times P（B）$

仍以前例数据，求产品中是甲厂合格品的概率，用公式（5.8）得：

$$P（AB）=P（B/A）\times P（A）=\frac{\frac{63}{100}}{\frac{70}{100}}\times\frac{70}{100}=0.9\times0.7=0.63$$

（三）相关事件的边缘概率

相关事件的边缘概率等于该事件出现时的所有联合概率的总和。在上例中，把所有甲厂出现时的联合概率相加就得到甲厂的边缘概率：

$$P（A）=P（AB）+P（A\bar{B}）=\frac{63}{100}+\frac{7}{100}=0.7$$

又如合格品的概率：

$$P（B）=P（BA）+P（B\bar{A}）=\frac{63}{100}+\frac{42}{100}=0.87$$

上述所有计算结果，可以用联合概率表归纳表示。见表5-2。

表5-2　　　　　　　关于市场结构的联合概率表

	合格品 B	次品 $\bar{B}$	边缘概率
甲厂产品 A	0.63	0.07	0.70
甲厂产品 $\bar{A}$	0.24	0.06	0.30
边缘概率	0.87	0.13	1.00

一般说来，设事件组 A_1，A_2，…，A_n 为一完备事件组，且 $P（A_i）>0$，则对于任意事件 B，有

$$P(B) = \sum_{i=1}^{n} P(A_i) P(B/A_i) \qquad (5.9)$$

公式（5.9）称为全概率公式。

我们可以把事件 A_1，A_2，$\cdots$，A_n 看作引起事件 B 发生的所有可能的原因，事件 B 只能在原因 A_1，A_2，$\cdots$，A_n 之一发生的情况下发生，如果各原因发生的概率 $P(B/Ai)$ 均为已知的话，就可以用全概率公式（5.9）来求 $P(B)$。全概率公式解决的是由原因推断结果的问题。

五、贝叶斯定理

若已知事件 B 已经发生，要计算引起 B 发生的各种"原因"的概率，就要用以贝叶斯命名的贝叫斯公式，也叫逆概公式：

如果事件组 $A_1, A_2, \cdots, A_n$ 为一完备事件组，则对任一事件有 $B[P(B) \neq 0]$

$$P(A_i/B) = \frac{P(A_i) \cdot P(B/A_i)}{\sum_{i=1}^{n} P(A_i) \cdot P(B/A_i)} \qquad (5.10)$$

我们把 $P(A_i)$ 称做验前概率或先验概率，称 $P(A_i/B)$ 为验后概率或后验概率。验前概率是根据过去的经验，在本次试验之前，对各种"原因"发生的可能性大小的估计，验后概率是在这次试验后，某事件 B 已发生的条件下，对各种"原因"发生的可能性的新估计，是一种条件概率。

[**例7**]　某信息咨询部门三名调查员登录一批农业经济调查表。甲登录了 38%，乙登录了 40%，丙登录了 22%。根据以往记录，甲出错率为 1%，乙为 1.5%，丙为 0.8%。经理在这批表格中随机地抽选一张检查，发现有错，问这张表格由甲、乙、丙登录的可能性各是多少？

解　设 B＝随机抽选一张表发现有错 A_1，A_2，A_3 分别代表甲、乙、丙登录的表格。则有：

$P(A_1) = 0.38$　　　　$P(A_2) = 0.40$　　　　$P(A_3) = 0.22$

$P(B/A_1) = 0.010$　　$P(B/A_2) = 0.015$　　$P(B/A_3) = 0.008$

随机选出的错误表格是由甲、乙、丙的概率分别是：

$$P(A_1/B) = \frac{P(A_1) \times P(B/A_1)}{\sum_{i=1}^{3} P(A_i) \times P(B/A_i)}$$

$$= \frac{0.38 \times 0.01}{0.38 \times 0.01 + 0.4 \times 0.015 + 0.22 \times 0.008} = \frac{0.0038}{0.01156} = 0.329$$

$$P(A_2/B) = \frac{0.4 \times 0.015}{0.01156} = 0.519$$

$$P(A_3/B) = \frac{0.22 \times 0.008}{0.01156} = 0.152$$

第三节　随机变量与典型的概率分布

一、随机变量

许多随机现象的结果表现为数量，例如抽验一批产品的次品个数，商店每天的销售量等等。它们都因种种偶然因素的影响而取不同的数值。还有些随机现象的结果不能直接用数量来表示，但通过数量化的办法仍可以用数字来表示。例如新产品上市能否畅销，可以引入畅销为 1，滞销为 0，则随机现象就被量化了。把上述这种随机现象的结果取不同数值的变量称为随机变量。于是任何一个随机事件都可以用随机变量的各种不同的取值来表示，所以只要掌握了随机变量的变化规律也就了解了随机现象的整体性质。

（一）随机变量的取值

随机变量按其取值情况可以分为两类：

（1）离散型随机变量只可能取有限个或无限个可列数值；

（2）非离散型随机变量可以在整个数轴上取值，或至少有一部分值取某实数区间的全部值。非离散型随机变量最重要的是连续型随机变量。

（二）概率分布

对于离散型随机变量 X，如果它所能取得的值是 x_1，x_2，…用 P_k 表示 X，取值 x_k 的概率，即：$P_k = P (X = x_k) (k = 1, 2, \cdots)$

则称概率的全体 $\{p_1, p_2, \cdots\}$ 为 X 的概率分布数列（或分布）。概率分布数列也可以列表给出：

X	x_1	$\cdots$	x_k	$\cdots$
P	p_1	$\cdots$	p_k	$\cdots$

概率分布告诉我们：

（1）X 的所有可能值是：x_1，x_2，…

（2）X 取这些值的概率分别是 P_1，P_2，…，内任一分布数列中，$P_k \geqslant 0$（$k = 1, 2, \cdots$），且有；$\sum\limits_{k=1}^{\infty} p_k = 1$，因此掌握了分布数列，就掌握了离散型随机变量的变化规律。

（三）离散型随机变量的数学期望和方差

从形式上看，随机变量 X 的数学期望是它的所有可能取值 X_i 的加权平均值，其中，权数是 X 取值的概率，记为 $E(X)$，公式为：

$$E(X) = \sum_{i=1}^{\infty} x_i p_i \quad (i=1, 2, 3, \cdots) \tag{5.11}$$

随机变量的方差 $D(x)$ 反映随机变量 x 的所有可能取值的分散程度，是随机变量的所有可能取值 X_i 与数学期望 $E(X)$ 之差的平方的加权平均值，其中权数也是 x 取值 x_i 时的概率。公式为：

$$D(x) = \sum_{i=1}^{\infty} [x_i - E(x)]^2 p_i \quad (i=1, 2, \cdots) \tag{5.12}$$

对于总体而言，其数学期望可以用 μ 表示，方差可以用 σ^2 表示。

[**例 8**] 某产品试销，据估计成功能获利 200 万元，成功的概率为 0.65，若失败将损失 100 万元的成本，失败的概率为 0.35，求试销的期望值是多少？方差是多少？

解 设获利额为 x，则 X 的概率分布为：

X	-100	200
$P(x)$	0.35	0.65

$\therefore E(x) = (-100) \times 0.35 + 200 \times 0.65 = 95$（万元）

结果表明该产品试销获利的期望为 95 万元。

方差 $D(x) = (-100-95)^2 \times 0.35 + (200-95)^2 \times 0.65 = 20475$

标准差 $\sigma = \sqrt{D(x)} = 143.09$（万元）

标准差比均值大很多，说明风险较大。

二、典型的概率分布

（一）二项分布

在多次重复试验中，各次试验出现什么样的结果与其他各次试验的结果无关，这种重复试验简称为独立试验。对于独立试验，若每次试验中，我们只关心出现的是事件 A 或 $\bar{A}$ 则称为贝努里概型。

对于一般的贝努里概型，若以 p 表示成功的概率，q 表示失败的概率，则在 n 次试验中成功了 r 次的概率为：

在 n 次试验中成功 r 次的概率 $= \dfrac{n!}{r!(n-r)!} p^r q^{n-r} = C_n^r p^r q^{n-r}$ (5.13)

这里，成功的次数是个离散型随机变量，它的分布列为：

X	0	1	2	$\cdots$	r	$\cdots$	n
P	$C_n^0 p^0 q^n$	$C_n^1 pq^{n-1}$	$C_n^2 p^2 q^{n-2}$	$\cdots$	$C_n^r p^r q^{n-r}$	$\cdots$	$C_n^n p^n q^{n-n}$

由于 X 取各个值的概率正好是二项式 $(p+q)^n$ 展开式中的各项，所以称这类分布为二项分布。

[例9] 抛一枚均匀的硬币三次，恰好出现两次正面的概率是什么？

解 依题意有：$p=0.5$，$q=0.5$，$n=3$，$r=2$

$\therefore P(x=2)=C_3^2 p^2 q^1=0.375$

在实际应用中，当试验次数 n 很大时，可以利用二项概率分布表计算。

可以证明，二项分布的数学期望和方差分别为：

$$E(x)=np \tag{5.14}$$

$$D(x)=npq \tag{5.15}$$

n 重贝努里试验正是二项分布的试验背景。一个篮球运动员在 100 次投篮中投中的次数；n 台相互独立的同类型的设备同时开动时出现故障的设备数；产品检验中抽得的次品数等等，都是二项分布模型的具体化。

（二）泊松分布

通常在 n 比较大，p 很小时，常用泊松分布近似地代替二项分布。

泊松分布是第二个重要的离散型概率分布，它是以法国数家 S.D. 泊松的名字命名的，公式为：

$$P(x)=\frac{\lambda^x e^{-\lambda}}{x!} \tag{5.16}$$

其中：$P(x)$ 为事件恰好发生 x 次的概率；λ 为参数，是固定时间或空间内事件平均发生的次数，e 为常数 2.71828。

泊松分布常用于所谓稠密性的问题中，如：

（1）一段时间内对某种产品的需求；

（2）一本书中的印刷错误；

（3）零件铸造表面上一定面积内疵点的个数；

（4）商店顾客的结账方式等等。

泊松分布的数学期望和方差分别为：

$E(x)=\lambda$

$D(x)=\lambda$

[例10] 过去的销售记录表明，某型号小汽车的日销量平均为 5 台，设日销量服从泊松分布，求日销量为 0，1，2，3，4 台的概率分别为多少？

解 依公式 (5.16)

$P(x)=\frac{\lambda^x e^{-\lambda}}{x!}$

而 $\lambda = 5$

$$\therefore P(0) = \frac{5^0 e^{-5}}{0!} = e^{-5} = 0.00674$$

$$P(1) = \frac{5^1 e^{-5}}{1!} = 5 \times e^{-5} = 0.03369$$

$$P(2) = \frac{5^2 e^{-5}}{2!} = 0.08422$$

$$P(3) = \frac{5^3 e^{-5}}{3!} = 0.14037$$

$$P(4) = \frac{5^4 e^{-5}}{4!} = 0.17547$$

用泊松分布代替二项分布的计算时，$\lambda = np$，于是公式（5.16）可变换为：

$$P(x) = \frac{(np)^x}{\lambda!} e^{-np} \tag{5.17}$$

[例 11] 某医院拥有 20 台肾透机，任何一台机每天有故障的概率为 0，同一天恰有 3 台故障的概率是多少？请用二项分布和泊松分布比较计算结果。

解 对于二项分布：$E(x) = np = 0.4$

若以泊松分布计算：$\lambda = np = 0.4$

列表 5—3。

表 5—3　　　　　　　　**二项概率与泊松概率比较**

	二项概率	泊松概率
公　式	$P(r) = C_n^r p^r q^{n-5}$	$P(x) = \frac{\lambda^x}{x_i} e^{-\lambda}$
例　子	$P(3) = \frac{20!}{3!(20-3)!} \times 0.02^3 \times 0.98^{17}$ $= 0.00647$	$P(3) = \frac{0.4^3}{3!} e^{-0.4}$ $= 0.00715$

（三）正态分布

在连续型概率分布中，最重要和最常用的是正态分布。在正态分布的理论发展过程中，18 世纪的数学家和天文学家高斯的贡献突出，因此，也有人把正态分布称为高斯分布。

正态分布之所以重要，有两个原因：第一，它自身所具有的某些性质，使它适用于许多必须用样本作出推断的情况，因此，在抽样分布中得到广泛地应用；第二，正态分布与许多社会经济自然现象实际观察的频率分布非常接近。

1. 正态分布的含义及特征

正态分布的密度函数为：

$$f(x) = \frac{1}{\sqrt{2\pi}\sigma} e^{-\frac{(x-\mu)^2}{2\sigma^2}} \tag{5.18}$$

式中 x 的取值范围是（$-\infty$，$+\infty$）且 $\sigma > 0$；π 和 e 是常数，分别为 3.14159 和 2.71828。

正态分布有两个参数：平均值 μ 和标准差 σ。每一对 μ、σ^2 就确定了一条正态分布密度函数曲线，其中，μ 决定着曲线的中心位置，方差 σ^2 决定曲线的陡缓、宽窄形状。如图 5—5。

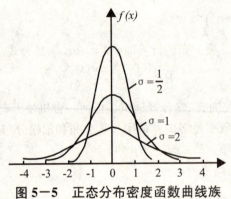

图 5—5　正态分布密度函数曲线族

从公式（5.18）及图 5—5 可以看出正态曲线有如下特点 （1）正态分布函数曲线相对于直线 $x=\mu$ 对称分布，并在 $x=\mu$ 处达到极大值；（2）正态曲线的两个尾端趋向无穷小，但永远不与横轴相交；（3）曲线的陡缓程度取决于标准差 σ 的大小，σ 大曲线平缓，σ 小曲线陡峭；（4）μ 决定曲线的位置；（见图 5—6）；（5）$f(x)$ 值不论怎样变化，在正态曲线下的全部面积代表这个分布的总体，所以，以面积作为概率，全部面积为 1，并且，在相同标准差倍数的范围内，所包含的概率比重是相同的，（见图 5—7）。

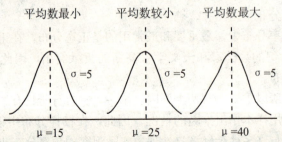

图 5—6　平均数不同标准差相同的正态曲线族

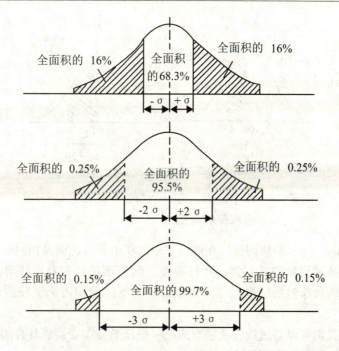

5—7 在正态分布曲线下的面积，与用标准差度量的平均数两侧距离的关系

（1）在平均数加减一个标准差的范围内，概率比重大约为 68.3％；
（2）在平均数加减两个标准差的范围内，概率比重大约为 95.5％；
（3）在平均数加减三个标准差的范围内，概率比重大约为 99.7％。

2. 标准正态分布及应用

在实际应用正态分布时，如果每次都要根据不同的正态分布概率密度函数求积分来计算曲线下面积的概率比重的话，将会感到很不方便。统计学家根据正态分布的特征，专门设计了标准正态概率分布表。

标准正态分布是指：当 $\mu=0$，$\sigma=1$ 时的正态分布，简记作 $X \sim N(0, 1)$，其概率密度可以写为：

$$f(x) = \frac{1}{\sqrt{2\pi}}e^{-\frac{x^2}{2}} \tag{5.19}$$

对一般的正态分布，如何使用标准正态分布表来求概率，就有必要先了解一下标准差与正态曲线的特殊关系。

图 5—8 中描绘了两个正态分布，各有不同的平均数和不同的标准差。

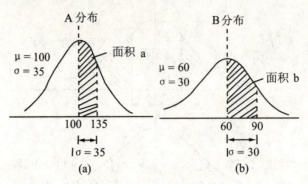

**图 5—8 两个区间，每一个都是平均数右侧一个
标准差的范围**

图中 (a)，(b) 两块阴影区在曲线下全面积中所占比例是相同的，因为这两块面积都是从平均数到其右侧一个标准差之间的面积，即对于任何正态概率分布，凡从平均数起包括标准差相同倍数的区间下的面积占全面积的比例都是相同的。

为此，我们可以通过线性变换方式把一般正态分布变换成具有同一的、数学期望为 0，方差为 1 的标准正态分布。

$$Z = \frac{x - \mu}{\sigma} \tag{5.20}$$

令 $Z = \frac{x - \mu}{\sigma}$

则：$E\ (Z)\ = E\ (\frac{x - \mu}{\sigma})\ = \frac{E\ (x)\ - \mu}{\sigma} = 0$

$\sigma^2 = E\ [\frac{x - \mu}{\sigma} - E\ (\frac{x - \mu}{\sigma})]^2$

$= E\ (\frac{x - \mu}{\sigma})^2$

$= \frac{1}{\sigma^2} E\ (x - u)^2$

$= \frac{1}{\sigma^2} \cdot \sigma^2 = 1$

$f\ (z)\ = \frac{1}{\sqrt{2\pi}} e^{-\frac{z^2}{2}}$

经过上述变换，就将计算 x 值的问题转化为计算 z 值的问题。

从图 5—9 可以看到：z 代替 x 仅仅是把横轴上的坐标移动了一下。公式

(5.20) 告诉我们，z 值为从 X 值到该分布平均数的距离相当于标准差的倍数，称为标准正态差。

标准正态分布表，是按照标准单位 z 值编排的，它只给出从平均数 0 开始到 z 曲线下的面积。

由于正态曲线是对称分布的，所以这张表可以解决正态曲线两侧的有关问题。

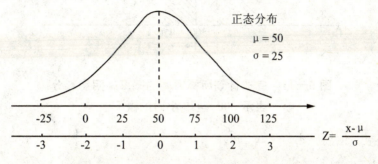

图 5—9　正态分布 z 值与标准差的比较

[**例12**]　某公司为了提高推销人员的业务能力，制订了一个培训计划，由每人自行掌握。通过对过去学员情况的了解，知道完成这个计划平均花费时间是 300 小时，标准差是 80 小时。

问题：(1) 随机抽出一名学员，完成计划需要的时间超过 300 小时的概率是多少？

解　依题可做图如 5—10：

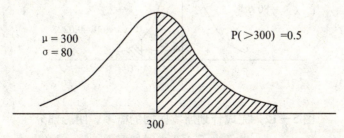

图 5—10　完成教学计划所需时间的分布，阴影部分
表示大于 300 小时的概率

从图 5—10 中可以看出，曲线下位于 300 小时两侧各占一半面积。所求随机变量取值大于 300 小时的概率为 0.5。

（2）随机抽一名学员，完成计划在 300～420 小时之间的概率。

解 如图 5－11

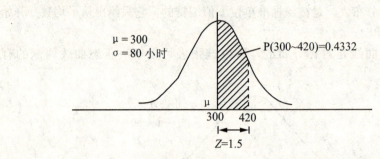

**图 5－11　完成计划所需时间的概率，阴影部分
表示 300～420 小时的概率**

用公式（5.20）得：

$$Z = \frac{x-\mu}{\sigma} = \frac{420-300}{80} = 1.5 \text{（倍）}$$

查表得：$P（300<x<420）=P（0<z<1.5）=0.4332$

（3）随机抽一名学员，完成计划需超过 460 小时的概率。

解法是：先求出 300～460 之间的概率，则超过 460 小时的概率即 0.5 减去 300～460 之间的概率。

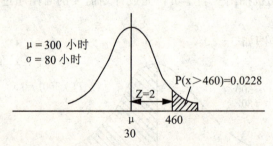

**图 5－12　完成计划所需时间的概率，阴影部分
表示大于 460 小时的概率**

即用公式（5.20）得：

$$Z = \frac{460-300}{80} = 2 \text{（倍）}$$

$$\therefore P（X>460）=P（X>2）$$

$$=0.5-P\ (0<z<2)$$
$$=0.5-0.4772$$
$$=0.0228$$

（4）随机选一名学员，完成计划需时间 340～420 小时之间的概率。

解　图 5-13 阴影面积

计算可分三步：

第一步：计算 420 小时以下的概率：

$$Z_1=\frac{420-300}{80}=1.5\ （倍）$$

查表得：$P\ (0<z<1.5)=0.4332$

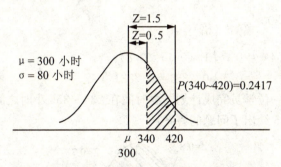

**图 5-13　完成计划所需时数的概率，阴影
部分表示 340～420 小时的概率**

第二步：计算 340 小时以下的概率：

$$Z_2=\frac{340-300}{80}=0.5\ （倍）$$

查表得：$P\ (0<z<0.5)=0.1915$

第三步：阴影部分的概率是 340～420 小时之间的概率：

$$P\ (Z_1<P<Z_2)=P\ (0<z_1<1.5)-P\ (0<z_2<0.5)$$
$$=0.4332-0.1915$$
$$=0.2417$$

（5）随机抽一名学员，完成计划所需时间少于 364 小时的概率。

解　用图 5-14 中阴影面积表示此概率。

从图 5-14 中可以看出，所求概率为 300 小时以下的面积 0.5，加上 300～364 小时之间的面积。

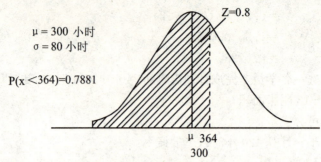

图 5－14　计划所需时数的概率分布,阴影区表示少于 364 小时的概率

$$\because Z=\frac{364-300}{80}=0.8\text{（倍）}$$

$$\therefore P（X<364）=0.5+P（0<z<0.8）$$

$$=0.5+0.2881=0.7881$$

（6）随机抽一位学员完成计划需要时间在 236～356 小时之间的概率。

解　图 5－15 绘出了问题的答案：

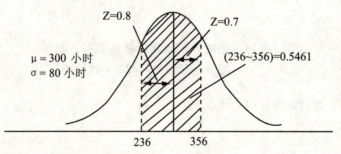

此题也可分三步计算：

第一步：$Z_1=\dfrac{356-300}{80}=0.7$

　　　　查表得：$P（0<z_1<0.7）=0.2580$

第二步：$Z_2=\dfrac{236-300}{80}=0.8$

　　　　$\because$ 此题分布是对称的，查表时可以不考虑 Z 值符号

　　　　$\therefore P（0<z_2<0.8）=0.2881$

第三步：$P（236<X<356）=P（0<z_1<0.7）=P（0<z_2<0.8）$

　　　　　　　　　　　　　　　　　$=0.2580+0.2881$

$$=0.5461$$

几个重要分布的应用小结：

（1）如果 n 不是很大，可采用二项分布；

（2）如果 n 很大，P 很小或接近于 1，则可用泊松分布；

（3）如果 n 很大，且 P 不是很小或很接近于 1，可应用正态分布。

本章小结

通过本章的学习，能够掌握概率的基本理论、方法，并对社会经济的各类现象的概率问题进行分析计算，为学习推断统计打好基础。本章的重点是掌握随机变量的分布以及分布特征值，特别是正态分布的理解和运用。

本章重点名词

基本事件　古典概率　概率的统计定义　边缘概率　期望值　对立事件　独立事件　概率树　条件概率　相关事件　贝叶斯定理　随机变量　概率分布　贝努里试验　泊松分布　正态分布

本章思考题与习题

1. 什么是概率？概率有哪三种类型？

2. 互不相容事件与对立事件的区别？

3. 什么是独立事件？什么是独立事件的条件概率，边缘概率？

4. 概率树有何作用？

5. 全概率定理和贝叶斯定理的关系是什么？

6. 什么是贝努里试验？

7. 正态分布曲线有何特征？

8. 一个袋中装有大小相同的 7 个球，其中 4 个白球，3 个黑球，从中一次抽取 3 个，计算至少两个是白球的概率。

9. 有考签 30 张，其中 10 张难题，二人抽签，甲先抽，抽后不放回，然后乙抽，求：（1）甲抽中难题的概率，（2）甲乙都抽中难题的概率，（3）甲抽中难题，乙抽中易题的概率。

10. 商场供应的某类商品中，甲、乙厂的分别各占 70%、30%，且知甲、乙厂产品的合格率分别为 95%、80%，如用 A_1、A_2 分别表示甲、乙两厂的产品，B 表示合格品，求 $P(A_1)$、$P(A_2)$、$P(B/A_1)$、$P(B/A_2)$。

11. 已知市场上出售的瓷器有三个品牌。现从市场上随机抽出 100 件进行检查，经记录结果如下：

产品 等级 \ 品牌 个数	甲	乙	丙
一等品	21	10	24
二等品	12	12	14
次品	3	2	2

若规定一、二等品为合格品，求多品牌的合格率，次品率，并编制联合概率表。

12. 某经理指定 A_1、A_2、A_3 三人复制一批表格，其中 A_1、A_2、A_3 分别复制了其中的 40％、35％ 和 25％，三个人出错的概率分别是 A_1 为 4％，A_2 为 6％，A_3 为 3％，从这批表格中随机抽得一份检查，发现有错。问这个错误由 A_1、A_2、A_3 造成的概率各为多少？

13. 某公司股票年底升值的概率是 0.55，贬值的概率是 0.45（即假定不升不降概率为 0）。如果该公司的股价年底升值了，那么它在这一年盈利的概率是 0.90，亏损的概率是 0.1。如果该公司的股票年底贬值了，那么它在这一年中盈利的概率是 0.25，亏损的概率是 0.75，已知该公司这一年亏损，求它的股价年底升值的概率。

14. 从一大批发芽率为 0.8 的种子中，任取 10 粒，求发芽粒数不少于 8 的概率。

15. 在一部篇幅很大的书籍中，发现只有 13.5％ 的页数没有印刷错误，如每页的错字个数是服从泊松分布的随机变量，求仅一个错字页数的百分比。

16. 一个合订本共 100 页，平均每页上有两个印刷错误，计算该合订本中每页的印刷错误都不超过 4 个的概率。

17. 某包装机器包装食品，规格是每包标准重量为 50 克，标准差不超过 0.25 克，现随机抽取一包进行检查，求：净重在 49.5 至 50.5 之间的概率；净重小于 49.2 克的概率。

第六章　数据的抽样与
抽样分布

本章学习目标

　　本章学习目标有五个：①了解抽样的概率抽样方法；②理解抽样分布的意义；③了解抽样分布的形成过程；④掌握中心极限定理的结论；⑤理解抽样分布与样本分布的区别。

第一节　统计抽样与抽样误差

一、统计抽样

（一）样本统计量与总体参数

　　统计上把要研究对象的全体称为"总体"；从总体中抽出的部分观测个体的子集合称为"样本"。

　　无论是总体数据还是样本数据，其统计特征都可以用平均数、中位数以及标准差等指标来描述。当我们对样本数据计算统计特征的指标（如平均数和标准差）时，所得到的结果就叫做"样本统计量"；如果用总体的数据计算平均数或标准差，由于它们描述的是总体的数字特征，我们就称这些指标为"总体参数"。因此，一般来讲，参数指的是描述总体分布特征或反映总体模型的统计指标；统计量是指样本分布的特征指标。

　　例如，我国中学生的平均身高为 1.68 米，这是总体的特征，因此该指标是总体参数；而如果相对全国来说，从某些中学抽取的部分学生的平均身高是 1.68 米，则该数据描述了这个样本的数据特征，因此这里的 1.68 米就是样本统计量。

　　（二）抽样方法

　　从总体中抽取样本的方法总的来说有两个：一是随机抽样，其特点是总体中的任何一个个体单位都有被抽中作为样本的机会，而且每个样本被抽中的机会均等。另一种是非随机抽样或称为判断抽样，其特点是抽样人员根据自己对事物的了解，从总体中有目的的选择部分单位作为样本。在推断统计中，一般都采用概率抽样的方法。

常用的随机抽样方式有：

（1）纯随机抽样，又叫简单随机抽样。它的抽样原则是，在抽取样本时，必须保证总体中的每一个可能元素被抽中的概率是相等的，并且总体中每一个单位被包括在样本中的可能性也是相等的。

（2）机械抽样。在从总体中抽取样本时，按照时间或空间的等距间隔进行抽取。

（3）类型抽样。首先将总体按照一定的标志划分成许多性质相近的类型或组别，然后在每种类型中按随机原则抽取单位组成样本的抽样方式。

（4）整群抽样。是把总体分为许多群，然后在这些群中随机地抽取某些"群"作为样本。

以上几种方法中，简单随机抽样的基本思想清楚了，其他抽样方法也就容易掌握了。并且在实际抽样时，我们还可以把不同的抽样方法结合起来使用。

从理论上讲，只要能对所研究的现象进行反复地、全面地观察，就可以找出其统计规律性。但在实际中，全面观察或反复观察要耗费大量的人、财、物，而且有时是无法做到的。例如，某市有职工户数 350 万余户，要调查该市职工到 1998 年年底拥有耐用消费品的情况，用全面调查显然要耗费大量时间和人财物。再如，对进口显像管寿命的检验是一种带破坏性的试验，因而不可能对每只进口显像管都进行这种试验。所以，当不可能或不必要对所研究的现象进行全面观察或反复观察时，我们就可以采用从总体中抽取部分单位作为样本进行观察，取得某些数据资料后，再推断总体的特征。我们称这样的统计方法为抽样推断统计。

二、抽样分布概念

对一个总体容量为 N 的总体，无论是有限总体或无限总体，只要所要求的抽样的样本容量 n 小于总体容量，即 $n < N$，那么可能抽取的样本就不止一个。在一般情况下，从同一总体中抽取的不同样本，其统计量的值也是不同的。若我们把从某个总体中抽取样本容量为 n 的所有样本的样本统计量作为一组随机变量的话，则这一组随机变量的概率分布叫做"抽样分布"。

例如，20 个进口显像管可以看成是一个总体容量为 20 的总体，为了确定产品的平均寿命，可以从该总体中不放回地抽取 2 件组成样本进行研究。如果大量地抽取样本容量为 2 的样本，共有 $C_{20}^2 = 190$ 种样本，计算出每一个样本的平均

寿命 $\bar{X}_1$，$\bar{X}_2$，…，$\bar{X}_{190}$，则当我们将这 190 个样本平均数看成是一组新的数据，并按统计方式得到这一组数据的相应的概率分布，就称为"样本平均数的抽样分布"。

再如，研究某市工薪阶层需要纳税的职工比例，抽取样本容量为 100 的样本，把可能抽取的全部可能样本逐一抽出，并计算出每个样本的纳税比例，则全部可能样本的比例也会有一个相应的概率分布，称为"样本成数的抽样分布"。

描述抽样分布的特征，同样可以用平均数和标准差。具体地说，就是对全部样本统计量的概率分布计算平均数和标准差，该平均数和标准差刻画了抽样分布的特征，即所有可能样本的统计量的取值范围和取值中心。

三、抽样误差

在计算样本统计量时，样本不同，统计量之间会存在一定的差异，这是随机抽样自身固有的差异，即不论按什么方法组织抽样，不同样本的平均数、标准差，必定存在一定的差异。统计上，某个样本统计量与另一样本统计量之间的差异，及某个样本的统计量与总体参数之间的差异，就称为抽样误差。

统计抽样的目的在于根据样本统计量推断总体参数。为了掌握推断的准确程度，认真研究抽样误差是十分必要的。在研究抽样误差时，对于每个样本来说，其统计量误差的大小是很难估计的，但全部可能样本统计量的平均误差，即某个统计量抽样分布的标准差是可以度量的。我们称统计量抽样分布的标准差为抽样指标的平均抽样误差。例如，平均数抽样分布的标准差，叫抽样平均数的平均标准误差；成数抽样分布的标准差，叫抽样成数的平均标准误差。

第二节 抽样分布与中心极限定理

一、总体分布、样本分布和抽样分布的关系

抽样分布与总体分布、样本分布的关系，如果从数学角度进行严密的论证是很复杂的。我们只借助图 6-1 来理解它们之间的关系。图 6-1 分为 (a)、(b)、(c) 三个部分。

图 6-1 (a) 表示总体的分布状况。

假定总体分布是一批预备出口的显像管的寿命小时数的分布，平均数以 μ 表示，标准差以 σ 表示。

图 6-1 (b) 是一组图形，表示从总体中抽取相同样本容量的样本的寿命数据分布。例如我们从上述总体中抽出 10 个显像管组成样本，那么可抽出的样本

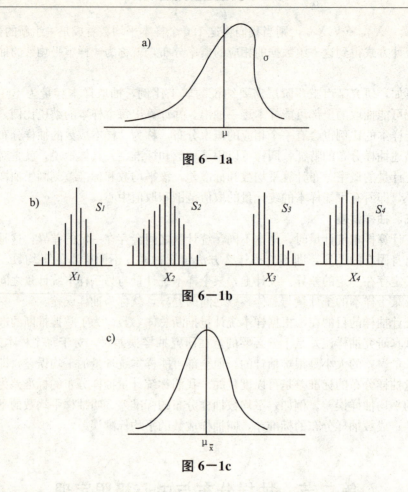

图 6－1a

图 6－1b

图 6－1c

是大量的。由于样本不同，样本分布也会不同，我们在图 6－1（b）中只画了其中四个图形。对每个样本的数据，我们可以计算各自的平均寿命和标准差：$\overline{X}_1$，$\overline{X}_2$，$\overline{X}_3$，…和 S_1，S_2，S_3，S_4，…这些样本平均数与总体平均数不完全相等。

可以看到样本频率分布有以下几个特点：

（1）它们代表了一大批可能样本的分布；

（2）每个样本分布都是离散型的分布，各自的平均数是 $\overline{x}_i$；

（3）各自的标准差是 S_i。

图 6－1（c）是按规定的样本容量从总体中抽取全部可能样本而获得的一组样本平均数的抽样分布，是把上述中所有样本的平均数看成是一组新的数据而绘成的分布。

观察平均数的抽样分布，我们会得到以下几点：

（1）它是全部样本平均数的概率分布；

（2）平均数抽样分布的平均数为 $\mu_{\bar{x}}$；

（3）平均数抽样分布的平均标准误差为 $\sigma_{\bar{x}}$，而这个标准差就是抽样平均数的平均标准误差。

图 6—1（c）只是一种理论上的分布。实际中，大多数总体或者规模比较大，或者在时间、空间上比较分散，我们不可能从总体中抽取全部可能的样本。对此统计学家研究出估计抽样分布理论值的公式，使我们能够在不必收集大量的样本情况下，只从总体中抽取一个样本，计算这个样本的统计量，就可以推算出总体的相应参数。

下面我们分两种情况讨论。

二、从正态总体中抽样

由于正态总体以平均数为中轴对称分布。因此，从一个 $\mu=100$，$\sigma=25$ 的正态总体中抽取样本容量为 n 的样本，样本平均数在总体平均数以下和以上出现的机会是相等的。由于样本平均数是由 n 个数据平均而得，因此它抵消了样本中各个具体数据的差异。所以，样本平均数的分散程度会比总体中单个数据的分散程度要小些。即抽样平均数的平均标准误差比总体标准差要小些。图 6—2 说明了抽样分布的这些性质。

如果我们增加样本容量（例如从 $n=5$，增加到 $n=20$），就会提高每个样本数据的平均效果，样本平均数的分散程度会更小，也就是说抽样平均数的平均标准误差会因为样本容量的增加而减少。图 6—3 说明了抽样分布的这一特征。

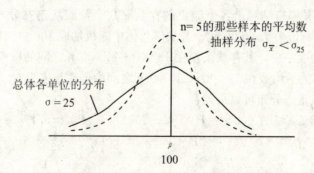

图 6—2　表示正态总体的总体分布与平均数抽样分布的关系

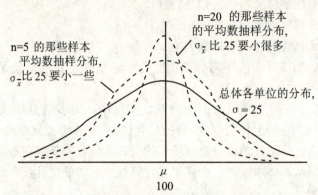

n=20 的那些样本
的平均数抽样分布,
$\sigma_{\bar{x}}$ 比 25 要小很多

n=5 的那些样本
平均数抽样分布,
$\sigma_{\bar{x}}$ 比 25 要小一些

总体各单位的分布,
$\sigma = 25$

μ
100

**图 6—3 表示总体分布与增加容量的样本平均
数抽样分布的关系**

概括图 6—2 和图 6—3,可以看出从正态总体中抽样的样本平均数抽样分布
的三个基本性质（可以证明）：

（1）从正态总体中抽样，抽样分布也必定是正态分布；

（2）从正态总体中抽样，抽样分布的平均数一定等于总体平均数，即 $\mu_{\bar{x}}$
$=\mu$；

（3）从正态总体中抽样，抽样分布的平均标准误差比总体标准差要小，而且
随着样本容量的增加，平均标准误差越来越小。可以证明平均标准误差 $\sigma_{\bar{x}}$ 与总
体标准差 σ 的关系是：
$$\sigma_{\bar{x}} = \frac{\sigma}{\sqrt{n}} \tag{6.1}$$

[**例1**] 某银行结算出各个储户的存款账户余额服从正态分布，且平均数
为 20 000 元，标准差为 6 000 元。若从该总体中随机抽取 100 户为样本，求：

A. 随机抽取一户，其存款余额在 19 000～21 000 元之间的概率是多少？

B. 该样本的平均数在 19 000～21 000 元之间的概率是多少？

解 A. 依正态分布可以得到：

$P\ (19\ 000 \leqslant X \leqslant 21\ 000)\ =P\ (0<z<0.17)\ +P\ (-0.17<z<0)$
$=2P\ (0<z<0.17)$
$=2 \times 0.0675$
$=0.135$

B. 依抽样分布的性质（2）、（3）有：$\mu_{\bar{x}} = \mu = 20\ 000$ 元；$\sigma_{\bar{x}} = \dfrac{\sigma}{\sqrt{n}} = \dfrac{6\ 000}{\sqrt{100}} =$

600 元；

依抽样分布的性质（1）可知：抽样分布也是正态分布。因此要求样本的平均数在 19 000～21 000 元之间的概率，可以借助 Z 值表：

$$
\begin{aligned}
P\ (19\ 000{\leqslant}\overline{X}{\leqslant}21\ 000)\ &=P\ (0{<}z{<}1.67)\ +P\ (-1.67{<}z{<}0)\\
&=2P\ (0{<}z{<}1.67)\\
&=2{\times}0.4525\\
&=0.9051
\end{aligned}
$$

即银行抽取一户的存款余额在 19 000～21 000 元之间的概率是 13.5％；而抽取 100 个储户，其平均储存额在 19 000～21 000 元之间的概率是 90.51％。

三、从非正态总体中抽样

现实问题中，有许多现象并不服从正态分布。从一个非正态总体中抽样，抽样分布是否仍然满足上述三个基本性质呢？

下面以实例来看一下这个问题。

[例2] 某商家希望获知市场上出售的某型号进口高效电池的使用寿命如何，由于条件限制，只获得 6 位用户的有关记录，如表 6－1 所示。

表6－1　　　　　　　　6 位用户高效电池使用寿命记录

用户代号	A	B	C	D	E	F
用户姓名	王明	张语	李光	孙笛	潘为	刘雷
所购电池寿命（月数）	3	3	6	7	13	14

假设将这 6 位用户的电池寿命的数据看成是一个总体见图 6－4 该数据的次数分布并非正态总体。其平均寿命是：

$$\mu=\frac{\sum X}{n}=\frac{46}{6}=7.67\ （月）$$

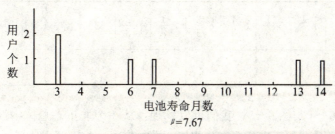

图6－4　表示 6 位用户电池寿命的总体分布

现从这些数据中抽取 $n=3$ 的样本，则可能抽取的全部样本共有 $C_6^3=20$ 个，资料列在表 6－2 中。

表6－2 全部可能样本及平均数

样本	数据	平均数	样本	数据	平均数
ABC	3，3，6	4	ABF	3，3，14	$6\frac{2}{3}$
ABD	3，3，7	$4\frac{1}{3}$	BCF	3，6，14	$7\frac{2}{3}$
ACD	3，6，7	$5\frac{1}{3}$	ACF	3，6，14	$7\frac{2}{3}$
BCD	3，6，7	$5\frac{1}{3}$	BDF	3，7，14	8
ABE	3，3，13	$6\frac{1}{3}$	CDF	6，7，14	9
ACE	3，6，13	$7\frac{1}{3}$	BEF	3，13，14	10
BCE	3，6，13	$7\frac{1}{3}$	CEF	6，13，14	11
BDE	3，7，13	$7\frac{2}{3}$	AEF	3，13，14	10
CDE	6，7，13	$8\frac{2}{3}$	ADF	3，7，14	8
ADE	3，7，13	$7\frac{2}{3}$	DEF	7，13，14	$11\frac{1}{3}$

根据上面的资料，我们可以算出抽样分布的平均数：

$$\mu_x = \frac{154\frac{1}{3}}{20} = 7\frac{2}{3} \text{（月）}$$

20个样本的平均数的频数分布及抽样分布如图6－5

表6－3 样本平均数的次数分布

平均数	4	$4\frac{1}{3}$	$5\frac{1}{3}$	$6\frac{1}{3}$	$6\frac{2}{3}$	$7\frac{1}{3}$	$7\frac{2}{3}$	8	$8\frac{2}{3}$	9	10	11	$11\frac{1}{3}$
次数	1	1	2	1	1	2	3	2	1	1	2	1	1

比较图6－4与图6－5，我们可以发现：从一个非正态总体中抽取的样本，其平均数抽样分布与正态分布十分相似。在本例中，为了便于计算，假定总体容量只有6个，如果总体容量增加到50个，分别抽取 $n=8$ 和 $n=20$ 的样本，所得到的抽样分布的变化过程可用图6－6加以描述。

图6－6显示，即使从非正态总体中抽样，随着样本容量的增加，平均数抽

样分布也将趋于正态分布。从上例中还可以发现，从非正态总体中抽样，其抽样分布的平均数与总体平均数也是相等的。

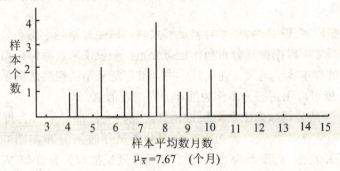

图 6—5   表示 6 位用户电池寿命的平均数抽样分布

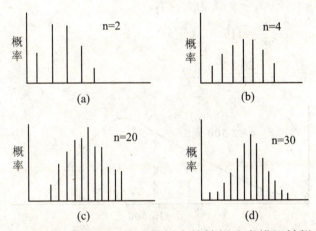

6—6   表示用不同容量样本的抽样分布模拟抽样
分布形状的变化

四、中心极限定理

从前面所讲的内容中，我们可以得到以下结论：无论所研究的总体分布是正态分布还是非正态分布，从总体中抽取一定容量的样本，全部可能样本所构成的抽样分布对于下述两点始终成立：

（1）抽样分布的平均数等于总体平均数；

（2）随着样本容量的增加，抽样分布趋于正态分布。

平均数抽样分布与总体分布之间的这种关系称为"中心极限定理"。

中心极限定理的作用是，当我们要根据样本统计量推断总体参数时，不必考虑总体的分布形态，只需要运用正态分布理论，用样本的资料通过推断抽样分布的平均数，来估计总体平均数。因此，中心极限定理是统计推断理论中最重要的定理。

由中心极限定理得知，样本容量足够大时，抽样分布趋于正态分布。究竟多大的样本容量才可以把抽样分布当作正态分布？一般说来，总体偏离正态分布越远，所需要的样本容量越大。在统计学中，被广泛采用的粗略法则是：样本容量不小于 30，就可以用正态分布作为抽样分布的近似值。

[**例 3**]　某公司欲向工薪阶层推销其产品。为使商品定价合理，公司要了解该市公务员年平均收入。设：该市全部公务员年收入分布如图 6-7。其中，平均数为 36500 元，标准差为 2500 元。从该市随机抽取公务员 36 人，求该样本平均数大于 37000 元的概率是多少？

解　已知 $\sigma = 2\,500$，$n = 36$ 为大样本；

则：$\sigma_{\bar{x}} = \dfrac{2\,500}{\sqrt{36}} = 416.67$（元）

$\therefore Z = \dfrac{37\,000 - 36\,500}{416.67} = 1.2$

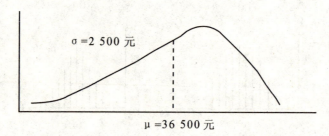

$\sigma = 2\,500$ 元

$\mu = 36\,500$ 元

图 6-7　表示公务员年收入的总体分布

$$P\,(\bar{X} \geqslant 17000) = 0.5 - P\,(0 < \bar{x} < 17000)$$
$$= 0.5 - P\,(0 < z < 1.2)$$
$$= 0.5 - 0.3849$$
$$= 0.1151$$

即：该样本的平均年收入大于 37000 元的概率为 11.5％。见图 6-8。

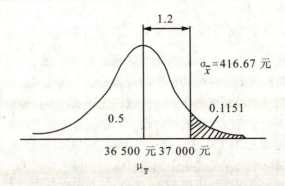

图 6—8 表示公务员年收入的抽样分布

第三节 抽样分布的其他问题

一、样本容量与抽样平均误差的关系

抽样平均误差 $\sigma_{\bar{x}}$ 是度量样本平均数在总体平均数周围分散程度的一个指标。$\sigma_{\bar{x}}$ 越小，表示样本平均数在总体平均数周围越集中，用这样的样本统计量去推断总体参数，其精确度就越高，反之，$\sigma_{\bar{x}}$ 越大，我们在推断总体参数时的精确度就越低，所以，要提高推断的精确性，我们希望 $\sigma_{\bar{x}}$ 越小越好。

从公式（6.1）来看，对于指定的总体，其 σ 是常量，不会改变，因而要缩小 $\sigma_{\bar{x}}$，就只能靠增大样本容量 n，而且从公式可以看出，$\sigma_{\bar{x}}$ 与 n 的平方根成反比，假定总体标准差为 40，当样本容量为 16 时，抽样误差 $\sigma_{\bar{x}}=10$，当样本容量增到 1 600 时，抽样误差 $\sigma_{\bar{x}}=1$。也就是说，要使 $\sigma_{\bar{x}}$ 缩小到 1/10，就必须把 n 扩大 100 倍。所以，当我们处理具体问题时，必须正确、全面地权衡样本估计的精确性，与增加样本容量而带来的时间、费用的耗费等问题之间的相互关系，适当地确定抽样数目。

二、有限总体校正系数

从无限总体中抽样，可以认为每次取样不会改变下次抽样的条件。但是对有限总体来说，如果采用不放回抽样，随着抽样工作的进行，总体的成分就会不断发生变化，即每次抽样后，各单位被抽中的概率就会发生变化。因此，当计算有限总体的抽样平均误差时，必须对公式（6.1）进行一次修正：

$$\sigma_{\bar{x}} = \frac{\sigma}{\sqrt{n}} \times \sqrt{\frac{N-n}{N-1}} \tag{6.2}$$

111

式中，N 为总体容量，n 为样本容量，$\sqrt{\dfrac{N-n}{N-1}}$ 称为有限总体修正系数。

由于 n 永远是大于 1 的，所以有限总体修正系数永远小于 1，因此，有限总体的抽样平均误差比无限总体的抽样平均误差要小。对无限总体来说，样本在总体中所占的比重相对来说是极微小的，所以在无限总体中抽取的样本代表性要差一些，其抽样误差大于有限总体的抽样误差，也正好说明了这个问题。

当有限总体的 N 相对于样本容量 n 很大时，有限总体修正系数将接近于 1，这时有限总体的抽样平均误差接近于无限总体的抽样平均误差。为了简化计算过程，在这种情况下，可以直接采用公式（6.1），而省略公式（6.2）。另外，n/N 的比值称为抽样比例。在统计学上，通常认为抽样比例 $n/N < 0.05$ 时，就可以省略有限总体修正系数。当 $n/N \geqslant 0.05$ 时，则认为总体相对于样本来说，并不很大，或称为有限总体。这时一般要使用有限总体修正系数。

另外，公式（6.1）上，除了具有计算简便的优点以外，它还有一个优点，就是式中的总体标准差 σ 是个常量，抽样平均误差 $\sigma_{\bar{x}}$ 的大小仅仅取决于抽样单位数目，与总体容量 N 无关。

本章小结

通过介绍参数和统计量的定义，了解总体和样本的区别，通过学习随机抽样的四种基本方法，了解如何获得一个有价值的样本，进一步分析样本均值的抽样分布和样本比例的抽样分布与总体分布之间的关系，并推导出中心极限定理，同时引出抽样平均误差的概念、计算方法、作用以及受哪些因素影响。本章的重点是掌握中心极限定理的基本内容及其应用，理解中心极限定理作为推断统计的理论基础的本质意义。

本章重点名词

样本统计量　总体参数　类型抽样　机械抽样　抽样分布　抽样误差　平均标准误差　中心极限定理　修正系数　抽样比例

本章思考题与习题

1. 描述统计和推断统计有什么不同？
2. 什么是样本统计量？什么是总体参数？
3. 概率抽样和非概率抽样分别指什么？各有什么特点？

4. 什么是简单随机抽样？什么是重置抽样和不重置抽样？它们各有什么特点？

5. 什么是机械抽样？它有什么优缺点？什么情况下不宜采用机械抽样？

6. 什么是分层抽样？它有哪两种具体方法？

7. 为什么说分层随机抽样是统计抽样实践中运用最广泛的一种？它与机械抽样有何异同点？

8. 什么情况下采用不等概率的分层随机抽样？制定等概率或不等概率的分层抽样方案时，应由哪些人员一起协商？

9. 什么是整群抽样？它和类型抽样的适用条件有哪些不同？

10. 什么是抽样分布、平均数抽样分布、成数抽样分布以及中位数抽样分布？

11. 什么是抽样误差？什么是抽样指标的平均误差？

12. 如何理解总体分布、样本分布和抽样分布的关系？

13. 抽样分布有哪些基本性质？

14. 什么是中心极限定理？它有什么作用？

15. 样本容量与抽样平均误差有什么关系？

16. 什么情况下采用有限总体修正系数？

17. 某工厂生产的钢板总体长度 x 近似服从正态分布，平均值 $\mu=774.7\text{mm}$，标准差 $\sigma=50.8\text{mm}$。从这一总体随机抽取一块钢板，计算其长度处于 768.4mm 和 781.1mm 之间的概率。

18. 某钢管的破裂压强（MPa）是一个近似服从正态分布的随机变量，平均值为 193.05，方差为 635.42。假定从这个总体中抽选了一个容量为 10 的简单随机样本，并对每一根钢管做加压试验，直到它们破裂为止。计算钢管样本破裂的平均压强不超过 189.61MPa 的概率。

19. 某种切削工具的平均使用寿命为 41.5 小时，标准差为 2.5 小时，设自这一总体中抽取容量为 50 的简单随机样本，计算其平均值介于 40.5 小时和 42 小时之间的概率。

20. 某零售集团公司的所有商场资金流转天数为：50 天，标准差为 18 天，若对这些商场进行样本容量为 36 家的随机抽样调查，被调查商场资金流转天数平均在 48~52 天之间的概率是多少？

21. 某地有 200 家专营外贸企业，年平均出口额为 90 万美元，标准差为 27 万美元，随机抽取 36 家企业调查，问其年平均出口额在 100 万美元以上的概率为多少？

第七章　单一总体的参数估计

本章学习目标

本章学习目标有六个：①了解参数估计的概念和意义；②了解点估计与区间估计的区别；③掌握评价估计量优良性的标准；④掌握大样本条件下总体参数的区间估计方法；⑤掌握小样本条件下总体参数的区间估计方法；⑥掌握样本容量的确定方法。

第一节　参数估计的基本原理

一、参数估计的必要性

估计是统计推断两种方法之一。估计一词，人们并不陌生，可以说每一个人每天都会作出估计。例如当你在商场排队交钱时，你会估计该窗口收款人的工作效率、你前面的排队人数、你需要等待的时间，以及附近窗口的相关状况等等。这些情况你都会在很短的时间内作出估计，以便迅速作出决定：是排在这里再等一会，还是走向其他稍远一些但人数稍少一些的窗口，或者过一会再来。在实际经营管理工作中，每个管理人员也都常常作出各种各样的快速估计。在许多时候，有些估计的结果，会给他们所经营的事业带来重大影响，甚至可能导致成功或失败。例如，负责销售的经理，需要对未来的销售量进行估计；发放贷款的经理需要估计借款人能否按期偿还他的账款；财会管理人员需要估计资金及利率的变化；工厂管理人员需要估计某产品能否按期完成预定产量等。所有这些各类管理人员都要作出估计。作为一个没有学过统计的管理人员来说，他在估计时并不考虑或不知道所估计结果是否具有科学性，而只是主观地希望他们所作的估计，在合理的范围内与实际事件发生的结果尽可能地相近。

此外，管理人员之所以要采用估计的方法，是因为在对某一事件作出决定或判断时，常常缺乏有关的信息，或信息不够完备，但又必须对未来将会发生的大量不确定因素作出合理的预测和决策。作为一个经理或各方面的管理人员或推销人员，如果能恰当地应用统计技术，就可以对各类经营管理事件及其发展作出更科学、更有效、更有把握的估计。

我们在前两章中学习了关于统计推断的基础知识，其中包括关于概率、概率分布及抽样分布的概念和基本原理。在此之前，分析数据的目的是希望了解所掌握的数据的性质。为了描述一组特定的数据，我们学习了平均数、标准差和方差，并且所得出的任何结论，都是针对这一些数据而立的。现在我们则把平均数、标准差及方差的计算放到一个新的尺度上去，即放到统计推断的领域内来进行分析研究。

统计推断实际是根据某一总体的样本所得出的结果，来推断该总体的一种推断方法。

有很多理由可以说明，如对某一总体作出某种判断或决策，必须抽取一个样本并对它进行分析。因为要对它进行全面检查的话，从消耗的费用、时间、人力和物资的角度来说都是不允许或不合算的。此外，有些检查获取数据的过程，本身就带有一定的破坏性。例如，一个晶体管厂厂长想获得有关产品平均寿命的信息，若对总体中的元素（晶体管）逐个进行试验，显然是不切实际的。在这种情况下，只有通过抽样和推断的方法来取得所需要的统计数据。

二、估计量的评价标准

参数估计是必要的，也是可能的，并有其科学的依据。数理统计理论给我们提供了一系列理论根据和方法，使我们能够找到一些"优良的估计量"去估计总体参数。估计量是用来估计总体参数的样本统计量，它是一个随机变量。如何判断样本统计量是"优良"或"最佳"的呢？下面是几个评价标准：

（一）无偏性

无偏性是指估计量的期望值应等于总体参数。也就是说，虽然估计量本身是一个随机变量，但从平均的意义上看，一个估计量的取值应等于所估计的总体参数。假定统计量 $\hat{\theta}$ 为参数 θ 的估计量，则 $E(\hat{\theta}) = \theta$。无偏性是一个良好估计的重要条件。因为它说明用这样的估计量去估计相应的总体参数不存在系统的偏差，即无倾向性的偏高或偏低，只有随机抽样误差。

（二）有效性

有效性与估计量的离散度相联系，但对估计量有效性的评价必须建立在其无偏性的基础上。在多个无偏估计量中，最有效的估计量是指方差最小的那一估计量，并由此来提高估计的可靠程度。通常影响估计量有效性的因素是多种的，但最主要的因素是来自总体的样本个数。样本个数越多其有效性越强。当然，不可能一味强调其有效性，而无限扩大样本个数，因为这是不切实际的。

（三）一致性

当样本容量增大时，估计量能够以较大的概率靠近将要估计的总体参数。估计量的这一特性，称之为一致性。一致性与无偏性、有效性所强调问题的角度是不同的。无偏性要求估计量的期望值等于被估计总体参数；有效性强调估计量的分散程度。一个优良的估计量是建立在无偏性和有效性两者兼顾的基础之上的。在有些情况下，即使是样本平均数等于总体参数，可离散趋势较强，则这一估计量仍不是优良的。这时估计量一致性的特性，可以使在逐步增加样本容量的同时，估计量越来越接近总体参数，从而提高参数估计的可靠程度。

（四）充分性

充分性是指某一估计量，能够充分利用样本所提供的有关将要估计总体的全部信息。以众数和算术平均数为例，众数使用的是观察值中出现次数最多的那一观察值。而算术平均数则是根据所有观察值所提供的信息计算的。因此可以说，算术平均数具有充分性，而众数由于没有充分使用样本信息，因此不具备充分性这一特性。

统计推断是统计学的一个分支，包括估计和假设检验两部分。它们运用概率的原理，根据不确定因素作出决策，并研究其具体的方法。

这一章所介绍的方法，可以使我们在合理的精度内，估计总体比率（即具有指定特征的单位在总体中所占的比例）和总体平均数。当然，要计算精确的比率和精确的平均数是不可能的。尽管如此，还是可以作出估计，并得出同这个估计相适应的误差说明，同时提供尽可能避免误差过大的几种控制方法。

三、点估计和区间估计

（一）点估计

点估计是指用样本统计量的某一具体观察值作为总体相应数据的估计值的一种估计方法，由于所给出的估计数据只有一个具体的数值，因此，也称"点估计"。假定要估计某居民区的某类商品的月平均消费额，可以从该地区抽出一个随机样本，该样本的点估计值平均数和标准差可用如下公式计算：

样本平均数：$\bar{x} = \dfrac{\sum\limits_{i=1}^{n} x_i}{n}$ 样本方差：$s^2 = \dfrac{\sum\limits_{i=1}^{n} (x_i - \bar{x})^2}{n-1}$

若样本平均数为 65 元，则该地区某类商品的月平均消费额的总体点估计值就是 65 元。

再如：要估计某商场新近到货的一批商品合格率，随机抽取一个容量为 80 的样本，发现有 74 件为合格品，即样本合格率是 92.5％，则 92.5％ 可以作为总体的点估计值。点估计方法简便易于理解。但由于抽样过程的随机性，导致样本估计量始终是一个随机变量，因此很难控制抽样误差。

（二）区间估计

1. 区间估计的含义

区间估计是由一些区间估计值组成的一个数值范围。它是对总体参数可能落入的一个数值范围作出适当地估计。

例如，假定某大型机械制造厂的销售经理，希望得到几个月内所销售的小型电机平均寿命的一个估计值。于是有关人员抽取一个包括 300 个用户单位的随机样本，并抄录这 300 个用户的姓名和住址，逐一询问其购买电机的实际使用时间。假定 300 个用户的样本电机平均寿命是 48 个月，那么可以向销售经理报告说，该厂生产小型电机的平均寿命是 48 个月。但是，如果经理继续问这个估计值的可能误差是多少？或者问未知总体平均数可能落入样本平均数上下多大范围内？为了回答这样的问题，就需要计算样本平均数的平均误差。

前面讲过，从一个总体中抽取大量的样本，并把这些样本的平均数绘成分布图形，这些平均数的分布将接近于正态曲线，而且全部样本的平均数等于总体平均数。而由 300 个单位构成的样本，其容量已足够大，可以按照中心极限定理描绘出平均数的抽样分布图形，见图 7-1。

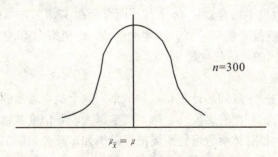

图 7-1　300 个电机样本的平均数抽样分布

前边讲过抽样平均数的平均误差可用公式 $\sigma_{\bar{x}} = \dfrac{\sigma}{\sqrt{n}}$ 计算。

假定标准差（总体标准差）是 14 个月，则该例中平均数平均误差：$\sigma_{\bar{x}} = \dfrac{\sigma}{\sqrt{n}} = \dfrac{14}{\sqrt{300}} = 0.8083$ 个月。

现在可以说，该厂生产的电机平均寿命的估计值是 48 个月，这个估计值的平均误差为 0.8083 个月。如果用区间估计值表示则应表示为：该厂生产的全部电机准确的平均寿命是 48 ± 0.8083 个月，即落在 $47.1917 \sim 48.8083$ 个月的估计区间内。这个信息，对于经理来说是很有用的，但这仍是不够的。为此还要进一步计算其确切平均寿命落入这个区间或那个区间的概率是多大。

2. 总体参数落到估计区间的概率

数理统计已证明，在正态分布曲线下，位于平均数加或减指定倍数标准差范围内的面积是与某一个确定的概率值相对应的。

现在我们将这一性质应用在平均数的抽样分布上，并由此对电机寿命的区间估计问题，作出相应的说明。

数理统计证明正态曲线下，面积有三种情况：

（1）正态总体中大约 99.7% 的数值在平均数加减三个标准差的范围内；

（2）正态总体中大约 95.5% 的数值在平均数加减两个标准差的范围内；

（3）正态总体中大约 68.3% 的数值在平均数加减一个标准差的范围内。

现在回到原来的问题上来。容量为 300 的一个样本的平均数落入总体平均数 μ 加减 2 个平均误差范围之内的概率是 0.955，即全部样本平均数有 95.5% 在 μ 加减 2 个平均误差范围之内。也可以这样表述：样本平均数加减 2 个平均误差的区间包括总体平均数的可信程度是 95.5%。由此可以粗略回答例中的另一个问题。该厂生产的电机平均寿命是 48 个月，而寿命在 $47.1917 \sim 48.8083$ 个月（$40 \pm 1\sigma_{\bar{x}}$）之间的可信程度是 68.3%。同理也可知，电机寿命 $46.3834 \sim 59.6166$ 个月（$40 \pm 2\sigma_{\bar{x}}$）之间的可信程度是 95.55%。

3. 置信度与置信区间

置信度是指与一个区间估计相联系的概率。这个概率表示的是该区间估计将包括总体参数的可信程度有多大。显然，概率越大，置信度就越大。

置信区间指的是总体参数可能所属范围。例如，某公司职工月奖金总体平均数落在 $900 \sim 1500$ 元之间的置信度是 95%，那么 $900 \sim 1500$ 元这个变动范围就是一个置信区间。通常情况下，置信区间用平均误差表示，如 $\bar{x} \pm 2.4\sigma_{\bar{x}}$，就是一个置信区间。

此外，区间估计中还经常使用的另一个统计术语是"置信限"。置信限指的是置信区间的界限，有上限和下限之分。如在置信区间 $\bar{x} \pm 2.4\sigma_{\bar{x}}$ 中，$\bar{x} + 2.4\sigma_{\bar{x}}$ 叫做"上限"；$\bar{x} - 2.4\sigma_{\bar{x}}$ 叫做"下限"。

第二节 根据大样本所做的区间估计

一、总体标准差 σ 已知条件下的区间估计值

在总体标准差 σ 已知的情况下，借助于 Z 值很容易就作出区间估计。假定某公司的生产主管和销售经理要估计一下在正常条件下，某小型家电简称为"DS"的平均使用寿命是多长时间，以便向消费者介绍其性能。以往资料表明，总体的寿命标准差是 8 个月。随机抽选出 81 个用户为一个简单随机样本，并收集他们的记录，得到的数据如下：样本容量 $n=81$；样本平均数：$\bar{x}=24$ 个月；总体标准差 $\sigma=8$ 个月，该公司正大量销售这种小型家电，经理要求在 95％ 的置信度条件下，对其平均使用寿命做一个区间估计。因为样本 $n=81$ 大于 30，根据中心极限定理，可以把抽样分布作为正态分布处理，使用公式计算出平均误差：

$$\sigma_{\bar{x}}=\frac{\sigma}{\sqrt{n}}=\frac{8}{\sqrt{81}}=0.89 \text{（个月）}$$

要求置信度为 95％，说明在抽样分布中平均数两侧各包括 47.5％。应用正态分布 Z 值表，查表得知与 0.475 的面积相对应的 Z 值得 1.96。由此可确定置信区间的上限和下限：

上限 $=\bar{x}+1.96\sigma_{\bar{x}}=24+1.96\times0.89=25.74$（个月）

下限 $=\bar{x}-1.96\sigma_{\bar{x}}=24-1.96\times0.89=22.26$（个月）

通过计算可知，小型家电"DS"的平均寿命在可信程度达到 95％ 时，在 22.26～25.74 个月之间。或者说，"DS"的总体平均寿命，在 22.26～25.74 个月之间的可信程度为 95％。

二、总体标准差 σ 未知情况下的区间估计值

假定公司为开拓拉美市场，想估计一下某一地区一个四方域内 5000 户居民家庭的年平均收入情况，用简单随机抽样方法，抽取一个样本，得到如下数据：

样本容量：$n=300$

样本平均数：$\bar{x}=5\,600$ 美元

样本标准差：$S=1\,600$ 美元

现在该部门要求计算出包括 5 000 户居民家庭在内的总体年平均收入的估计区间，其置信度为 90％，因为样本 $n=300$ 大于 30，所以可以用正态分布代替抽样分布。

应该提出的是，这一例与上一例的区别在于总体标准差 σ 未知。因此，只能

根据样本标准差去估计总体标准差，用 $\hat{\sigma}$ 代表估计的总体标准差，其公式为：

$$\hat{\sigma}=s=\sqrt{\frac{\sum (x-\bar{x})^2}{n-1}} \tag{7.1}$$

在本例中总体标准差的估计值为 1 600 美元。因为总体是一个容量为 5000 户的有限总体，且抽样比例 $n/N=300/5\,000=0.06$ 大于 0.05。因此要用有限总体抽样平均误差的公式来计算本例的平均误差。在公式中使用的是总体标准差，这里用其估计值 $\hat{\sigma}$ 代替总体标准差 σ。进而得到平均误差的一个估计值 $\hat{\sigma}_{\bar{x}}$：

$$\sigma_{\bar{x}}=\frac{\sigma}{\sqrt{n}}\times\sqrt{\frac{N-n}{N-1}} \tag{7.2}$$

$$\hat{\sigma}_{\bar{x}}=\frac{\hat{\sigma}}{\sqrt{n}}\times\sqrt{\frac{N-n}{N-1}} \tag{7.3}$$

$$=\frac{1600}{\sqrt{300}}\times\sqrt{\frac{5\,000-300}{5\,000-1}}$$

$$=92.38\times0.9696=89.57（美元）$$

现在回头考虑 90％的置信度问题，它表示包括样本平均数两侧各有 45％的面积。查标准正态表得知，与曲线下面积为 0.45 相对应的 Z 值是 1.64（或 1.65；或 1.645）。由此，可计算出置信区间，即与 90％面积相对应的上限和下限：

上限 $=\bar{x}+1.64\times\hat{\sigma}_{\bar{x}}=5\,600+1.64\times89.57=5\,746.9$（美元）

下限 $=\bar{x}-1.64\times\hat{\sigma}_{\bar{x}}=5\,600-1.64\times89.57=5\,453.1$（美元）

到此可以回答有关管理人员：这个四方区域内全部 5000 户家庭年平均收入在 5453.1～5746.9 美元之间，有 90％的可信程度。

三、大样本比率的区间估计值

在统计实践中，常常会遇到这样的问题，使用一个随机样本，来估计一下总体中某一事件将要发生的比率。例如，国家劳动部门可以用抽样方法，估计一下全国 22～32 岁之间的劳动力就业率是多少，即就业人数所占的比率；再如某学院教务处，要估计一下某学期期末学生不及格人数所占的比率等。这类问题我们可以把它们简化为成功与失败的问题。

现在来回顾一下离散型随机变量——二项分布。二项分布的平均数和标准差公式如下：

平均数：$\mu=np$

式中，n 为试验次数；p 为成功的概率。

标准差：$\sigma=\sqrt{npq}$

120

式中，n 为试验次数；p 为成功概率；q 为失败的概率＝$1-p$

数理统计证明，随着样本容量的增加，二项分布将逼近于正态分布，因此，当样本容量很大时，可以把二项分布近似地作为正态分布处理，那么样本容量"很大"到什么程度可以用正态分布处理呢？对此，统计学上有个基本原则，即在估计中 np 和 nq 均不小于 5 时，可以应用正态分布代替二项分布。

二项分布中成功的平均次数 $\bar{x}=np$，把等式变换一下，两边同除以 n 得 $\frac{\bar{x}}{n}=P$，这个式子的左边表示二项分布中成功比率样本的平均数，用 μp 表示成功比例的平均数，有公式（7—4）。

$$\mu p = P \tag{7.4}$$

由二项分布的标准差 $\sigma=\sqrt{npq}$，两边除以 n 得到 $\frac{\sigma}{n}=\sqrt{\frac{pq}{n}}$。等式右边表示样本成功比例的标准差，记为：

$$\sigma_p = \sqrt{\frac{pq}{n}} \tag{7.5}$$

这里 σ_p 叫做抽样比例的平均误差。

假定一家集团公司希望估计一下，响应公司发起的计划，自愿把自己应得的退休金投资于本公司的人数所占的比例。应用上述公式如下：先抽取 64 人的一个简单随机样本。其中愿意响应公司计划的人占 42%，有关数据如下：

样本容量：$n=64$

支持者的样本比例：$p=0.42$

不支持者的样本比例：$q=0.58$

现在经理希望通过这个样本，估计一个置信度为 99% 包含总体实际比例的区间，这就要求计算样本比例的平均误差 σ_p，但该总体的 p 值和 q 值不知道，所以不能直接用公式（7.5），须将相应的样本统计量 p 和 q 代替总体参数 p 和 q。因此，公式（7.5）修正为公式（7.6）

$$\hat{\sigma}_p = \sqrt{\frac{pq}{n}} \tag{7.6}$$

将上题中数据代进公式（7.6），求出比例抽样平均误差的估计值：

$$\hat{\sigma}_p = \sqrt{\frac{pq}{n}} = \sqrt{\frac{0.42 \times 0.58}{64}} = 0.062$$

99% 的置信度相应的曲线下平均数两侧各包括总面积的 49.5%，查 Z 值表，与 0.495 的面积相对应的 Z 值为 2.58，由此可确定出置信区间的上限和下限：

上限$=p+2.58\times\hat{\sigma}_p=0.42+2.58\times0.062=0.58$（58%）

下限$=p-2.58\times\hat{\sigma}_p=0.42-2.58\times0.062=0.26$（26%）

现在可以问答，根据 64 人样本估计，有 99% 的置信度相信全部职员中愿意响应公司计划的人数所占比例在 26%～58% 之间。

注意一点，由于该例中假定的总体容量相对于样本容量已经相当大，所以在计算平均误差时，没有使用有限总体修正系数，这一问题在统计计算中，具体问题具体处理。

第三节　根据小样本所做的区间估计

上面所举例子中，样本容量均大于 30，所以三个问题，都可以把抽样分布作为相应的正态分布来确定置信区间。但是，事实上，并不是在任何条件下都可以取到大于 30 的样本。当正态分布不能作为抽样分布的代替者时，又如何进行估计呢？这里我们介绍一个新的分布叫"t 分布"，借助于它，可以使我们达到目的。

一、t 分布的特征

t 分布和正态分布一样，也是一种对称分布。通常情况下，从图上观察，t 分布比标准正态分布更平缓一些，并且对于不同的样本容量来说，都有一个不同的相应的 t 分布。随着样本容量的增加，t 分布的形状将由平缓逐渐地接近于标准正态分布，当样本容量大于 30 时，t 分布则非常近似于标准正态分布，此时可用标准正态分布近似地代替 t 分布。

图 7-2 将标准正态分布与两个样本容量不同的 t 分布做了比较。

图 7-2 描绘了 t 分布的两个特征：

（1）t 分布平均数处的峰顶低于标准正态分布，而两个尾端则高于标准正态分布；

（2）t 分布的两个尾端面积按一定比例比标准正态分布多一些；

此外，还可以看出，如果包括曲线下相同比例的面积，t 分布的界限离开平均数更远一些。

二、自由度

不同容量的样本对应于不同的 t 分布，用统计术语表述为："每一种可能的自由度对应一种具体的 t 分布"。这里所讲的自由度是指可以自由选择的数值的个数。

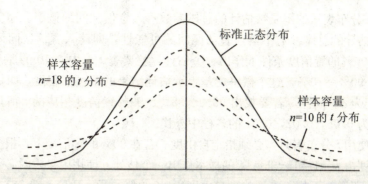

图7—2　标准正态分布和样本容量不同的两个 t 分布

假如有两个样本值 a 和 b，已知其平均数是 26，即：$\dfrac{a+b}{2}=26$，在这一条件下，a 和 b 能够取哪些值呢？显然，a、b 之和必须等于 52。假定 a 取值是 16，那么 b 就没有选择数值的余地了，它只能取 36，因为只有这个取值才能满足 $\dfrac{a+b}{2}=26$。这就是说，当一个样本有两个元素时，如果已知了两个元素的样本平均数，那么只能自由指定其中一个元素的值，因为另一个元素将由两元素之和等于样本平均数的两倍这个事实来决定。

假定有 9 个元素，已知这些元素的平均数是 15，即：

$$\frac{a+b+c+d+e+f+g+h+i}{9}=15$$

这时，自由度，即可以自由指定的变量的个数是 $9-1=8$。如果任意给出 8 个值，就不能自由地指定第 9 个值，第 9 个值可以通过把 8 个值代入计算平均数的等式而计算出来。如果样本容量用 n 表示，那么自由度就是 $n-1$ 个。因此，如果样本容量为 20，则有 19 个自由度，n 为 19，有 18 个自由度。

自由度是用 t 分布估计总体平均数时必须使用的，因为不同的自由度具有不同的 t 分布。例如采用容量为 21 的样本估计总体平均数，那么就必须按照 20 个自由度，选择相应的 t 分布。自由度可用 df 表示。

三、t 分布表

t 分布值是由统计专家先计算好的，本书后面附有 t 分布表。它与 Z 值表的结构有所不同：

（1）t 分布表更加简洁而紧凑，它只对几个百分比（10%，5%，2% 和 1%）表示出面积和 t 值，但基本上包括了区间估计和假设检验的全部常用值。

（2）t分布表示的不是被估计的总体参数落入置信区间的概率。相反它表示的是，所估计的总体参数不落入置信区间的可能性，即落入置信区间以外的概率。若在90%的置信度条件下作出一个估计，就要查t表中0.10的那一栏。因为100%～90%＝10%，这个概率之差表示估计结果的不可信程度，叫做"误差概率"，记为a。同样，若要找出95%、98%、99%置信度相应的t值，就必须分别在a为0.05，0.02，0.01的各栏中查找。

（3）使用t分布表时，必须指定自由度。若在90%的置信度下，根据容量为15，自由度为$n-1=15-1=14$的样本作出一个估计。使用附录表时必须从表头为0.10的那栏往下找，直到找到自由度为14的那一行，数值为1.761，如果从平均数两侧分别加减1.761倍标准差的值，那么在这两个界限之间的曲线下面积是90%，而在两限以外的面积，就是误差概率10%，图7-3则形象地描绘了t分布的含义。

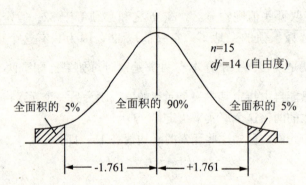

图7-3　自由度为14的t分布及90%的置信区间

[例] 假定某公司经理希望能借助电脑来完成某项训练计划。由于电脑的协助，将缩短学员的训练时间和降低训练费用。经理要求估计借助电脑训练后，所需要的平均训练时间是多少天？要求置信度为95%（假定总体接近于正态分布）。

现抽取18个人作为样本进行试验，每名学员所需训练天数资料见表7-1。

平均数：$\bar{x}=\dfrac{\sum x_i}{n}=\dfrac{1\,453}{18}=80.72$（天）

标准差：$S=\sqrt{\dfrac{\sum(x_i-\bar{x})^2}{n-1}}=\sqrt{\dfrac{823.61}{17}}=6.96$（天）

表7—1　　　　　在电脑协助下，18名学员训练所需天数

学员编号	训练天数	学员编号	训练天数	学员编号	训练天数
1	85	7	82	13	81
2	78	8	87	14	81
3	69	9	76	15	89
4	90	10	80	16	75
5	80	11	67	17	91
6	72	12	84	18	86

所有学员平均训练时间的点估计值得80.72天，用样本标准差S代替总体标准差，平均误差为：

$$\hat{\sigma}_x = \frac{\hat{\sigma}}{\sqrt{n}} = \frac{6.96}{\sqrt{18}} = 1.64$$

由于置信度为95%，自由度为$n-1=18-1=17$，得到的t值为2.110，从而可以计算出置信区间的上限和下限：

上限 $=\bar{x}+2.110\hat{\sigma}_{\bar{x}}=80.72+2.110\times1.64$
　　　$=84.18$（天）

上限 $=\bar{x}-2.110\hat{\sigma}_{\bar{x}}=80.72-2.110\times1.64$
　　　$=77.26$（天）

现在可以回答经理说在95%的置信度下，学员的平均训练时间在电脑协助下可在77.26天与84.18天之间完成。图7—4描绘了这个问题。

通常情况下，只要样本容量不大于30时，都要使用t分布做区间估计。当然n大于30时，则仍用正态分布估计。

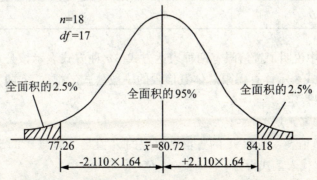

图7—4　自由度为17的t分布95%的置信区间

第四节　样本容量大小的选择

尽管在样本容量较小（小于 30 时）的情况下可以用 t 分布作估计，在样本容量较大（大于 30 时）的情况下可以用正态分布作估计。但是样本容量总要有一个比较适当的选择。如果样本容量太小，不能取得足够的信息，则不能作出可信的估计；如果样本容量太大，则在收集样本时，又会使时间和费用增加。那么究竟确定样本容量 n 为何值比较合适呢？

当然，无论在什么样的条件下进行抽样，总不免会丢掉一些关于总体的信息。所以用样本估计总体特征时，总不免要产生某些抽样误差。为了提高估计的精确程度，就必须从总体中抽取足够多的单位，以提供必要的信息。通过选择适当的样本容量，来控制抽样误差。显然，所要求的精确度越高，需要抽取的样本容量就愈大。下面介绍几种可以确定满足指定精确要求所必须的方法。

一、σ 已知时，n 的确定

估计总体平均数时，样本大小的选择。假定某公司要调查一下上一年全部员工的年奖金收入。已知全公司总人数为 1 500 人，根据经验总体标准差约为 1 800 元。现在，为了保证对上一年员工年奖金收入所做的估计值，落入平均数加减 600 元之间，并具有 95% 的确信程度，问应抽取多大容量的样本较为适宜呢？

表 7—2　　　　　　　　置信限相同，表达方式有两种

表达方式	置信下限	置信上限
a	$\bar{x}-600$ 元	$\bar{x}+600$ 元
b	$\bar{x}-Z\sigma_{\bar{x}}$	$\bar{x}+Z\sigma_{\bar{x}}$

表 7—2 中说明了置信限有两种表达方式。a 种方式表示该公司所要求的置信限；b 种方式表示计算无限总体置信限的一般公式。把 a、b 两种表达方式作个比较，可以肯定：

$Z\sigma_{\bar{x}}=600$（元）

然后查 Z 值表，与 0.95 的置信度对应的 Z 值是（即与 $0.95\div2=0.475$ 相对应）1.96，代入上式得：

$1.96\sigma_{\bar{x}}=600$（元）

$$\sigma_{\bar{x}} = \frac{600}{1.96} = 306.12 \text{（元）}$$

由于计算平均误差的公式是：

$$\sigma_{\bar{x}} = \frac{\sigma}{\sqrt{n}}$$

在本例中 $\sigma = 1\,800$，代入上式，得：

$$306.12 = \frac{1\,800}{\sqrt{n}}$$

$$\sqrt{n} = \frac{1\,800}{306.12} = 5.88$$

$$n = 34.6$$

所以，这个公司要想使估计的去年职工年收入平均数达到预期的精确度，就必须抽取容量至少为 35 人的样本。

二、σ 未知时，n 的确定

上一例中，是已知总体标准差，计算样本容量比较容易，只要用过去学过的公式换算一下就可以了。但是，在许多时候，总体标准差是很难得到的。当然前面也曾介绍过用样本标准差估计总体标准差的例子，但是在这里，显然是得不到样本标准差的。因为这时样本还未抽到，是无法确定样本标准差的，那么还有别的办法吗？有。如果能获得总体极差的数据，可以应用极差来估计标准差。现假定要估计一下某城市推销员的日平均工资，已知日平均工资额最高与最低相差260 元（极差）。过去讲过，平均数加减三个标准差的区间，包括正态曲线下全部面积的 99.7%，可以这样说，平均数加三个标准差和减三个标准差，这两个界限之间几乎包括了整个正态分布的面积。见图 7—5。

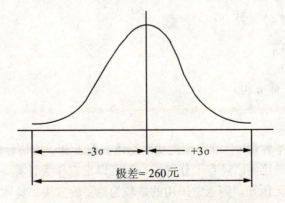

图 7—5　总体极差与总体标准差的粗略关系

从图中可以看出总体极差大约等于 6 个标准差，由此可以对总体标准差做一个大致的估计：

$$6\sigma = 260 \text{（元）}$$

$$\sigma = \frac{260}{6} = 43.3 \text{（元）}$$

显然，使用这种方法估计总体标准差是很粗略的，但据此就可以寻找一个适当样本容量的可行方案，这比对样本容量毫无根据地确定，总算有所前进，有了一些科学的依据。

三、估计总体比率时，样本容量大小的选择

选择估计总体比率所需的样本容量，其方法类似于前面讲的确定估计总体平均数所需样本容量的方法。

假定在某个城市搞一个民意测验，以确定某项公众措施实施与否，因此估计一下赞成这一措施的比率。

现要求选择一个适当的样本容量，并保证赞成人数的真实比率落入平均数加减 0.04 范围内，且确信程度为 90%。

同样，先查 Z 值表，找到与 90% 置信度相对应的 Z 值为 1.64。这说明该题所指定的区间就是平均数加减 1.64 倍的平均误差。该题要求估计值落入平均数加减 0.04 的范围内，因此：

$$Z\sigma_{\bar{p}} = 0.04$$

$$1.64\sigma_{\bar{p}} = 0.04$$

$$\sigma_{\bar{p}} = \frac{0.04}{1.64} = 0.0244$$

把平均误差代入公式（7.5） $\sigma_{\bar{p}} = \sqrt{\dfrac{pq}{n}}$

$$0.0244 = \sqrt{\frac{pq}{n}}$$

（两边平方，除 n 得）

$$n = \frac{pq}{0.000595}$$

为了计算样本容量 n，就必须先找到总体参数 p 和 q 的估计值。如果对支持该项措施的人数的比例已经有十分把握，就可以把它作为计算 n 的最好估计值。但若对于 p 值一无所知，则通常采用的是较为稳妥的方法。具体做法是，无论 p 值是多大，均将样本容量选得充分大些，以确保其要求的精确程度。

例如在上例中，$n=\dfrac{pq}{0.000595}$。从等式看，要想使 n 充分大，就必须使等式右边的分子达到充分大。而只有在 $p=0.5$，$q=0.5$ 时，p 和 q 的乘积才能达到充分大，由此得出下式：

$$n=\dfrac{pq}{0.000595}$$

$$=\dfrac{0.5\times0.5}{0.000595}$$

$$=\dfrac{0.25}{0.000595}$$

$$=420.17$$

到目前为止，可以回答本题的问题，即至少抽取 421 人的样本容量，才能保证所估计的比例落在平均数加减 0.04 的区间内，具有 90％ 的可信程度。

应当指出，在如上的问题中，采用的是最为稳妥的方法，即把 0.5 作为 p 值推导出最大的样本容量。

但是如果已经确切知道了总体的 p 值，或者有足够的理由主观估计出 p 值，那么，就不必采取上述所谓稳妥方法，只是在"无路可寻"时，才使用"稳妥方法"，取 p 值为 0.5。

为了进一步说明 0.5 作为 p 值推导出的样本容量是最大的样本容量，我们列表 7－3 做个对照，p 取不同的值。

表7－3　　　　　与 p 和 q 的不同值相对应的样本容量

p 值	q 值 $(q=1-p)$	$\dfrac{pq}{0.000595}$	样本容量 n
0.2	0.8	$\dfrac{0.2\times0.8}{0.000595}$	268.9
0.3	0.7	$\dfrac{0.3\times0.7}{0.000595}$	352.94
0.4	0.6	$\dfrac{0.4\times0.6}{0.000595}$	403.36
0.5	0.5	$\dfrac{0.5\times0.5}{0.000595}$	420.17
0.6	0.4	$\dfrac{0.6\times0.4}{0.000595}$	403.36
0.7	0.3	$\dfrac{0.7\times0.3}{0.000595}$	352.94
0.8	0.2	$\dfrac{0.8\times0.2}{0.000595}$	268.9

表 7-3 中采用了不同的 p 值和不同的 q 值，计算出了 7 种不同的样本容量，从其中的变化可以发现，p 值在 $0.3\sim0.7$，样本容量的变化是很小的，所以，即使知道了总体的实际比例是 $p=0.3$，而采用了 0.5，也无关紧要，因为抽样单位只多了 68 个人（$67.2=420.17-352.94$）。很明显，采用稳妥的 p 值为 0.5 来推导出的样本容量，还是有一定的科学依据的。

本章小结

通过对统计推断方法的介绍，使读者了解判断估计量优良性的基本原则，并了解点估计和区间估计的基本原理；通过对参数估计思想的分析，使读者增加对置信区间和置信度的理解，了解置信度和精度的关系；通过在不同的总体及样本条件下（总体方差已知或未知、大样本或小样本），对一个总体参数的区间估计（均值的估计、比例的估计）的分析和介绍，使读者掌握参数估计的基本方法和步骤，并从中理解样本容量（一个总体情况下的样本容量）的确定方法和思路。

本章重点名词

估计 无偏性 有效性 点估计 区间估计 置信度 置信区间 置信限
t 分布 自由度 样本容量 极限误差

本章思考题与习题

1. 统计推断是一种什么方法？它有几个分支？
2. 参数估计有什么作用？
3. 什么是区间估计？区间估计值是如何表示的？
4. 什么是置信度、置信区间和置信限？
5. 根据大样本所做的区间估计与根据小样本所做的区间估计主要有什么不同？
6. t 分布有什么特征？t 分布表与 Z 值表的结构有何不同？
7. 什么是自由度？如何理解自由度？
8. 样本容量的大小对总体参数的估计值有什么影响？
9. 某土畜产进出口公司出口一种名茶，抽样检验结果如下：

每包重量（克）	包数（包）
148～149	40
149～150	20
150～151	50
151～152	20
合　　计	100

又知道这种茶叶每包规格重量 150 克。试以 99.73％ 的置信度，估计这批茶叶平均每包重量的范围。

10. 在 500 个抽样产品中，有 95％ 的一级产品。试测定抽样平均误差，并用 0.9545 的概率估计全部产品一级品率的范围。

11. 某蛋品厂对所贮存的皮蛋进行抽样检验，以确定该批皮蛋的一级品率，要求皮蛋的一级品率的抽样平均误差不超过 5％，其概率定为 95.45％，根据以往经验，同样产地加工的皮蛋的一级品率为 58％，49％，48％。试问至少应抽查多少只皮蛋，才可满足分级检验的要求？

12. 某土产畜产公司收购一批烟草，抽取 30 箱为样本，平均重量为 20 公斤，标准差为 3 公斤。求：（1）置信度为 95％ 时，这批烟草的平均重量；（2）置信度为 80％ 时，这批烟草的平均重量。

13. 某私营企业为提高业务人员的业务能力，在拟订一项培训计划之前，对一个由 300 名员工组成的随机样本进行测试，结果发现参加测试人员中只有 75 人达到要求。主管人员要求在置信度为 99％ 的条件下，作一个区间估计。

14. 某公司为了解市场需求，曾多次进行市场调查，调查方式是与消费者交谈。交谈时间的标准差一般是 6 分钟。假如公司希望平均访谈时间的极限误差为 2 分钟，则在 98％ 的置信度条件下，需要多大的样本？

15. 为了解我国生产的某种女士皮鞋在巴黎市场上的销路，轻工进出口公司委托外国某咨询公司机构调查，"巴黎妇女喜欢这种鞋的人数比例"。要求置信度为 95％，估计误差在 4％ 之内，应抽取多大样本？

第八章　单一总体的假设检验

本章学习目标

　　本章学习目标有四个：①了解假设检验的基本思想和原理；②掌握假设检验的步骤；③掌握一个总体参数的假设检验方法；④了解 P 值的计算与应用。

第一节　导　　言

　　统计推断是借助一组样本信息来导出有关总体特征的过程。上一章的区间估计是统计推断的方法之一，这一章介绍的假设检验是统计推断的另一种形式或方法。在这一章将研究怎样运用样本的特征，来验定总体参数的假想是否正确。假设验定的基本过程是，首先对总体参数提出假想，这个假想称之为"零假设"。除非在样本中有充分的理由去拒绝"零假设"，否则将认定它是真的。而后，设法去取得样本，据此计算出样本统计量。最后，用这些从样本中获得的信息去验定假设的总体参数在多大程度上是可靠的。一般情况下，样本统计量与假想值，总是存在一些差异的，或大或小。差异愈大，说明假想值正确的可能性愈小。反之差异愈小，说明假想值正确的可能性愈大。但是，在实际运用中，这种差异并不十分明显地表现出来，以便使管理人员和操作人员能够肯定地接受或拒绝某种假设。

　　假定某公司，一个管理人员断定该公司职工平均工作效率是 92％，怎样检验其假设的有效性呢？用前两章讲过的抽样方法，可以算出一个样本的效率。若计算结果的平均效率为 95％，很明显，可以认定该管理人员的结论基本上是可信的；若计算结果是平均效率为 45％，那么也可以断定该管理人员的假想是完全不可信的，应当加以拒绝。这两种结果，是可以根据常识分辨的，它们或者接受假想，或者拒绝假想。但是在许多情况下，一些不确定因素是很模糊的。如该例中，若计算结果的平均效率是 83％ 或 85％、98％，它们很接近于 92％，是否就因此而证明管理人员的假设是正确的呢？这时，无论是拒绝还是接受，都没有十分的把握。在这种情况下，不应该只凭印象、感觉去不负责地拒绝或接受。在后面的学习中，我们将介绍一些具体的检验假设的方法，以便提供拒绝或接受的依据。

第二节　假设检验的基本原理

假设可以简单地定义为对于一个或多个总体的某种陈述。例如广告部门的负责人可以假设报纸上某一类广告比其他类型的广告吸引较大比例的读者。一个销售人员可以假设开辟一个新市场比原市场能获得更大的利润。一个市场分析人员可以假设某地区家庭的平均收入为某一特定值 μ_0。某个公司的总经理可以假设该公司雇员有至少 50％安心在本公司工作。等等。

假设检验一般由下面七个步骤来完成：（1）陈述假设；（2）识别检验统计量及其分布情况；（3）选择显著水平；（4）陈述决策的规则；（5）收集数据并计算其结果；（6）作出统计决策；（7）作出经营或管理决策。

当然，上述程序不是绝对的，有时可以合并或跨越。这里只提出思维的线索，具体情况还要作具体分析，同时也是为了理解问题的方便。

一、陈述假设

我们在作假设检验的时候，在抽取样本之前，必须先规定一个总体参数的假设值，然后，抽取样本检验其假设正确与否，未检验前的假设称为拟定假设或"零假设"，记为 H_0。

假定需要检验一下总体平均数为 500 的这个假设，用符号表示如下：

$H_0 : \mu = 500$

这一表达式读做："零假设"是总体平均数等于 500。何谓"零"假设？"零"一词源于早期统计学的农业和医药方面的应用，为了检验一种新化肥或新药材的效力。

在假设检验中，通常用 μ_0 表示总体平均数的假设值。

假如样本不能证明"零假设"成立，则必定会做出其他某些论点成立的结论。拒绝"零假设"时所接受的结论叫做"备择假设"。"备择假设"用 H_1 表示。假如"零假设"是：

$H_0 : \mu = 300$

那么，可以考虑三种"备择假设"：

H_1：$\mu \neq 300$ （备择假设是总体平均数不等于 300）

H_1：$\mu < 300$ （备择假设是总体平均数小于 300）

H_1：$\mu > 300$ （备择假设是总体平均数大于 300）

二、显著水平及其选择

假设检验的目的在于判断样本统计量和假设的总体参数的差异。在提出"无效假设"和"备择假设"之后，我们来研究一下用什么标准去断定接受或拒绝"无效假设"。即两个结论：（1）否定 H_0；（2）肯定 H_0。但是，一个未被否定的假设可能是真实的，也可能是不真实的。同样，一个被否定了的假设也可能是真实的，或是不真实的。由此，我们发现，在检验一个假设时会出现四种可能的结果：（1）否定不真实的 H_0；（2）否定真实的 H_0；（3）肯定不真实的 H_0；（4）肯定真实的 H_0；在这里，（1）和（4）是我们希望的结果；（2）和（3）是我们所不希望的结果。

那么，什么是显著水平呢？显著水平就是检验标准。我们常说："在 5% 的显著水平下检验一个假设"。它的意思是指，假定假设的总体参数是正确的，那么样本统计量同假设的总体参数差异最大者，每 100 个样本中不应超过 5 个。如果假设是正确的、真实的，那么显著水平就表示在某个界限以外样本平均数所占的百分比。这里要强调指出显著水平和区间估计中的置信度，显然是不同的。与显著水平相反，置信度是指落入指定的置信限以内的样本平均数所占的百分比，这在上一章已经讲得很多了。

下面我们用图 8—1 来说明 5% 的显著水平的形象意义。

从图 8—1 可以看出，两部分 2.5% 的面积位于左右两个尾端。从 Z 值表可以找到，曲线下 95% 的面积，包括在假设的平均数 μ_0 两侧 $1.96\sigma_x$ 区间之内。这说明在 95% 的区域中样本统计量与假设的总体参数的差异是不显著的，而在 5% 的区域中（指图 8—1 中两部分阴影区），则差异就是显著的。

现在我们用图 8—2 来表示同一个例子的另一个表达方式。图 8—2 中，曲线下 95% 的面积是接受"零假设"的区域。曲线下两块阴影区，即全面积的 5%，是拒绝"零假设"的区域。

这里应当注意，即使是样本统计量在图 8—2 中落入无阴影区（即落入 95% 的面积内）。也并不能说明"零假设"是真的或正确的。因为假设必然被接受的唯一条件是，知道了总体参数真实值与假设完全相等，但这一条件是不可能实现的。所以说，不论在什么情况下，所谓接受"零假设"只是说明没有充分的统计数据来拒绝它。

那么怎样选择显著水平呢？

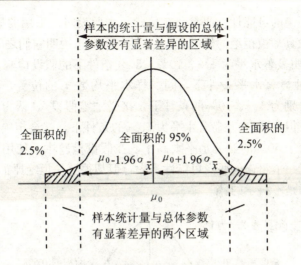

图 8-1 在 5% 的显著水平下，显著差异
和无显著差异的范围

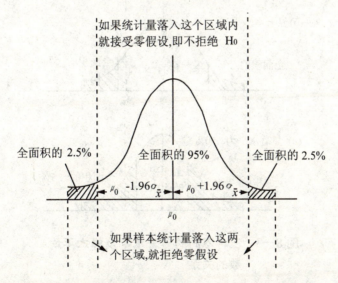

图 8-2 表示在 5% 显著水平下的接受区和拒绝区

可以说，没有唯一标准的显著水平可以适应所有的假设检验。在一些情况下，常使用显著水平 5%。但是也在许多场合使用显著水平 1%。事实上，无论在什么条件下，使用任何一个显著水平检验某一假设，都是可能的。

但是，必须清楚这一点：即使是选择可接受概率的最小标准，也仍然存在着假设为真却被拒绝的可能性。通常，在检验一个假设时，采用的显著水平愈高，则"零假设"为真却被拒绝的概率愈大。以图 8-3 来说明它们之间的关系。

图 8-3 说明显著水平为 1％、10％、50％条件下的假设检验。同时图 8-3 还描绘了在三种显著水平条件下，同一样本平均数 $\bar{x}$ 的位置。在图（a）、图（b）显著水平分别为 1％、10％的条件下，接受"零假设"，认为总体平均数近似等于假设值。但在图（c）显著水平为 50％的条件下，就会拒绝上述同一个假设。显然这是由于 50％的显著水平太高了。在假设检验中，使用如此高的显著水平，虽然接受一个错误的假设可能性不大，但却很容易拒绝掉正确的假设，这种决策原则同样是不科学的。

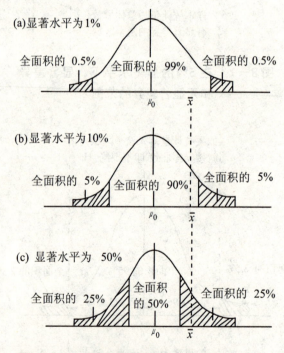

图 8-3 三种不同的显著水平及样本平均
数的关系

三、假设检验中的Ⅰ、Ⅱ型误差

前面讲过，在假设检验中，我们首先是假定一个"零假设" H_0 为真，而假设检验的最终目的，不外乎是不否定 H_0，或者是拒绝 H_0。然后取出一个样本，并将样本的计算结果和我们所期望的"零假设"为真的结果加以对比，最后进行商务统计决策，"零假设"将被接受或拒绝。这里，关键在于观察样本平均数与"零假设"为真时的情况是否有显著差异。从前面的抽样分布学习中，我们很清楚，样本平均数与总体平均数不可能恰好相等。不等是必然的，相等是偶然的。样本平均数与总体平均数之间的这种差异，完全可能导致一个错误的决策。就是说当 H_0 为真时，我们都拒绝了 H_0；而当 H_0 为假时，我们却没有否定 H_0。在统计学理论上，给上述的两类错误以特定的含义和符号。当"零假设" H_0 为真而被拒绝时，叫做第一类错误或 I 型错误，犯 I 型错误的概率用符号 α 表示；当"零假设" H_0 为假而没有被否定时，叫做第二类错误或 II 型错误，犯 II 型错误的概率用符号 β 表示。

在假设检验过程中，I 型与 II 型错误是可以相互替代的。当愿意增加发生 I 型错误的概率时，II 型错误发生的概率就会减少。换句话说，要想减少 II 型错误发生的概率，就只能增加 I 型错误发生的概率。从图 8-3 （c）可以发现，接受区很小，只有曲线下全面积的 50%。面对如此小的接受区域，显然很难接受到错误的 H_0，然而，为了确保这一点，也常常会拒绝了正确的 H_0。可见，α 和 β 之间存在着一种替代关系。α 和 β 之间的这种替代关系，在管理及决策实践中显得十分重要。在一个具体问题中，是提高 α 来降低 β，还是提高 β 来降低 α，往往涉及费用、决策以及经营是否能顺利进行等问题。所以，在假设检验时，采用适当的显著水平就成为一个重要的环节。

在实际运用假设检验时，如在医药领域，若出现 I 型错误（即拒绝正确的 H_0），就会造成原本可以接受的某批化学药品，进行返工或退货；若出现 II 型错误（即不否定错误的 H_0），则有可能导致这批药品的全部用户不同程度的中毒，甚至死亡。显然，作为生产这批药的厂家，或经营者，宁可犯 I 型错误，而不愿意犯 II 型错误，除非该生产者或经营者完全没有公德心。因此，在这类假设检验中，人们往往采用降低 β 值的办法来提高 α 的显著水平。

与上例相反，对于一个电冰箱厂来说，如果发生 I 型错误，会导致全厂所生产的电冰箱重新打装，重新进行各道工序的质量检查。而如果发生 II 型错误，只会相对增加保修费，这比起犯 I 型错误，会大大节省人力和费用。作为该厂的经理，权衡利弊，显然宁愿犯 II 型错误，而减少犯 I 型错误的可能。

四、确定概率分布

在选择了适当的显著水平之后，接下来的问题是确定一个恰当的概率分布。一般说来，在假设检验时，可供选择的分布有两个，一是可以利用 Z 值表的正态分布，另一个是 t 分布及 t 分布表。至于在进行平均值假设检验时在什么情况下选用正态分布，什么情况下采用 t 分布，这里仅借用表 8-1 做个简单的介绍。

除此以外，在后面还将研究适用于检验比例假设的分布。

表 8-1   在平均数的假设检验中，如何选择 Z 分布与 t 分布

	当总体标准差已知时	当总体标准差未知时
当样本容量 $n>30$ 时	正态分布，Z 值表	正态分布，Z 值表
当样本容量 $n\leqslant30$ 时（假定总体服从正态分布或接近正态分布）	正态分布，Z 值表	t 分布，t 值表

注意，同前面所讲的区间估计一样，在平均数假设检验时还应遵循一条原则，即当总体容量有限，采用回置抽样，而样本大于总体的 5% 时，应使用"有限总体修正系数"进行调整。

五、关于假设的双边检验和单边检验的问题

在检验假设总体平均数时，有两种方法，一种是双边检验，一种是单边检验。

（一）双边假设检验

双边检验指的是，假如样本平均数大于或小于假设的总体平均数的幅度很显著时，则均拒绝零假设。在双边假设检验中，有两个拒绝区，这是它的特点，见图 8-4。

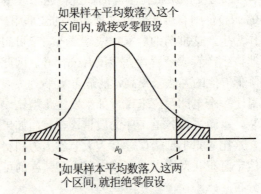

如果样本平均数落入这个
区间内，就接受零假设

μ_0

如果样本平均数落入这两
个区间，就拒绝零假设

图 8-4   有两个拒绝区的双边假设检验

那么，在什么条件下使用双边检验呢？当零假设 $\mu=\mu_0$（其中 μ_0 是某个指定的值），而对立假设为 $\mu\neq\mu_0$ 时。例如某个灯具厂的生产经理希望能生产出平

均寿命为 $\mu = \mu_0 = 1\,200$ 小时的日光灯，在市场上，如果寿命小于 $1\,200$ 小时，就会降低竞争能力，而要在 $1\,200$ 小时的基础上再提高产品寿命，则必须增加单位成本，提高费用。为了既不提高成本，又能保证灯具寿命，就要严格控制生产工艺过程，使其正常生产。生产经理从产品中随机抽取了一个样本，用来检验假设 H_0：$\mu = 1\,200$。由于生产经理希望大于或小于 $1\,200$ 小时的任何一边情况，都尽量减少，因此，这里的对立假设 H_1 为 $\mu \neq 1\,200$ 为宜。这时只能选择双边检验方法。也就是说，无论样本中日光灯的平均寿命大于 $1\,200$ 小时的多，还是小于 $1\,200$ 小时的多，都将拒绝零假设。

（二）单边假设检验

单边假设检验，有时也称单边假设，它是在某些不适合使用双边检验的情况下，所采用的一种检验方法。仍以上面的灯具寿命问题为例，现某单位从如上厂家购买了一批灯具，该单位的购买者，当然不会接受大量平均寿命低于 $1\,200$ 小时的日光灯。为此，每当一批货到达时，就要抽取一个样本进行检验，该购买者的想法如下：如果平均寿命在 $1\,200$ 小时以下，就决定拒绝这批货；如果平均寿命在 $1\,200$ 小时以上，就接受这批货，因为灯具寿命的增加只会给本单位节省费用。所以，该单位做了如下假设：零假设为 H_0：$\mu \geq 1\,200$ 小时，对立假设（备择假设）为 H_1：$\mu < 1\,200$ 小时。只是当所抽取的样本平均寿命小于 $1\,200$ 小时很多时，它才拒绝 H_0。我们和图 $8-5$ 来说明这一假设检验。

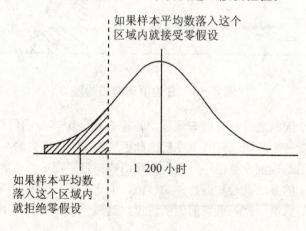

图 $8-5$　左边单侧假设检验

通常情况下，如果假设是无效假设 H_0：$\mu \geq \mu_0$，而对立假设 H_1：$\mu < \mu_0$，就使用左侧检验。在这种条件下，能拒绝零假设，而接受对立假设的唯一原因是：

样本平均值明显地小于总体假设的平均值。这时拒绝区在样本平均数分布的低值左边一端，因此这种检验也叫做左边单侧检验。

同样，在单尾假设中既然有左边单侧检验，相应的就必定也有个右边单侧检验。即当零假设为 $H_0 : \mu \leqslant \mu_0$，而对立假设 $H_1 : \mu > \mu_0$ 时，便采用右边单侧检验。这时，如果样本平均数明显地超过假设的总体参数，就要拒绝零假设而承认对立假设，这种检验方法，我们就称之为右边单侧检验。

例如，某公司推销科经理，为了节约开支，作了一些规定，其中一条希望业务员每天平均费用不超过 70 元。规定实行三个月之后，得到一个每天费用的样本，从而考察一下费用水平是否超出了规定。这时零假设为 $H_0 : \mu \leqslant 70$ 元，这里推销经理最关心的问题是费用是否超支，所以对立假设为 $H_1 : \mu > 70$ 元。可见这是一个右边单侧假设检验问题。因为在上述条件下，只有当样本平均数显著地超过 70 元时，零假设才可能被拒绝。当然，若干均数小于 70 元就更好，它意味着节约了更多的费用。这个问题我们用图 8—6 加以描绘。

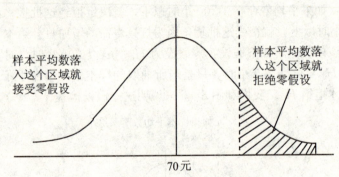

图 8—6　右边单侧假设检验

在结束这个问题之前，我们应该强调一下，在一个实际的假设检验问题中，我们所说的接受一个零假设，并不能就因此而证明 H_0 是正确的，它只能说明在现有信息资料的基础上没有拒绝零假设的理由或根据。那么什么能证明零假设是否正确呢？唯一的方法就是知道总体参数值，但这是不可能的，因为总体参数正是我们要推断的数值，这一点在前面已讲过，这里只是再强调一下。

第三节　总体平均值的假设检验Ⅰ（总体标准差已知时）

前面第一、第二节讲了假设检验的基本原理和基本方法，第三、四两节我们将用具体实例来说明其在不同条件下，不同总体参数的假设检验问题。

一、平均值的双边假设检验

举个实例来说明平均值的双边检验。

某沿海城市电视台，它的插播广告观众是平均年龄为 65 岁的老年人。该电视台经理关心其电视节目是否为目标观众所接受。为了解决这个问题，电视台聘请一家擅长调查观众特性的信息公司，请它帮助研究一下观众的年龄。假如观众调查结果表明该电视台并没有吸引它所预期的观众，则电视节目及广告将会改变。

假设检验结果，可以用来判断该电视台的观众是否为平均年龄 65 岁。那么假设与其相对应的结论和抉择如下：

假　　设	结论与抉择
$H_0：\mu=65$	该电视台吸引目标观众：故不必改变节目
$H_1：\mu\neq65$	该电视台未吸引目标观众：故考虑改变节目或其他修正的措施

假定现在已知一组含有 400 位观众年龄的样本，并且假设从类似观众形态的研究中得知，总体标准差为 $\sigma=8$ 岁。在解决问题之前，我们先要给这一检验规定一个可容许的最大型Ⅰ误差的概率，$\alpha=0.05$ 作为显著水平。这就是说，我们愿意在零假设 H_0 为真时，留下 0.05 的概率去拒绝它。或者说，我们容许有 0.05 的概率去拒绝它；或者说，我们容许有 0.05 的概率作出电视台未吸引其目标观众的结论，虽然实际上它已经吸引了这群观众。

在指定了显著水平之后，我们来作一般的（暂时的）假设，假定零假设为真，并考虑与其相对应的 $\bar{x}$ 抽样分布。这一分布见图 8−7。注意，这里平均数的标准差是可计算的，即平均误差是已知的：

$$\sigma_x=\frac{\sigma}{\sqrt{n}}$$

$$= \frac{8}{\sqrt{400}}$$

$$= 0.4$$

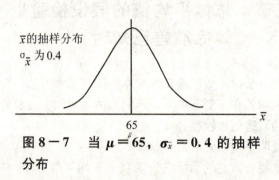

$\bar{x}$ 的抽样分布
$\sigma_{\bar{x}}$ 为 0.4

65

$\bar{x}$

图 8—7　当 $\mu = 65$，$\sigma_{\bar{x}} = 0.4$ 的抽样
分布

在陈述了假设，指定了显著水平之后，第三步我们要做的是建立一个决策法则，用来决定是否不否定零假设 H_0。当样本平均数 $\bar{x}$ 明显地大于 65 时（即观众年龄比预期的大），或是当 $\bar{x}$ 明显地小于 65 时（即观众年龄比预期的小），电视台将会拒绝 $\mu = 65$ 的零假设。所以这一假设检验应有这样一个决策法则：

假如 $C_1 \leqslant \bar{x} \leqslant C_2$，则不否定 H_0。

假如 $\bar{x} < C_1$ 或 $\bar{x} > C_2$，则拒绝 H_0。

这里的 C_1 和 C_2 是该检验的临界值。

其中 $C_1 = \mu_0 - Z_{\frac{\alpha}{2}} \sigma_{\bar{x}}$

$\qquad C_2 = \mu_0 + Z_{\frac{\alpha}{2}} \sigma_{\bar{x}}$

显然，电视台该项收视率是一个双边假设检验的问题。这就是说，如果样本平均数落在抽样分配的右尾端或左尾端，无效假设 H_0 都将被拒绝。接下来要研究一下 $\bar{x}$ 抽样分配的双尾端情况，因前面令 $\alpha = 0.05$，为了寻找出 C_1 和 C_2 的临界值，我们将分配各 0.025 的面积在抽样分布的两尾端。见图 8—8。

图 8—8 说明，显著水平 $\alpha = 0.05$ 相当于两尾端阴影区，每块包括曲线下面积的 $\frac{\alpha}{2} = 0.025$，全面积的 0.95 为接受 H_0 区域。它包括平均数的两侧各为 0.475 的区域。查 Z 值表，与曲线下 0.475 的面积相对应的 Z 值为 1.96。据如上资料可计算出接受区域的两个临界限：

下限 $C_1 = \mu_0 - 1.96\sigma_{\bar{x}} = 65 - 1.96 \times 0.4 = 64.22$（岁）

上限 $C_2 = \mu_0 + 1.96\sigma_{\bar{x}} = 65 + 1.96 \times 0.4 = 65.784$（岁）

在本例子中，犯 I 型误差的概率在零假设 H_0 为真的条件下是 0.05 的决策法则如下：

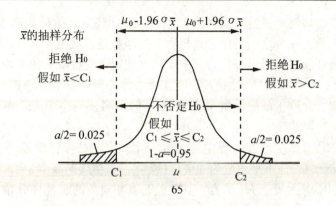

图 8-8 该电视台某项收视率 x 抽样分布，显示临界值是由 0.05 概率的 I 型误差而决定的

电视台该项收视情况的决策法则：

假如 $64.22 \leqslant \bar{x} \leqslant 65.78$，不否定零假设 H_0。

假如 $\bar{x} < 64.22$ 或 $\bar{x} > 65.78$，则拒绝零假设 H_0。

一旦检验的决策法则确定了，将样本观察值和临界值作比较，得出结论就相当容易了。在本例中如假定观众样本所给定的平均年龄是 65.5 岁，则我们就应不否定 H_0（见图 8-9）。不必作节目修改。

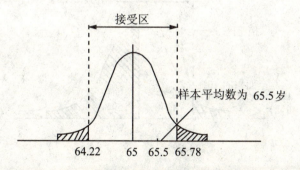

图 8-9 在电视台例子中，在 0.05 显著水平下双边检验与样本平均数

二、平均值的单边假设检验

举例说明平均值的单边假设检验。

某口岸商检局对一批进口罐头进行检验，合同规定这批罐头净重为 425 克。显然，商检人员的任务之一是检查这批罐头的净重是否低于 425 克，以便保证国内消费者的合法权益不受侵害。合同上也同时规定，这批罐头的平均净重总体标准差为 ±5 克。工作人员随机抽检了 64 盒罐头，并得知其平均净重为 424.7 克，如果这一结果在允许 I 型误差概率为 $\alpha=0.1$ 时，明显地小于 425 克，有关进出口公司将退回这批罐头。

目前已知：总体平均数的规定值为 $\mu_0=425$ 克；总体标准差为 $\sigma=\pm 5$ 克；样本容量为 $n=64$；样本平均数为 $\bar{x}=424.7$ 克，I 型误差概率 $\alpha=0.10$。

现在我们来考虑假定 H_0 为真，并描绘与其相对应的 $\bar{x}$ 抽样分布。根据总体标准差和公式 $\sigma_{\bar{x}}=\dfrac{\sigma}{\sqrt{n}}$ 计算出平均值的抽样平均误差，由于总体容量已足够大，可以作为无限总体和正态分布计算：

$$\sigma_{\bar{x}}=\frac{\sigma}{\sqrt{n}}=\frac{5}{\sqrt{64}}=0.625 \text{（克）}$$

事实上，该进口商所希望知道的是，这批罐头的真实净重是否小于 425 克，因此，只有确认这批罐头的净重大于某个净重时，才能接受它。可见这是个单边左侧检验问题，见图 8—10。

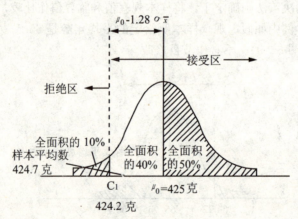

图 8—10　左单边假设检验，显著水平为 0.10

图 8—10 中，与显著水平 0.10 相应的阴影区只有一个，而接受区为分布左侧的 40％加上分布右侧的 50％，总面积为 90％，查 Z 值表，与曲线下 40％的面积相对应的 Z 值为 1.28，由此可求出接受区的下限值 C_1：

下限 $C_1 = \mu_0 - 1.28\sigma_{\bar{x}} = 425 - 1.28 \times 0.625 = 424.2$（克）

424.2 克＜424.7 克

可见 $C_1 < \bar{x}$

显然此时 $\bar{x} = 424.7$ 克的样本平均数落入接受区域内，应不否定假设 H_0，据此，进口商可接受这批罐头。

第四节　总体平均值的假设检验 II（总体标准差未知时）

在实际计算中，经常需要在总体标准差不知道的条件下对总体平均值做假设检验。在前面学习区间估计时，已经知道，当总体标准差未知，而只能根据样本标准差作出估计时，最重要的问题是大样本与小样本之间的容量的差别。同时，我们也知道，当样本容量 n 不超过 30，而总体标准差 σ 未知时，就使用 $n-1$ 个自由度 t 分布进估计。

应当指出，除检验统计量的选择外，这里所讨论的检验方法在其他方面均同前面所介绍的假设方法相同。

一、用 t 分布作平均值的双边假设检验

现举一实例，某特区有一新成立的公司，该公司经理请有关部门的专职人员协助招考一批雇员。考试过后，经理询问主考人员，情况如何？主考人员说："很好，综合成绩平均可达 90 分。"随后，经理从考卷中抽出 20 份进行复查，结果发现平均成绩并不是 90 分，而是 84 分，且标准差为 11 分。综合有关信息与数据如下：

（1）总体平均值的假设值：　　　$\mu_0 = 90$（分）

（2）样本容量：　　　　　　　　$n = 20$（份）

（3）样本平均数：　　　　　　　$\bar{x} = 84$（分）

（4）样本标准差：　　　　　　　$S = 11$（分）

现在该公司经理准备在 0.10 显著水平下，来检验一下主考人员所作出的推测。具体步骤如下：

用下面方式陈述假设：

$H_0: \mu = 90$——零假设：若总体平均分是 90 分，零假设为真，则不否定主考人员推测。

H_1：$\mu\neq90$——对立假设：若总体平均分不是 90 分，则拒绝主考人员推测。

$\alpha=0.10$——此检验假设限定的显著水平。

这里因为不知道总体标准差 σ，只能用过去给定的公式，根据样本标准差估计总体标准差：

$\hat{\sigma}=S=11$（分）

由此可以计算出抽样平均数的平均误差。用前面所学公式得：

$$\hat{\sigma}_{\bar{x}}=\frac{\hat{\sigma}}{\sqrt{n}}=\frac{11}{\sqrt{20}}=2.46 \text{（分）}$$

在这一例子中，由于经理关心的是真实平均数比假设的平均数是大或小，显然这是个双边检验问题。见图 8—11。

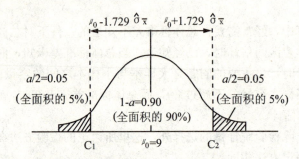

图 8—11 在显著水平 $\alpha=0.10$ 下，就用 t 分布所做的双边假设检验

图 8—11 中两块阴影的面积，每一块包括 t 分布总面积的 0.05（$\frac{\alpha}{2}=0.05$）。

由于样本容量是 20，因此相应的自由度是 $n-1=20-1=19$，查 t 分布表，知 t 值为 1.729，根据上述信息资料，可计算出接受区的两个临界值：

上限 $C_2=\mu_{H_0}+1.729\hat{\sigma}_{\bar{x}}=90+1.729\times2.46=94.25$（分）

下限 $C_1=\mu_{H_0}-1.729\hat{\sigma}_{\bar{x}}=90-1.729\times2.46=85.75$（分）

在本例中，犯 Ⅰ 型错误的概率在 H_0 为真的假设下为 $\alpha=0.10$，它的决策如下：

（1）假如 $87.75\leqslant\bar{x}\leqslant94.25$，则不否定 H_0。

（2）假如 $\bar{x}<85.75$ 或 $\bar{x}>94.25$，则拒绝 H_0。

注意，本例中，该公司经理已计算出样本平均数为 84 分。很明显它落在了接受区以外，见图 8—12。

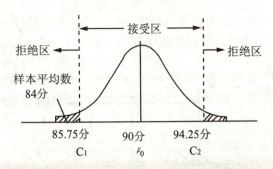

图 8—12　接受区和样本平均数的位置关系

因此，该公司经理拒绝了这个零假设，并得出结论：参加考试的雇员的平均分数并不是 90 分。

二、用 t 分布做平均数的单边假设检验

在 t 分布做平均数的单边假设检验，其方法与用正态分布做单边检验的方法原则上是一样的，应注意的是，由于 t 分布表中每栏表头表示两尾端面积之和，因此，若把 t 分布用于单边检验时，只需计算位于一个尾端的面积。例如，如果要查找与 0.05 显著水平和 12 个自由度相适应的单边检验的 t 值，必须查找附表 t 值表中 0.10（$2\alpha=2\times0.05$）那一栏下位于第 12 个自由度的数值，得到 1.782。因为 0.10 这一栏表示的曲线下面积的 0.10，它的含义是包括了两个尾端面积之和，其中每个尾端只包括全部面积的 0.05。

三、关于 P 值的使用

P 值是一个与统计假设检验相联系的概率。P 值的作用在于，在给定的样本结果条件下，用来判别不否定或拒绝 H_0 的最小 α 值，这一法则如下：

假如 $P\geqslant\alpha$，则不否定 H_0。

假如 P 值 $<\alpha$，则拒绝 H_0。

下面我们用前面罐头净重检验问题，来说明如何计算单边检验的 P 值。具体地说，是我们准备计算对应着样本结果 $\bar{x}=424.7$ 克的 P 值。图 8—13 描绘出在虚无假设 $\mu_0=425$ 克为真时，其 $\bar{x}$ 的抽样分配与 $\bar{x}=424.7$ 克的位置。P 值的给定是来自抽样分布 $\bar{x}=424.7$ 以下的面积，P 值的计算如下：

$$Z=\frac{\bar{x}-\mu_0}{\sigma_{\bar{x}}}=\frac{424.7-425}{0.625}=-0.48$$

查标准正态分布表（Z 值表）与 0.48 对应的值是 0.1844，它表示的是平均数与 Z 值为 0.48 那一点之间的面积在曲线下全面积中所占的比例。则抽样分布左端的面积必定为 $0.5000-0.1844=0.3156$，因此我们有 0.3156 的 P 值对应着

$\bar{x}=424.7$ 的样本结果。因为显著水平的 $\alpha=0.10$，而 P 值比 α 值大，所以应接受零假设。在这里，P 值的使用是达到假设检验的另一种方法。见图 8-13。

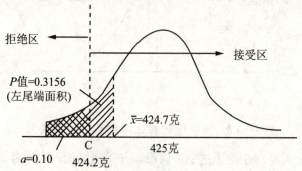

图 8-13 表示样本结果为 $x=424.7$ 克假设检验的 P 值

此外，使用 P 值法的优点还在于它能提供离拒绝决策有多近的概率咨询。假如在一个特定的检验其显著水平是 0.05，而其 P 值是 0.0001，这就说明样本结果落在抽样分布尾端的极值，这样的 P 值是拒绝 H_0 的明显信号。但是，当 P 值是 0.0495 时，它是非常接近 $\alpha=0.05$ 的，这说明我们是很勉强地去拒绝这个 H_0。

目前用在统计分析的电脑软件中，常常会绘出对应着样本统计量的 P 值，借此比较 P 值与所选定的显著水平，我们就可以决定是否接受或拒绝 H_0。前面所讲的利用样本统计量和标准检验统计量所做的假设检验，都需要额外的计算与查出表中的临界值，相比之下，在做假设检验时，用 P 值法，就比较容易些。

最后，P 值法的另一个优点在于，研究人员可以只记录 P 值与其相关的样本结果。使用研究结果的人，可以选择适当的显著水平，借此来比较选定的 α 与记录的 P 值，可以很容易地获得接受或拒绝的决策。因此，在同一样本结果的特定假设下，一个使用者可以选择拒绝无效假设 H_0，而另一个使用者也许不否定无效假设 H_0，因为他们分别选择了不同的显著水平。

本章小结

通过对假设检验的基本原理的介绍，使读者了解假设检验在推断统计中的地位，并了解假设检验的概念和类型；通过对假设检验过程中涉及的基本概念：包括原假设、备择假设、两类错误、显著性水平、P 值的分析，使读者进一步了解假设检验与参数估计的关系，理解推断统计的思想；通过在不同的总体及样本条件下（总体方差已知或未知、大样本或小样本），对一个总体参数的假设检验（均值的检验、比例的检验）的分析和介绍，使读者掌握假设检验的基本方法和步骤，并从中理解利用 p 值进行假设检验方法和思路。本章的重点是总体均值的各种检验方法以及对两类错误的认识。

本章重点名词

零假设 备择假设 显著水平 α 误差 β 误差 拒绝区间 双边检验 单边检验 临界值 P 值检验法

本章思考题与习题

1. 什么是假设检验？其具体的步骤有哪几个？

2. 什么是零假设？什么是备择假设？如何表示？

3. 什么是显著水平？如何理解？它与置信度有何不同？

4. 怎样选择显著水平？

5. 举例说明在指定的显著水平下，假设检验的接受区和拒绝区分别指什么？

6. 假设检验可能出现的结果有哪几种？Ⅰ型误差和Ⅱ型误差是指什么？α 和 β 有什么关系？

7. 在平均数的假设检验中，如何选择 Z 分布和 t 分布？

8. 什么是单边假设检验？什么是左侧检验？什么是右侧检验？各在什么条件下使用？

9. 什么是双边假设检验？在什么条件下使用？

10. 在总体标准差已知和未知的条件下，分别采用什么分布，如何进行平均数的假设检验？

11. P 值是指什么？如何利用它进行假设检验？P 值法有哪些优点？

12. 某厂家生产工人平均年龄总体服从正态分布，其总体平均年龄为 28 岁，标准差为 10 岁。现抽取一个容量为 400 的样本，发现其平均年龄为 30.5 岁，试用 0.05 的显著水平确定样本平均年龄是否明显的大于总体的平均年龄。

13. 医药保健公司进口一批药物，每包 100CC，该药品特点是多服无害，服少达不到效果。合同规定标准差为 2CC。药检人员随机抽取 50 包检验平均为 99CC。若允许Ⅰ型误差概率 $\alpha=0.1$，是否接受这批药物？

第九章　来自两个总体样本的统计推断

本章学习目标

　　本章学习目标有四个：①了解两个总体条件下统计推断的基本思想和原理；②掌握两个总体平均数之差的估计和检验；③掌握两个总体平均数之差匹配样本条件下的估计和检验；④了解两个总体比率之差的估计和检验。

第一节　两个总体平均数之差的估计

一、什么是来自两个总体平均数之差的估计

　　在前面的第七章和第八章中，介绍了关于单一总体的平均数及比率如何进行区间估计和假设检验。本章将继续介绍统计推断的另一类问题：即来自两个总体的平均数或比率之差的区间估计与假设检验。

　　假定某零售集团公司有两个连锁超市：一个位于市中心闹市区，另一个位于市郊的居民小区。销售经理发现，在其中一个超市畅销的 W 商品在另一超市却可能滞销。销售经理认为出现这种情况的原因，主要在于这两个地区的消费者群体的自身差异。例如包括消费者群体的可支配收入差异、受教育程度差异、年龄差异以及工作性质等方面的差异。因此，销售经理想估计一下两个超市的消费者群体的平均可支配收入差异有多大。

　　设总体 A：为位于市郊居民小区的消费者群体；

　　设总体 B：为位于市中心闹市区的消费者群体。

　　μ_A＝总体 A 的平均数（指市郊居民小区消费者群体的人均可支配收入）

　　μ_B＝总体 B 的平均数（指市中心闹市区消费者群体的人均可支配收入）

　　于是，这两个不同总体的平均数之差可以表示为：$\mu_A - \mu_B$。

　　为了估计这两个不同总体的平均数之差 $\mu_A - \mu_B$，现在从总体 A 中抽取一个

简单随机样本 n_1，从总体 B 中抽取另一个简单随机样本 n_2。由于这两个简单随机样本都是独立抽取的，因此我们称其为"独立简单随机样本"，简称"独立样本"。由两个独立样本分别计算出两个样本平均数为：

$\bar{x}_1$：n_1 名市郊居民小区消费者群体的人均可支配收入

$\bar{x}_2$：n_2 名市市中心市区消费者群体的人均可支配收入

因为 $\bar{x}_1$ 是 μ_A 的点估计值，$\bar{x}_2$ 是 μ_B 的点估计值，因此，两个总体平均数之差的点估计值表示为：

$$\bar{x}_1 - \bar{x}_2 \tag{9.1}$$

可以看出，两个总体平均数之差的点估计值，实际上就是两个独立简单随机样本的样本平均数之差。

假定根据上述两个独立随机样本计算的有关数据如下表：

连锁超市	随机样本个数	人均可支配收入	样本标准差
市郊居民小区 A	64	$\bar{x}_1 = 2100$ 元	$S_1 = 950$ 元
市中心闹市区 B	81	$\bar{x}_2 = 1800$ 元	$S_2 = 780$ 元

将上述数据代入公式（9.1），求得两个总体平均可支配收入之差的一个点估计值为：

$\bar{x}_1 - \bar{x}_2 = 2100 - 1800 = 300$（元）

这一计算结果表明：市郊居民小区消费者群体的人均可支配收入比市中心闹市区消费者群体的人均可支配收入要高出 300 元。

二、两个总体的平均数之差的区间估计

（一）$\bar{x}_1 - \bar{x}_2$ 抽样分布的性质与区间估计

在上例中，两个总体平均可支配收入之差为 300 元吗？显然不能确定。因为两个样本都是随机的，正如所有的点估计值一样，300 元之差也只是两个总体平均可支配收入之差的很多可能的点估计值中的其中之一。假如选择了另外一个由 64 位市中心闹市区消费者，和另外一个由 81 位市郊居民小区消费者构成的两个随机样本，这两个样本平均数之差就完全有可能不等于 300 元。由此可见，$\bar{x}_1 - \bar{x}_2$ 的抽样分布，其实就是两个样本所有可能的样本平均数之差的一个概率分布。

第七章中曾对单一总体的平均数 μ 进行了区间估计，其理论基础是样本平均数抽样分布原理。现在我们则可以利用 $\bar{x}_1 - \bar{x}_2$ 的抽样分布原理，对两个总体平均数之差做一个区间估计。数量统计理论证明，当两个总体均为正态分布时，$\bar{x}_1 - \bar{x}_2$ 也服从正态分布，即使两个总体不是正态分布，只要被抽出的两个随机样

本互相独立，并且样本容量足够大（$n \geqslant 30$），根据中心极限定理，样本平均数之差 $\bar{x}_1 - \bar{x}_2$ 的抽样分布同样逼近正态分布，$\bar{x}_1 - \bar{x}_2$ 的抽样分布具有如下性质：

抽样分布的期望值：$E(\bar{x}_1 - \bar{x}_2) = \mu_1 - \mu_2$ （9.2）

抽样分布的标准差：$\sigma_{\bar{x}_1 - \bar{x}_2} = \sqrt{\dfrac{\sigma_1^2}{n_1} + \dfrac{\sigma_2^2}{n_2}}$ （9.3）

式中：μ_1——总体 1 的平均数；

μ_2——总体 2 的平均数；

σ_1——总体 1 的标准差；

σ_2——总体 2 的标准差；

n_1——来自总体 1 的简单随机样本的样本容量；

n_2——来自总体 2 的简单随机样本的样本容量。

$\mu_1 - \mu_2$：指两个总体平均数之差。

（二）大样本且 σ_1 和 σ_2 已知条件下 $\mu_1 - \mu_2$ 的区间估计

在大样本（$n_1 \geqslant 30$，$n_2 \geqslant 30$）条件下，并且 σ_1 和 σ_2 已知时，两个总体平均数之差的区间估计可用如下公式计算（置信度为 $1 - \alpha$）：

$$(\bar{x}_1 - \bar{x}_2) \pm z_{\alpha/2} \sigma_{\bar{x}_1 - \bar{x}_2}$$ （9.4）

或根据公式（9.3）可知两个总体平均数之差的估计区间为：

$$(\bar{x}_1 - \bar{x}_2) \pm z_{\alpha/2} \sqrt{\dfrac{\sigma_1^2}{n_1} + \dfrac{\sigma_2^2}{n_2}}$$

例如，在本章的引例中，假定从以往资料中获知总体 A 的标准差为 520 元，总体 B 的标准差为 430 元，统计数据见下表：

连锁超市	随机样本个数	人均可支配收入	总体标准差
市郊居民小区 A	$n_1 = 64$	$\bar{x}_1 = 2100$ 元	$\sigma_1 = 520$ 元
市中心闹市区 B	$n_2 = 81$	$\bar{x}_2 = 1800$ 元	$\sigma_2 = 430$ 元

依据已知数据，以 95％的置信度建立两个总体平均数之差的估计区间。

解 将表中有关数据代入公式（9.4）

$$(\bar{x}_1 - \bar{x}_2) \pm z_{\alpha/2} \sqrt{\dfrac{\sigma_1^2}{n_1} + \dfrac{\sigma_2^2}{n_2}}$$

$$= (2100 - 1800) \pm 1.96 \times \sqrt{\dfrac{520^2}{64} + \dfrac{430^2}{81}}$$

$$= 300 \pm 1.96 \times 80.67$$

下限 $= 300 - 158.29 = 141.71$（元）

上限＝300＋158.29＝458.11（元）

（因为：$n_1 \geqslant 30$，$n_2 \geqslant 30$，所以，$z＝1.96$）

计算结果表明，有 95％的可信度认为两个总体平均数之差在 141.71（元）到 458.11（元）之间。

（三）大样本且 σ_1 和 σ_2 未知条件下 $\mu_1 - \mu_2$ 的区间估计

中心极限定理证明：无论总体呈现何种分布，只要样本容量足够大，其抽样分布的形态都趋近于正态分布。因此，当 $n_1 \geqslant 30$、$n_2 \geqslant 30$，μ_1 和 μ_2 未知时，可以用样本标准差代替总体标准差作为 $\sigma_{\bar{x}_1 - \bar{x}_2}$ 的估计值。见公式（9.5）

$$S_{\bar{x}_1 - \bar{x}_2} = \sqrt{\frac{S_1^2}{n_1} + \frac{S_2^2}{n_1}} \tag{9.5}$$

两个总体平均数之差的估计区间为：

$$(\bar{x}_1 - \bar{x}_2) \pm z_{a/2} S_{\bar{x}_1 - \bar{x}_2} \tag{9.6}$$

连锁超市	随机样本个数	人均可支配收入	样本标准差
市郊居民小区 A	64	$\bar{x}_1 = 2100$ 元	$S_1 = 950$ 元
市中心闹市区 B	81	$\bar{x}_2 = 1800$ 元	$S_2 = 780$ 元

以前题为例，将上表数据分别代入公式（9.5）和公式（9.6）。

$$(\bar{x}_1 - \bar{x}_2) \pm z_{a/2} \sqrt{\frac{S_1^2}{n_1} + \frac{S_2^2}{n_1}}$$

$$= (2100 - 1800) \pm 1.96 \times \sqrt{\frac{950^2}{64} + \frac{780^2}{81}}$$

$$= 300 \pm 1.96 \times 147$$

下限＝300－288.12＝11.88（元）

上限＝300＋288.12＝588.12（元）

（因为：$n_1 \geqslant 30$，$n_2 \geqslant 30$，所以，$z＝1.96$）

计算结果表明，有 95％的可信度认为两个总体平均数之差在 11.88（元）到 588.12（元）之间。

三、小样本条件下 $\mu_1 - \mu_2$ 的区间估计

前面多次提到过，当 $n < 30$ 时，称为小样本。这里将介绍在 $n_1 < 30$、$n_2 < 30$，或者两个样本当中至少有一个小于 30 的条件下，两个总体平均数之差的估计区间。

两个总体小样本条件下的区间估计，需要做相关的两个假设：

（1）两个总体都服从正态分布。

（2）两个总体方差相等（$\sigma_1^2 = \sigma_2^2$）。

在上面的假设中，$\bar{x}_1 - \bar{x}_2$ 的抽样分布是正态分布（无论样本容量有多大），$\bar{x}_1 - \bar{x}_2$ 的期望值是 $\mu_1 - \mu_2$。由于方差相等的假设，公式（9.3）可修改为：

$$\sigma_{\bar{x}_1 - \bar{x}_2} = \sqrt{\frac{\sigma_1^2}{n_1} + \frac{\sigma_2^2}{n_2}} = \sqrt{\sigma^2 \left(\frac{1}{n_1} + \frac{1}{n_2} \right)} \tag{9.7}$$

如果总体方差 σ^2 已知，可以用公式（9.3）进行两个总体均值之差的区间估计。但是，通常情况下总体方差 σ^2 是未知的，于是必须使用两个样本方差来对总体方差 σ^2 进行估计。由于公式（9.7）的假设前提是两个总体方差相等 $\sigma_1^2 = \sigma_2^2$，因此，这里不必再分别估计 σ_1^2 和 σ_2^2。在实际应用时，我们往往将来自两个总体的两个样本数据加以组合，从而得到 σ^2 的最优估计值 $S_{\bar{x}_1 - \bar{x}_2}^2$。在这里之所以将来自两个总体的两个样本数据合并，是因为单独使用两个样本数据的任何一个都不太合适。σ^2 的合并估计值是两个样本方差的加权平均，也叫共同方差，记做 S^2。共同方差的公式如下：

$$S^2 = \frac{(n_1 - 1) S_1^2 + (n_2 - 1) S_2^2}{n_1 + n_2 - 2} \tag{9.8}$$

使用 σ^2 的合并估计值 S^2，就可以将公式（9.7）$\sigma_{\bar{x}_1 - \bar{x}_2}$ 修改为公式（9.9）：

$$S_{\bar{x}_1 - \bar{x}_2} = \sqrt{S^2 \left(\frac{1}{n_1} + \frac{1}{n_2} \right)} \tag{9.9}$$

依据前面理论，可以用 t 分布来推算两个总体平均数之差的区间估计。由于来自总体 1 的样本对应 $n_1 - 1$ 个自由度，来自总体 2 的样本对应 $n_2 - 1$ 个自由度，因而，此 t 分布对应的自由度为 $n_1 + n_2 - 2$，当自由度为（$n_1 + n_2 - 2$），置信系数为 $1 - \sigma$ 时，两个总体平均数之差的估计区间为：

$$(\bar{x}_1 - \bar{x}_2) \pm t_{\alpha/2} S_{\bar{x}_1 - \bar{x}_2} \tag{9.10}$$

[例1] 某商务信息中心要了解一下本地区民营企业的进出口情况，随机抽取两个独立样本。两个随机样本的相关资料如下表：

行业性质	随机样本个数	平均出口额	样本标准差
服装业	$n_1 = 16$	$\bar{x}_1 = 1350$ 万美元	$S_1 = 95$ 万美元
玩具业	$n_2 = 13$	$\bar{x}_2 = 980$ 万美元	$S_2 = 66$ 万美元

商务信息中心想知道两个不同行业平均出口额之差，在置信度为 90% 时的置信区间是多少。历史资料显示两个行业的总体出口额都服从正态分布，并且方差相等。

解 使用式（9.8）得到总体方差的合并估计值为：

$$S^2 = \frac{(n_1-1) \ S_1{}^2 + \ (n_2-1) \ S_2{}^2}{n_1+n_2-2} = \frac{15 \times 95^2 + 12 \times 66^2}{16+13-2} = 6\ 950$$

将 S^2 带入公式（9.9），$\sigma_{\bar{x}_1-\bar{x}_2}$ 的相应估计值为：

$$S_{\bar{x}_1-\bar{x}_2} = \sqrt{S^2\ (\frac{1}{n_1}+\frac{1}{n_2})} = \sqrt{6950\ (\frac{1}{16}+\frac{1}{13})} = 31.13$$

t 分布之自由度为 $n_1+n_2-2=16+13-2=27$。当 $\alpha=0.10$ 时 $t_{\alpha/2}=t_{0.05}=$ 1.703。由公式（9.10）可知估计区间为：

$$\bar{x}_1-\bar{x}_2 \pm t_{\alpha/2}S_{\bar{x}_1-\bar{x}_2}$$

$$1\ 350-980\pm1.703\times31.13$$

估计区间下限 $=370-53.01=317$（万美元）

估计区间上限 $=370+53.01=423$（万美元）

上述计算结果表明，在 90% 的置信度条件下，两个行业平均出口额之差的区间估计值为 317 万美元～423 万美元之间。

第二节　两个总体平均数之差独立样本的假设检验

一、大样本情形条件下的假设检验

某零售集团公司为评价两个规模相当的商场的经济效益，以商场的月人均销售额为参考指标。分别从两个商场随机抽取两上独立样本，并计算各项数据，进而评估两个商场的经济效益是否存在显著差异。

设：$\mu_1 =$ 商场甲的月人均销售额（万元）

　　$\mu_2 =$ 商场乙的月人均销售额（万元）

分析：假设两个商场的月人均销售额没有显著差异，则零假设就是 $\mu_1-\mu_2$ $=0$。假设样本数据导致拒绝零假设，则可以得出两总体月人均销售额有显著差异的结论，历史资料显示两个商场的月人均销售额总体服从正态分布。由此，零假设和备择假设如下：

$$H_0 : \mu_1-\mu_2=0,\ H_1 : \mu_1-\mu_2\neq0$$

利用样本平均数之差作为总体平均数之差的点估计值，H_0 为真时 $\bar{x}_1-\bar{x}_2$ 的抽样分布趋近于正态分布，可以使用下面的检验统计量进行检验：

$$z = \frac{(\bar{x}_1-\bar{x}_2)-(\mu_1-\mu_2)}{\sqrt{\dfrac{\sigma_1{}^2}{n_1}+\dfrac{\sigma_2{}^2}{n_2}}} \tag{9.11}$$

当 $n_1 \geqslant 30$ 且 $n_2 \geqslant 30$ 时，就可以用 $S_1{}^2$ 和 $S_2{}^2$ 作为 $\sigma_1{}^2$ 及 $\sigma_2{}^2$ 的估计来计算上述检验统计量。

某物业管理公司想知道其新近接管的两个居民小区 S 花园与 K 花园的居民，在目前的居所居住的时间是否存在显著的差异，如果存在显著差异，将来用不同的管理模式进行管理。分别抽取两个随机样本，有关数据如下表：

居民小区	随机样本个数	人均可支配收入	样本标准差
S 花园	$n_1 = 49$	$\bar{x}_1 = 46$ 个月	$S_1 = 25.3$ 个月
K 花园	$n_2 = 64$	$\bar{x}_2 = 58$ 个月	$S_2 = 28.7$ 个月

依照公式（9.11）给出的 z 值，当 $\alpha = 0.05$ 时，做一个双边假设检验 $Z_{\alpha/2} = Z_{0.025} = 1.96$。

解 利用 $S_1{}^2$ 及 $S_2{}^2$ 作为 $\sigma_1{}^2$ 及 $\sigma_2{}^2$ 的估计值，由公式（9.11）求得关于零假设 H_0 的检验统计量 z 为：

$$z = \frac{(46-58)-0}{\sqrt{25.3^2/49 + 28.7^2/58}} = -2.3$$

由于 $z = -2.3 < -1.96$，得出结论是拒绝零假设 H_0，接受备择假设 H_1，进而推论出 μ_1 与 μ_2 不相等，即两个居民小区的平均居住时间有差异。

二、小样本情形条件下的假设检验

在小样本 $n_1 < 30$ 和 $n_2 < 30$ 条件下，两个总体平均数之差的假设检验，使用自由度为 $n_1 + n_2 - 2$ 的 t 分布进行检验。

[例2] 某工厂由于生产规模需要，新增加一个生产车间，新车间采用完全新工艺。生产主管想知道新增加生产车间工人的生产效率，与原有车间工人的生产效率相比是否有显著提高。要求置信度为 95%。随机在两个车间抽取两个样本，相关资料如下表：

车间	随机样本个数	平均日包装量	样本标准差
新增车间	$n_1 = 15$	$\bar{x}_1 = 415$ 件	$S_1 = 33$ 件
原有车间	$n_2 = 14$	$\bar{x}_2 = 390$ 件	$S_2 = 25$ 件

另外据估计两个车间的总体平均日包装量都服从正态分布，并且总体方差相等。

解 首先设立零假设和备择假设如下：

$H_0 : \mu_1 - \mu_2 \geqslant 0$，$H_1 : \mu_1 - \mu_2 < 0$

由于总体方差相等使用公式（9.8）计算 σ^2 的合并估计值。

$$S^2 = \frac{(n_1 - 1) S_1^2 + (n_2 - 1) S_2^2}{n_1 + n_2 - 2} = \frac{14 \times 33^2 + 13 \times 25^2}{15 + 14 - 2} = 865.6$$

小样本情形的检验统计量为：

$$t = \frac{(\bar{x}_1 - \bar{x}_2) - (\mu_1 - \mu_2)}{\sqrt{S^2 \left[\frac{1}{n_1} + \frac{1}{n_2} \right]}} \tag{9.12}$$

两独立随机样本容量分别为 n_1 和 n_2 时，t 分布的自由度为 $n_1 + n_2 - 2$。对于 $\alpha = 0.05$，由 t 值分布表可以查得对自由度 $14 + 15 - 2 = 27$，$t_{0.05} = 1.7033$，单边检验。

$$t = \frac{(415 - 390) - 0}{\sqrt{865.6 \times \left[\frac{1}{15} + \frac{1}{14} \right]}} = \frac{25}{10.9} = 2.29$$

$t = 2.29$ 大于 $t_{0.05} = 1.7033$，结论是在显著性水平为 0.05 条件下，接受 H_0，即采用新工艺的新增加生产车间工人的生产效率，与原有车间工人的生产效率相比确实有显著提高。

第三节 两个总体平均数之差 匹配样本的假设检验

一、什么是匹配样本？

某公司推销新产品，公司提供两种全新的推销方式由推销员自行选择。从经济效益角度出发，公司想确认哪一种推销方式可以获得更多的销售量。假设推销方式 G 的平均销量为 μ_1，假设推销方式 S 的平均销量为 μ_2。由此，可作出如下的零假设和备择假设：

$H_0 : \mu_1 - \mu_2 = 0$，$H_1 : \mu_1 - \mu_2 \neq 0$

如果零假设 $H_0 : \mu_1 - \mu_2 = 0$ 在检验中被拒绝，说明两种推销方式确实存在显著差异，此时销量较大的推销方式将被推荐使用。

在上述情形下，公司在搜集推销员销售数据，以及使用假设检验的抽样步骤时，有两种方案可以选择，一种是基于独立样本，一种是基于匹配样本。

1. 选择独立样本方案

抽取推销员的一个简单随机样本，其中每个推销员使用方法 G；再抽取推销员的另一个简单随机样本，其中每个推销员使用方法 S。两种方式平均数之差的检验的方法可参照前面的方法进行。

2. 选择匹配样本方案

抽取推销员的一个简单随机样本，每个推销员先用方法 G，再用另一种方法 S，每个推销员提供一对数据；一个是方法 G 的，另一个是方法 S 的，因此这种方法也叫成对样本。

显然，在使用匹配样本方案时，两种推销方式是在相似条件下被检验的（即由同一推销员实行两种方式），因此匹配样本方案往往比独立样本方案的抽样误差更小。这是因为在匹配样本方案中，作为抽样误差来源之一的推销员个体之间的差异被消除了。

二、匹配样本的假设检验

回到具体问题中去，现采用匹配样本方案来检验两种推销方式之间的差异是否显著。随机抽取 8 位推销员组成一个随机样本。8 位推销员的有关数据见下表，表中每位推销员提供一对销售数据。其中样本中每位推销员用不同方法获得的销售量之差用 d_i 表示。

推销员编号	平均月推销量 方法 G（台）	平均月推销量 方法 S（台）	不同方法的差值 $d_i = (G-S)$	$(d_i - \bar{d})^2$
1	12	10	2	1.5625
2	9	8	1	0.0625
3	10	9	1	0.0625
4	13	11	2	1.5625
5	8	10	-2	7.5625
6	11	8	3	5.0625
7	9	10	-1	3.0625
8	10	10	0	0.5625
合计	—	—	6	19.5

设 μ_d 为两推销员总体之差值的平均数。

下标 d 表示匹配样本提供的差值数据。上表中 8 个差值的样本平均数与样本标准差如下：

$$\bar{d} = \frac{\sum d_i}{n} = \frac{6}{8} = 0.75$$

$$S_d = \sqrt{\frac{\sum (d_i - \bar{d})^2}{n-1}} = \sqrt{\frac{19.5}{5}} = 1.975$$

前面曾指出假设总体服从正态分布，就可以用自由度为 $n-1$ 的 t 分布来检验关于总体平均数的零假设。假定表示差值的数据服从正态分布，则检验统计量为：

$$t = \frac{\bar{d} - \mu_d}{S_d / \sqrt{n}} \tag{9.13}$$

现规定显著水平为 $\alpha = 0.05$，自由度为 $n-1 = 8-1 = 7$（$t_{0.025} = 2.365$），则双尾检验的拒绝法则是：

若 $t < -2.365$ 或 $t > 2.365$，则拒绝零假设 $H_0: \mu_1 - \mu_2 = 0$。

对于 $\bar{d} = 0.75$，$S_d = 1.975$，及 $n = 8$，零假设 H_0 的检验统计量值为：

$$t = \frac{\bar{d} - \mu_d}{S_d / \sqrt{n}} = \frac{0.75 - 0}{1.975 / \sqrt{8}} = 1.074$$

由于 $t = 1.074$ 不在拒绝区域中（即 $-2.365 < 1.074 < 2.365$，在接受区域内），因此该样本数据没有提供充足的证据拒绝零假设 H_0。说明上述两种不同的推销方法，对于推销量来说没有显著差异。

三、使用匹配样本的其他问题

首先，在上述所给的案例当中，推销员先用其中一种方法 G，再用另一种方法 S 来执行推销计划。本案例使用了一个匹配样本方案，其中每个样本元素提供一对数值（推销量）。此外，也可以用不同的但"相似"的样本个体来提供一对数据。如，一个分公司的推销员可以与另一个分公司的推销员相匹配（但应有相应的匹配条件，比如他们在年龄、性别、工作经验、受教育程度等方面要尽量保持相似）。

其次，由于对于两个总体的统计推断，匹配样本方案常常比独立样本方案更准确，匹配样本方案更容易被接受和广泛使用。但是，在某些条件受到一定的限制时，也可能找不到匹配样本，或者因为时间原因及成本费用昂贵，这时只好放弃使用匹配样本方案，不得不使用独立样本方案。

最后，本案例中的样本容量为 8 位推销员，属于小样本。在假设检验与区间估计中都使用了 t 分布。在本部分的假设检验中，其理论基础是相同的，如果使用了容量较大的样本（$n \geqslant 30$），就不必用 t 分布了，可以使用标准正态概率分布的 z 值进行推断。当然，较大容量的匹配样本的限制条件更难控制，这一点是有关人员所必须考虑的。

第四节　来自两个总体比率之差的统计推断

一、$\hat{p}_1 - \hat{p}_2$ 的抽样分布

1. 两个总体比率之差 $\hat{p}_1 - \hat{p}_2$ 的点估计

一家综合电视台想要知道，两个不同地区对某一访谈节目的观众收视率是否存在显著差异。在两个不同地区随机抽取两个样本，并且分别计算它们的收视率。相关符号表示如下：

设：

p_1——总体 1（甲地区）的收视率；

p_2——总体 2（乙地区）的收视率；

$\hat{p}_1$——来自总体 1 随机样本的收视率；

$\hat{p}_2$——来自总体 2 随机样本的收视率；

两个总体比率之差用 $p_1 - p_2$ 表示，$p_1 - p_2$ 的点估计值如下：

$$\hat{p}_1 - \hat{p}_2 \tag{9.14}$$

2. 两个总体比率之差 $\hat{p}_1 - \hat{p}_2$ 的抽样分布

和以前介绍的理论相似，两个总体比率之差 $\hat{p}_1 - \hat{p}_2$ 的抽样分布具有如下性质：

(1) $\hat{p}_1 - \hat{p}_2$ 的抽样分布的期望值等于两个总体比率之差 $\hat{p}_1 - \hat{p}_2$：

$$E(\hat{p}_1 - \hat{p}_2) = p_1 - p_2 \tag{9.15}$$

(2) $\hat{p}_1 - \hat{p}_2$ 的抽样分布的标准差为：

$$\sigma_{\hat{p}_1 - \hat{p}_2} = \sqrt{\frac{p_1(1-p_1)}{n_1} + \frac{p_2(1-p_2)}{n_2}} \tag{9.16}$$

公式中 n_1——来自总体 1 的随机样本的样本个数

n_2——来自总体 2 的随机样本的样本个数

二、两个总体比率之差 $p_1 - p_2$ 的区间估计

假定前面问题中，电视台获得的不同地区随机样本，对某一访谈节目的观众收视率提供的数据如下：

地区甲	地区乙
$n_1 = 550$	$n_2 = 600$
有错申报数 $=89$	有错申报数 $=62$

两个地区的样本比率（观众收视率）如下：

$$\hat{p}_1 = \frac{89}{550} = 0.1618$$

$$\hat{p}_2 = \frac{62}{600} = 0.1033$$

两个总体收视率之差的点估计值为：

$$\hat{p}_1 - \hat{p}_2 = 0.1618 - 0.1033 = 0.0585。$$

在做两个总体比率之差 $p_1 - p_2$ 的置信区间时，需要使用公式（9.16）中抽样分布的标准差，但由于两个总体比率 p_1 和 p_2 是未知的，无法直接使用公式（9.16），因此这里需要用样本比率 $\hat{p}_1$ 估计总体比率 p_1，用样本比率 $\hat{p}_2$ 估计总体比率 p_2，由此得到 $\sigma_{\hat{p}_1 - \hat{p}_2}$ 的点估计值：

$$S_{\hat{p}_1 - \hat{p}_2} = \sqrt{\frac{\hat{p}_1 (1 - \hat{p}_1)}{n_1} + \frac{\hat{p}_2 (1 - \hat{p}_2)}{n_2}} \tag{9.17}$$

因为当样本容量较大时，$\hat{p}_1 - \hat{p}_2$ 的抽样分布仍然趋近于正态分布，使用式（9.17），两总体比率之差的一个置信区间，当 $1 - \alpha$ 为置信系数时，用 $z_{\alpha/2}$ 值可表示为：

$$(\hat{p}_1 - \hat{p}_2) \pm Z_{\frac{\alpha}{2}} S_{\hat{p}_1 - \hat{p}_2} \tag{9.18}$$

将上表中两个地区的样本比率（观众收视率）数据代入公式（9.17）得：

$$S_{\hat{p}_1 - \hat{p}_2} = \sqrt{\frac{0.1618 \times (1 - 0.1618)}{550} + \frac{0.1033 \times (1 - 0.1033)}{600}} = 0.020024$$

若 $1 - \alpha = 95\%$，$Z = 1.96$。由公式（9.18）得出估计区间如下：

$(0.1618 - 0.1033) \pm 1.96 \times 0.020024$

置信区间下限比率为：$0.0585 - 0.039247 = 0.019253$

置信区间上限比率为：$0.0585 + 0.039247 = 0.097747$

至此，可以得出如下结论：两个地区的样本比率之差的 95% 的置信区间为 $0.019253 \sim 0.097747$。

三、两个总体比率之差 $p_1 - p_2$ 的假设检验

仍以上面案例为例，两总体比率之差的假设检验，可以通过检验下面的假设来阐述此种方法。首先还是要设立零假设和备择假设，即：

H_0：$p_1 - p_2 = 0$，H_1：$p_1 - p_2 \neq 0$

其次，当两个总体比率之差没有差异（即 $p_1-p_2=0$）时，$\hat{p}_1-\hat{p}_2$ 的抽样分布近似正态分布，两个总体比率之差的检验统计量为：

$$z=\frac{(\hat{p}_1-\hat{p}_2)-(p_1-p_2)}{\sigma_{\hat{p}_1-\hat{p}_2}} \tag{9.19}$$

当 $\alpha=0.05$，$z_{0.05}=1.96$ 时，拒绝规则为：

如果 $z<-1.96$ 或 $z>1.96$，则拒绝零假设 H_0：$p_1-p_2=0$

在公式（9.19）中，z 的计算需要用到分母两个比率之差的标准差。而此时该标准差未知，参照前面的理论用样本数据来做估计值。可以在公式（9.18）中使用 $\hat{p}_1$ 和 $\hat{p}_2$，但要作一个修正。

由于零假设 H_0：$p_1-p_2=0$，其实质含义是说假设两个总体比率相等（无显著差异），因此从理论上有理由将两个样本的结果联合在一起，求出一个被设定为公共比率的联合估计值，也称合并估计值（记为 $\hat{p}$），公式如下：

$$\hat{p}=\frac{x_1+x_2}{n_1+n_2} \tag{9.20}$$

式中 x_1 和 x_2 分别为在样本中具有某一特征的单位个数。

$$S_{\hat{p}_1-\hat{p}_2}=\sqrt{\hat{p}(1-\hat{p})\left[\frac{1}{n_1}+\frac{1}{n_2}\right]} \tag{9.21}$$

公式（9.19）也作相应的如下修改：

$$z=\frac{(\hat{p}_1-\hat{p}_2)-0}{\sqrt{(\hat{p}(1-\hat{p})(\frac{1}{n_1}+\frac{1}{n_2})}}$$

利用公式（9.20）及公式（9.21），可以将上例中两个地区的样本比率（观众收视率）进行如下假设检验：

地区甲	地区乙
$n_1=550$	$n_2=600$
有错申报数=89	有错申报数=62

$$\hat{p}=\frac{89+62}{550+600}=\frac{151}{1150}=0.1313$$

$$S_{\hat{p}_1-\hat{p}_2}=\sqrt{(\hat{p}(1-\hat{p})\left[\frac{1}{n_1}+\frac{1}{n_2}\right]}=\sqrt{0.1313(1+0.1313)(\frac{1}{550}+\frac{1}{600})}$$

$$=0.019937$$

利用公式（9.19），检验统计量的值为：

$$z = \frac{(\hat{p}_1 - \hat{p}_2) - 0}{\sigma_{\hat{p}_1 - \hat{p}_2}} = \frac{(0.1618 - 0.1033) - 0}{0.019937} = 2.93$$

由于计算结果表明 2.93＞1.96，所以在显著性水平 0.05 下，零假设被拒绝，即样本证据表明两个地区的样本比率（观众收视率）之间存在显著差异。

本章小结

通过第七、八两章对推断统计思想的介绍，读者了解参数估计和假设检验在推断统计中的地位，并掌握了在不同的总体及样本条件下（总体方差已知或未知、大样本或小样本），对一个总体参数的区间估计和假设检验（均值、比率）的基本方法和步骤，本章进一步介绍推断统计的另一类问题：来自两个总体的平均数或比率之差的区间估计与假设检验，包括大样本、小样本条件，以及两个独立样本、两个匹配样本条件等各种情形下，对两个总体之差的统计推断。

本章重点名词

总体平均数之差　总体比率之差　独立样本　匹配样本　方差合并估计值

本章思考题与习题

1. 什么是两个总体之差的区间估计？它和单一总体的区间估计有何不同？

2. 什么是独立样本和匹配样本？两者有何区别？各有何优点？

3. 什么是两个总体比率之差的统计推断？它和单一样本的总体比率估计与假设检验有何区别？

4. 以下是取自两个总体的两个独立随机样本提供的数据资料。

样本 1	样本 2
$n_1 = 60$	$n_2 = 45$
$\bar{x}_1 = 15.5$	$\bar{x}_2 = 13.5$
$S_1 = 3.5$	$S_2 = 4.8$

分别计算：

　a. 两个总体平均数之差的点估计值；

　b. 两个总体平均数之差的 90％的置信区间；

　c. 两个总体平均数之差的 95％的置信区间。

5. 下面是取自两个总体的两个独立随机样本提供的年龄数据：

样本 1	样本 2	样本 1	样本 2
市区	36	$\bar{x}_1 = 42$ 岁	$S_1 = 10$ 岁
远郊	49	$\bar{x}_2 = 37$ 岁	$S_2 = 11$ 岁

根据以上资料分别计算：

    a. 两个样本均值；

    b. 两个样本标准差；

    c. 两个总体均值之差的点估计值；

    d. 总体方差的合并估计值；

    e. 两个总体平均数之差 95% 的置信区间。

6. 某人力资源咨询机构抽取了不同行业员工的起始年薪的两个独立样本。计算相关数据见下表，计算因改变行业性质而可望增加的薪金数额的 95% 的置信区间。

IY 行业	IG 行业
$n_1 = 64$	$n_2 = 81$
$\bar{x}_1 = 62\,400$ 元	$\bar{x}_2 = 51\,600$ 元
$S_1 = 3\,100$ 元	$S_2 = 2\,700$ 元

7. TK 公司为减少周末顾客付款时的等待时间，在其所属的两家超市进行实验。提出了两套方案。样本数据的汇总统计结果如下表。

方案 A	方案 B
$n_1 = 130$	$n_2 = 110$
$\bar{x}_1 = 3.8$ 分钟	$\bar{x}_2 = 2.6$ 分钟
$S_1 = 2.5$ 分钟	$S_2 = 1.9$ 分钟

在显著水平为 0.05 时，两套方案的顾客付款等待时间是否存在显著差异？

8. 某服装公司在一项包装工序中进行技术改进以提高工作效率，下表是工

序改进前后的有关数据:

操作人员编号	包装数量	
	工序改进前	工序改进后
1	180	212
2	160	185
3	198	215
4	177	160
5	220	230
6	190	185
7	208	199
8	211	126
9	196	212

用 $\alpha = 0.05$ 的显著水平,检验一下工序的改进是否能导致工作效率的显著提高?

9. 欧洲一个医学小组就尼古丁口香糖是否有助于人们戒烟进行了一次长达一年的科学研究(New England Journal of Medicine,1988)。参加该研究的113个人全部是吸烟者。其中60人给以2毫克剂量的尼古丁口香糖,53人给以不含尼古丁成分、加有安慰剂的口香糖。没有人知道自己得到的是什么类型的口香糖,所有人都被告知用口香糖以戒烟。

a. 如果研究者希望表明研究开始一年后,用尼古丁口香糖的一组吸烟者的比率较高,试叙述零假设及对立假设。

b. 结果表明这一年内,用尼古丁口香糖的人中间有23人坚持戒烟,用安慰剂的人中间有12人坚持戒烟。这样的结果能否支持尼古丁口香糖有助于戒烟的结论?用 $\alpha = 0.05$ 进行检验。p 值是多少?

10. 美国一家大型的汽车保险公司抽取了未婚及已婚男性保险单持有人的样本,并记录了以往3年内要求索赔的次数。

未婚保险单持有人	已婚保险单持有人
$n_1 = 400$	$n_2 = 900$
要求索赔次数=76	要求索赔次数=90

a. 对 $\alpha = 0.05$,检验未婚及已婚保险单持有人的索赔率之间是否有差异。

b. 求两总体比率之差的 95％的置信区间。

11. 为研究肺结核耐药性进行了医学检验。在美国新泽西州检验的 142 个病历中，有 9 例发现有耐药性。在得克萨斯州检验的 268 个病历中，有 5 例发现有耐药性。这些数据是否表明两个州之间耐药性病历的比率之间有统计上显著的差异？在显著性水平为 0.02 下检验假设 H_0：$p_1 - p_2 = 0$。您有何结论？

第十章　方差分析

本章学习目标

本章学习目标有四个：①了解方差分析的概念；②了解方差分析的基本思想和原理；③掌握单因素方差分析的方法及应用；④掌握双因素方差分析的方法及应用。

方差分析法（ANOVA）渊源于农业的田间试验，是 20 世纪 20 年代由英国的费舍尔（R. A. Fisher）首先在农业试验研究中使用的方法。后来，人们发现在很多领域的试验中都可以用"方差分析"进行数据处理，从而成功地将该方法应用在各个领域的试验研究中。从方差入手的研究有助于我们观察事物的内在规律。由于方差分析所分析的数据往往与预先安排的试验相联系，所以又被称为试验设计模型。

第一节　方差分析的基本问题

一、方差分析的意义

在分析经济现象产生的原因时，多个总体之间的比较是我们经常用到的方法之一。因为经济现象的发生往往与许多因素有关，各个因素对现象的影响程度可能是不一样的，即使是同一个因素，在不同条件下，对现象的影响程度也可能会有不同。为此，人们常常想找出对某个现象有显著影响的所有因素，以及这些因素在不同条件下对现象的影响程度，这就需要对多个总体进行对比。在前面章节，我们也曾讨论过两个总体均值是否相等的假设检验——t 检验。按照 t 检验的方法，如果讨论的问题涉及两个以上的总体均值是否相等时，就要进行多次比较。比如 4 个总体，两两总体的均值比较，需要比较 6 次，即 $C_4^2 = 6$，才能有结果；如果有 10 个总体，我们就要比较 $C_{10}^2 = 45$ 次，若总体再多一些，这种检验工作量就会非常的庞大。

可以看到，多个总体之间的 t 检验不足之处在于：①工作量大：随着对比的数量的增加，检验的工作量增加；②信息利用不充分；t 检验每次只能用两组方差的估计量，而不能用全部总体的方差估计，造成估计精度不够；③一对参数的检验，往往会造成对总体真值的高估，在样本容量小的情况下更是如此。

因此统计上进行多个总体的比较，更常用的方法是方差分析法。方差分析法通过了解众多因素中，哪些因素对事物的变化起到了主要的影响，从而采取有效的控制措施，引导事物向我们希望的方向发展，是鉴别各因素效应程度的一种有效而实用的统计方法。

二、方差分析法的基本思路

假设我们选择一种水稻品种 60 粒，把它们均分成四组，种植在各个条件都相同的四块土壤里。这时每粒种子由于会受到我们无法控制的随机因素的影响，其产出可能是不一样的；但是由于我们控制了种植的其他条件，因此，可以想象，每块地中的 15 粒种子的平均产出应该是相同的，即 $\mu_1 = \mu_2 = \mu_3 = \mu_4 = \mu_0$。

如果我们现在选择一个可控制的生产条件采取变异，例如温度。然后我们分配：第一块地控制在 $-5℃$；第二块地控制在 $0℃$；第三块地控制在 $20℃$；第四块地控制在 $35℃$，而其他条件保持不变，再进行种植。这时由于其他可以控制的条件都一样，不一样的只有温度这一个因素（并在不同的取值下进行种植），则我们可以把这样的种植看成是来自一个正态总体的四个随机样本，因此，要比较四个温度水平下，水稻的产出量是否相等的问题就变成了比较四个组的均值是否相同的问题。结果可能有以下的情况：

（1）如果温度对种植没有影响的话，四块地的平均产出应该是相等的；

（2）如果四块地的平均产出存在显著差异，由于我们其他控制条件都一样，只是改变了种植的温度，这时我们就有理由认为，温度是影响种植的一个主要因素；

（3）如果四块地的平均产出存在显著差异，我们就可以在其中选择最优产出的种植水平（温度）进行生产。

再比如：对一群个体素质相差不大的工人，进行不同方法的岗前培训。经过培训的工人上岗后，日产量可能是不一样的。这是因为：

（1）工人的日产量不等，可能是由于随机因素造成的，即：即使在同一种训练方法下训练出来的工人，他们的日产量也不会完全相同（随机因素），但是各组的平均产量应该是相等的；

（2）也可能就是不同的训练方法对工人的技能产生了重大的改变，因而使他们的日产量有明显的不同，这时各组的平均产量会有显著不同。

（3）如果训练方法对工人的日产量产生了显著影响，我们就可以采用相应的方法对工人进行培训。

可以看出，方差分析是一个优化的方法。

三、方差分析的基本概念

1. 方差分析

通过对事物的变异方差的分解，研究不同因素及不同因素在不同水平下对该事物的影响程度的分析方法。

2. 因素与水平

在进行试验时，由于试验条件的影响，可能使试验结果出现系统误差。我们称：人为可以控制的试验条件为"因素"；因素变异的各个等级为"水平"。

3. 单因素方差分析

如果在试验中，只有一个可控制的条件在变化，其他可控制的条件保持不变，我们称为单因素试验，或"单因素方差分析"。

4. 双因素或多因素方差分析

如果试验中可变化的因素多于一个，则称为双因素或多因素试验。

5. 方差分析表

把在方差分析过程中计算的结果列成表格形式，称为方差分析表。举例来说，商品的销售受商品的品种、广告、价格、质量等因素的影响，这些都是商品销售的"因素"。这些"因素"都有它们自己的取值范围，例如其中"广告"这个因素，它的取值范围可以看成是：它的主题是强调价格优势、品种多样、还是商品特定的某项功能，这些取值我们称为"水平"。

再比如化工生产中，原料成分、每种成分的剂量、生产的顺序、催化剂、反应温度、反应压力、反应时间、机器设备、操作人员技术水平等，都会对化工产品的质量造成影响，是我们可以控制的生产条件，我们称它们为"因素"。每个因素都有它们自己变化的范围，例如反应温度，可以在超低温、低温、高温、超高温等不同的温度下进行生产，我们称之为"水平"。

第二节　单因素方差分析

一、单因素方差分析过程的例题解释

[例1]　某公司想研究三种类型（内容）的广告（A_1、A_2、A_3）对某种无

季节性大型机械销售量的影响。设 A_1 强调该机械运输方便；A_2 强调该机械节省燃料；A_3 强调该机械噪声低。公司选择了三个相同条件的地区在同一时间内分别播放不同的广告，并记录了广告播放后销售量的情况，资料如下。试判断广告对销售量有无显著影响。$\alpha = 0.05$。

计量单位：万台

广告类型	1 月	2 月	3 月	4 月
A_1	163	176	170	185
A_2	184	178	179	190
A_3	206	191	218	224

分析 由表中数据可以看出：①在同一种广告下，同年不同月的销售量不一。由于该机械的销售是无季节性的，所以销售量的差别可以看作是随机原因造成的；②在不同广告下的销量也不同，这个结果可能是广告造成的，也可能是随机因素影响的结果。于是判断广告是否是该机械销售量的主要影响因素，就转化为销售量差异的主要原因是什么。

根据表中的数据可以分别计算出三类广告在四个月内的各自平均销售量：

$$\bar{x}_1 = \frac{\sum x_{1i}}{4} = \frac{163 + 176 + 170 + 185}{4} = 173.5;$$

$$\bar{x}_2 = \frac{\sum x_{2i}}{4} = \frac{184 + 178 + 179 + 190}{4} = 182.75;$$

及：$\bar{x}_3 = \frac{206 + 191 + 218 + 224}{4} = 209.75$。

可以看到，三种广告的平均销售量是不同的。但是这种不同，是不是有显著性差异呢？我们再计算该产品四个月销售量的总平均数 $\bar{x}$ 和总标准差 S^2：

$$\bar{x} = \frac{\sum \sum X_{ij}}{N} = \frac{163 + \cdots + 224}{12} = 188.67$$

$$S^2 = \frac{\sum \sum (X_{ij} - \bar{\bar{X}})^2}{N - 1} = 347.879$$

该机械的总平均销售量是 188.67 万台，销售量的总变异方差是 347.88。根据上面方差分析的基本思路来看，如果要分析产生总变异（347.879）的原因，我们可以归纳为两个方面：①产品的销售量在同一广告下有所不同——我们称为"组内变异"，这是我们人为无法控制的随机因素造成的，因此即使在同一广告下销售量也不会完全相同；②产品的销售量在不同广告的影响下存在差异——我们称为"组间变异"，说明不同的广告内容对购买产品的人产生了不同的影响，从而使他们的购买行为发生了变化。如果三类广告为三个不同的总体，实际中常假定是具有正态分布的。同时除了广告外，其他条件总是尽可能一致，这样可以认为每个总体的 σ^2 相同。

设 $\bar{x}_i$ 表示第 i 类广告下的平均数（$i=1$，2，3），则我们可以对总变异平方和进行分解：

$$\sum_{i=1}^{k}\sum_{j=1}^{n}(x_{ji}-\bar{\bar{x}})^2=\sum_{i=1}^{k}\sum_{j=1}^{n}\left[(x_{ij}-\bar{x}_g)+(\bar{x}_i-\bar{\bar{x}})\right]^2$$

$$=\sum_{i=1}^{k}\sum_{j=1}^{n}(x_{ji}-\bar{x}_i)^2+2\sum_{i=1}^{k}\sum_{j=1}^{n}(x_{ij}-\bar{x}_i)(\bar{x}_i-\bar{\bar{x}})+\sum_{i=1}^{k}\sum_{j=1}^{n}(\bar{x}_i-\bar{\bar{x}})^2$$

$$\because \sum_{i=1}^{k}\sum_{j=1}^{n}(x_{ij}-\bar{x}_i)(\bar{x}_i-\bar{\bar{x}})=0$$

$\therefore$ 当观测值有 N 个，并被分为 $\dfrac{N}{n}=k$ 组时，则 k 组的离差平方和为：

$$\sum_{i=1}^{k}\sum_{j=1}^{n}(x_{ij}-\bar{\bar{x}})^2=\sum_{i=1}^{k}\sum_{j=1}^{n}(x_{ij}-\bar{x}_i)^2+\sum_{i=1}^{k}\sum_{j=1}^{n}(\bar{x}_i-\bar{\bar{x}})^2$$

把上式用符号代替得：SST＝SSE＋SSA

我们称：SST（Sum of squares for total）为离差的总平方和，它反映全部试验数据与总平均数的离差平方和；SSE（Sum of squares for error）为随机误差平方和或组内平方和，是观测来自同一总体（或组）的数据由于随机误差而造成的变异平方和；而 SSA（Sum of squares for factor A）称为"因为 A"的平方和或组间平方和，是不同总体（或组）之间的离差平方和。从这里看出，方差分析不仅用方差表示变异程度，更主要的是把实验中数据的总变异分解为各变异原因的组成部分：SSE 和 SSA。因此广告对产品的销售量是否有显著的影响，也就是要看 SSA 和 SSE 各自所占 SST 的比例的多少，从而确定引起总变异的主要原因。

对本例而言：$\bar{x}_i$ 分别为 173.5、182.75、209.75；$\bar{\bar{x}}=188.67$；n_i 是每组数据的个数，则有：

$SST=S^2\times(N-1)=347.879\times11=3826.667$

$SSE=\sum_{i=1}^{k}\sum_{j=1}^{n}(x_{ij}-\bar{x}_i)^2=(163-173.5)^2+(176-182.75)^2+\cdots\cdots+(224-209.75)^2$

$=988.5$

$SSA=\sum_{i=1}^{k}n_i(\bar{x}_i-\bar{\bar{x}})^2$

$=4\times\left[(173.5-188.67)^2+(182.75-188.67)^2+(209.75-188.67)^2\right]$

$=2838.167$

考虑到观测数据个数的多少以及对数据进行分组时组数的多少都有可能会影响到每种离差平方和的大小，所以，我们对"离差平方和"进行平均，即：求出各离差平方和的均方和（Mean square）：

设各离差平方和的自由度用 df 表示，则有：

$MSA = \dfrac{SSA}{df_A}$；其中：组间自由度是组数减 1，即 $df_A = k - 1 = 2$

$MSE = \dfrac{SSE}{df_E}$；组内自由度是每组观察值个数减 1 的总和，即：

$df_E = (n_1 - 1) + (n_2 - 1) + \cdots + (n_k - 1) = N - k = 9$

$MST = \dfrac{SST}{df}$；总自由度为观察值个数减 1：$df = df_A + df_E = 2 + 9 = 11$，（或 $= N - 1$）

而我们现在就是要考察：$F = \dfrac{SSA/df_A}{SSE/df_E} = \dfrac{MSA}{MSE} = \dfrac{组间均方和}{组内均方和}$ 的比值在什么条件下就被认为是有显著差异的。

可以想到，如果 H_0 为真，$\mu_1 = \mu_2 = \cdots = \mu_k$，各组间差异是由随机因素造成，则 SSA 与 SSE 的差异就不会太大，两者之比的 F 值就会接近 1；如果 F 值远远大于 1，只能说明除了抽样误差的影响外，还有别的因素在影响事物的结果。在其他因素固定下，就只有被考查的因素是影响事物结果的主要因素了。

所以，判断条件是：

①如果 F 值比 1 大得多，则说明因素误差比试验中的随机误差大，条件因素起到了主要作用，则应拒绝 H_0。

②如果 F 值很小，则可以认为因素对试验影响下显著，试验误差是由个体差异造成的，则接受 H_0。

因此，对 F 值的判断是我们进行方差分析的关键。我们定义：组间均方和与组内均方和之比的比值 F 服从 F 分布。判断的标准就是将 F 比值与 F 分布的临界值 F_α 进行比较，对没有超过临界值的 F，我们就接受原假设，否则就拒绝原假设。我们称这种检验平均数的差异是否显著性方法称为 F 检验法。

二、F 分布

F 分布是由费舍首先提出的，所以该分布以他的姓氏命名。

1. 定义：设随机变量 X 服从自由度为 n_1 的 χ^2 分布，而随机变量 Y 服从自由度为 n_2 的 χ^2 分布，并且，X、Y 相互独立，则：

$F = \dfrac{X/n_1}{Y/n_2}$，服从自由度为 n_1 和 n_2 的 F 分布，记为：$F \sim F(n_1, n_2)$。

2. 在抽样时，我们从正态总体中抽取样本容量为 n_1、n_2 的样本，则：

$\dfrac{S_1^2}{S_2^2}$ 为正态总体下两个方差之比，它服从 F $(n_1-1;\ n_2-1)$。

3. F 分布的特点：

（1）F 分布是右偏态分布；

（2）F 分布的曲线随自由度 n_1、n_2 的不同而形成一簇。

F 分布密度函数的图形如下。在计算应用时，我们只要学会查 F 分布表即可，其中 n_1 和 n_2 分别是 F 值的分子和分母的自由度。

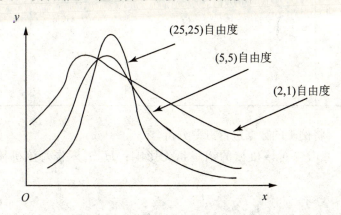

图 10—1　不同自由度下 F 分布曲线

三、方差分析的具体步骤

1. 提出假设：H_0：$\mu_1=\mu_2=\cdots=\mu_k$，

H_1：k 个总体中至少有一对 μ_i 不等。

或：H_0：$\sigma_i=0$；

H_1：$\sigma_i\neq 0$

2. 计算所有需要的数据（或列计算表计算）：$\bar{x}_i$，$\bar{\bar{x}}$，S^2 等；

3. 列方差分析表：

误差源	误差平方和	自由度	均方	F
组间	SSA	$k-1$	MSA	$F=\dfrac{MSA}{MSE}$
组内	SSE	$N-k$	MSE	
总误差	SST	$N-1$	——	——

4. 确定临界值：根据题目要求的 α，查 F 分布的临界值 F_α $(k-1, N-k)$；

5. 决策：若 $F \leqslant F_\alpha$，接受 H_0，结束。

若 $F > F_\alpha$，则拒绝 H_0，继续下一步骤；

6. 进行多重比较，求 D 值：

	1	2	...	k
1	0	$\bar{x}_1 - \bar{x}_2$	...	$\bar{x}_1 - \bar{x}_k$
2		$\bar{x}_1 - \bar{x}_2$	...	$\bar{x}_2 - \bar{x}_k$
...			...	...
k				

[例 2]　将例 1 的数据进行方差分析。

解　H_0：广告对该机械的销售量无影响；H_1：广告对该机械的销售量有影响。

由于

$SST = 3826.667$；$SSA = 2838.167$，$SSE = SST - SSA = 3826.667 - 2838.167 = 988.5$

$$MSA = \frac{SSA}{3-1} = 1419.083; \quad MSE = \frac{SSE}{12-3} = 109.833$$

$F = \dfrac{MSA}{MSE} = 12.920$；在 $\alpha = 0.05$ 时，$df_A = 2$；$df_E = 9$；查表得：$F_{0.05}$ $(2, 9) = 4.26$

列表如下：

误差来源	SS	DF	MS	F	F_α
组间误差	2838.167	2	1419.083	12.920	4.26
组内误差	988.500	9	109.833		
总和	3826.667	11	347.88		

由于 F 值 $> F_{0.05}$ $(2, 9) = 4.26$　$\therefore$ 拒绝 H_0。即不同的广告对该机械的销

售量产生了影响。

[**例 3**] 将一群智力相当的被试者 20 人随机的均分成 5 组，进行 5 种记忆方法的培训。一段时间后，对受试者进行测试，考察不同的记忆法对记忆量是否有显著影响。资料如下：

方法 试者编号	I	II	III	IV	V
1	43	61	65	66	43
2	72	40	69	76	58
3	38	45	71	74	64
4	65	42	58	72	49
记忆量合计	218	188	263	288	214
量平均 $\bar{x}_g$	54.5	47	65.75	72	53.5

解 $H_0: \mu_1 = \mu_2 = \cdots \mu_5$，培训方法对记忆无影响；

$H_1: \mu_1 \cdots \mu_5$，不全相等，培训方法对记忆有影响。

对上表资料求受试者记忆量的总平均数 $\bar{x}$，及总方差 S^2。

$$\bar{x} = \frac{\sum x}{n} = 58.55$$

如果设 $\bar{x}_g$ 表示第 g 组的平均数的话：（$g = 1, 2, 3, 4, 5$），则有：

$$SSA = 4 \times [(54.5 - 58.55)^2 + \cdots + (53.5 - 58.55)^2] = 1632.2$$

$$SSE = (43.5 - 54.5)^2 + \cdots + (65 - 54.5)^2 + (61 - 47)^2 + \cdots + (42 - 47)^2$$
$$+ (65 - 65.75)^2 + \cdots + (58 - 65.75)^2 + (66 - 72)^2 + \cdots (43 - 53.5)^2 + \cdots +$$
$$(49 - 53.5)^2$$

$$= 1510.75$$

$$SST = 1510.75 + 1632.2 = 3142.95$$

$$MSA = \frac{SSA}{dfA} = \frac{1632.2}{4} = 408.05; \quad MSE = \frac{SSE}{dfE} = \frac{1510.75}{15} = 100.7167$$

$$F = \frac{MSA}{MSE} = \frac{408.05}{100.7167} = 4.0515$$

方差来源	SS	df	MS	F	$F_{0.05}$ (4, 15)
组间	1 632.2	4	408.05	4.051	3.06
组内	1 510.75	15	100.717		
总和	3 142.95	19			

因为：$\alpha=0.05$、$df_A=4$、$df_E=15$；查表得：

$F_{0.05}$ (4, 15) $=3.06$

∴拒绝 H_0；即：不能认为 $\mu_1=\mu_2=\mu_3=\mu_4=\mu_5$；接受 H_1，即各组平均记忆量不等。说明五种记忆法的记忆量有明显差异。

四、方差分析的假设前提（在 H_0 成立下）

(1) 我们把在因素的某个水平下进行试验，所得到的观察值 x_1，x_2，$\cdots x_n$，看成是从某个正态总体 N ($\mu_i \sigma_i^2$) 中抽取的容量为 n 的样本。

　　这时该总体 μ_i、σ^2 未知（正态性）。

(2) 对于因素的各个水平下的试验，认为是来自各个总体，例如 k 个水平，就有 k 个总体，在其他条件尽可能保持一致时，可以认为各总体的 σ^2 是相等的。（等方差）。

(3) 试验必须满足从 k 个不同总体中抽取的各个样本各自独立。（独立性）。

五、方差分析的数学原理

假设某试验中，因素 A 有 k 个不同水平（或称条件），则在每个水平下试验，可得到 k 个总体，各总体均服从正态分布，且方差相等时，我们检验在不同水平下的平均数是否相等，即 H_0：$\mu_1=\mu_2=\cdots=\mu_k$。

如果要检验的因素对试验结果没有显著影响，则我们认定试验的全部结果来自同一总体，此时 H_0 成立，可以认定因素对试验没有显著影响，否则，说明因素已经变了各自样本的性质。

六、方差分析中的多重比较

（一）多重比较的主要方法

方差分析的多重比较是一个比较烦琐的步骤，在实际应用中，常常是用统计软件进行操作。

1. 最小显著性差异法（Least Significant Difference，LSD 法）

两总体均值之差的 t 检验。

$$t=\frac{(\overline{x}_1-\overline{x}_2)-(\mu_1-\mu_2)}{\sqrt{S_{合}^2 \left[\frac{1}{n_1}+\frac{1}{n_2}\right]}}$$

$df = n_1 + n_2 - 2$

此时用 MSE 取代 $S_合^2$，则变成：

$$t = \frac{(\bar{x}_1 - \bar{x}_2) - (\mu_1 - \mu_2)}{\sqrt{MSE\left[\frac{1}{n_1} + \frac{1}{n_2}\right]}}$$

n 为所有样本个数，k 为水平数。

2. q 检验

(1) 计算 $S_{\bar{x}} = \sqrt{\dfrac{MSE}{n}}$

(2) 查 q 值：$q\ (a,\ r,\ n-r)$

(3) 临界值 $D = q \times S_{\bar{x}}$

(4) 判断：$|\bar{x}_i - \bar{x}_j| > D$，有显著差别。

（二）进行多重比较的基本步骤

①在各样本均值之间的绝对差异中找出最大差异，设为 D，则：

$D = max\ |\bar{x}_i - \bar{x}_j|\ \ (i \neq j)$

②建立假设：

H_0：$\mu_i - \mu_j = 0$

H_1：$\mu_i - \mu_j \neq 0$

③求检验统计量。

$$t = \frac{\mu_i - \mu_j}{\sqrt{MSE \cdot \left[\frac{1}{n_i} + \frac{1}{n_j}\right]}}$$

④进行 t 检验。

⑤结论：当接受 H_0 时，i 与 j 之间没有显著差异，可以在二者之间选出较适合方案。当拒绝 H_0 时，我们选择一个样本均值最优水平。

[**例 4**] 改制问题：某教师采用四种教学法教课之后，考查学生的记忆情况，得表如下：

编号	方法一	方法二	方法三	方法四
1	26.5	31.2	27.9	30.8
2	28.7	28.3	25.1	29.6
3	25.1	30.8	28.5	32.4
4	29.1	27.9	24.2	31.7
5	27.2	29.6	26.5	32.8

问不同教法对记忆是否有影响？如果有显著性差异，进行各组的比较。

解 （1）$H_0：\mu_1=\mu_2=\cdots=\mu_4$，教法无影响。

$H_1：\mu_1\cdots\mu_4$ 不全相等，教法有影响。

在计算器有统计功能键时，我们可以用计算各组的平均数和方差来简化计算：

$\bar{x}_1=27.32$、$\bar{x}_2=29.56$、$\bar{x}_3=26.44$、$\bar{x}_4=31.46$；

及：σ_i^2 分别是：1.46^2、1.31^2、1.62^2、1.51^2；

$\bar{x}=\dfrac{573.9}{20}=28.695$；$\sigma^2=2.408^2$；则：

$SST=\sigma^2\times N=(2.408)^2\times20=115.929$

$SSE=\sum\sigma_i^2\times n_i=[1.46^2+(1.31)^2+(1.62)^2+1.51^2]\times5=39.084$

$SSA=N\times\sum\limits_{i=1}^{k}\dfrac{(\bar{x}_i-\bar{x})^2}{k}=20\times1.96^2=76.8455$

（注意：在各组数据个数不同时，此法只能先求 SSE，或求 SSA 时用各组个数为权数，用加权形式。）

$MSA=\dfrac{SSA}{r-1}=\dfrac{76.8455}{3}=25.615$

$MSE=\dfrac{SSE}{N-r}=\dfrac{39.084}{20-4}=\dfrac{39.084}{16}=2.443$

$\therefore F=\dfrac{MSA}{MSE}=\dfrac{25.615}{2.443}=10.485$

来源	SS	df	平均平方 MS	F 值
组间	76.846	3	25.615	10.485
组内	39.084	16	2.443	
总差	115.929	19		

决策：在 $\alpha=0.05$，查表得：

$F_{0.05}(3，16)=3.24$；$\because F>F_\alpha$

$\therefore$拒绝 H_0，不全相等，说明教学法对记忆有影响。

（2）进行多重比较：

$$t=\dfrac{(\bar{x}_i-\bar{x}_j)-(\mu_i-\mu_j)}{\sqrt{MSE\left[\dfrac{1}{n_i}+\dfrac{1}{n_j}\right]}}>t_{\frac{\alpha}{2}}(df)$$

或：$|\bar{x}_i-\bar{x}_j|>t_{\frac{\alpha}{2}}\times\sqrt{MSE\left[\dfrac{1}{n_i}+\dfrac{1}{n_j}\right]}=2.12\sqrt{2.4428\times\dfrac{2}{5}}=2.096$

$$\therefore |\bar{x}_1 - \bar{x}_3| = |27.3 - 26.4| = 0.9 < 2.096, \text{无差异}$$

$$|\bar{x}_1 - \bar{x}_4| = |27.3 - 31.4| = 4.1 > 2.096, 4 \text{大于} 1$$

$$|\bar{x}_2 - \bar{x}_3| = |29.5 - 26.4| = 3.1 > 2.096, 2 \text{大于} 3$$

$$|\bar{x}_2 - \bar{x}_4| = |29.5 - 31.4| = 1.9 < 2.096, \text{无差异}$$

$$|\bar{x}_3 - \bar{x}_4| = |26.4 - 31.4| = 5 > 2.096, 4 \text{大于} 3$$

$$|\bar{x}_1 - \bar{x}_2| = |27.3 - 29.5| = 2.2 \geqslant 2.096, \text{有差异}$$

结论：4 和 2 无差异，1 和 3 无差异；4 大于 1 和 3，2 大于 3 和 1。说明我们应选择第 4 或第 2 种方式进行教学。

七、各水平下的样本容量不同的方差分析

[**例 5**] 随机抽取 26 位被访者，了解他们对安乐死的赞同程度。然后按不同血型进行分组，资料如下表所示。在 $\alpha = 0.05$ 时进行方差分析看不同血型的人，对安乐死的态度是否有显著性差异？

编号：	血型：O	A	B	AB
1	80	80	73	92
2	78	77	80	86
3	94	69	92	70
4	73	84	76	85
5	79	52	68	
6	86	40		
7	91	73		
8	75			
9	81			
10	64			

解 H_0：不同血型的看法没有差异。

计算得 $\bar{x}_i$ 的值分别是：80.1、67.858、77.8、83.25。

方差分析表：

误差来源	SS	DF	MS	F	Sig.
组间	840.077	3	280.026	2.179	0.119
组内	2827.307	22	128.514		
总和	3667.385	25			

查表得：F_a (3, 22) =3.05，

∴接受 H_0，不同血型的人对安乐死的看法没有显著性差异。

第三节　多因素方差分析

当我们对事物进行分析时，如果我们对多个可以控制的因素采取变异，来观察事物发生与发展的变化规律，就称为多因素的方差分析。多因素方差分析的目的不仅要分析控制因素对事物的影响，还要观察控制因素之间的相互作用对事物的影响。在多因素方差分析中，一般以双因素的方差分析进行考察，其他的以此类推。

一、基本概念

（一）定义

当我们控制多个因素同时影响试验结果时，称为多因素方差分析。

（1）因素的不同取值称为因素水平。

（2）因素水平的改变，造成试验结果的改变，称为主效应。

（3）当某一因素的效应随另一因素水平的不同而不同，则两因素之间存在交互作用。

（4）交互作用造成试验结果的不同，称为交互效应。有交互作用的方差分析不在本章中讨论，可以参看书后的软件操作部分。

（二）多因素的方差分析的基本思路

多因素方差分析在分析时，既要分析多个控制因素独立作用对观察变量的影响，又要分析多个控制变量的交互作用对观察变量的影响。因此，在对离差平方和进行分解时，又分为以下两种情况：（以双因素分析为例）

1. 当没有交互作用时（两个因素 A、B）：

$SST=SSA+SSB+SSE$；（此时我们认为 $SS_{A \times B}=0$）

自由度：$df_A=k_a-1$；$df_B=R_b-1$；

误差项：$df_E=N-R_a-R_b+1$；

2. 当存在交互作用时：

$SST=SSA+SSB+SS_{A \times B}+SSE$

自由度：$df_A=k_a-1$；$df_B=k_b-1$；$df_{A \times B}=(k_a-1)(k_b-1)$

误差项：$df_E=N-k_a \times k_b$

$$SSA=\sum\sum\ (\bar{x}_i-\bar{\bar{x}})^2=s\times l\sum_{i=1}^{r}\ (\bar{x}_i-\bar{\bar{x}})^2$$

$$SSB=\sum\sum\ (\bar{x}_j-\bar{\bar{x}})^2=l\times r\sum_{j=1}^{s}\ (\bar{x}_j-\bar{\bar{x}})^2;$$

$$SS_{A\times B}=l\sum_{i=1}^{r}\sum_{j=1}^{s}\ (\bar{x}_{ij}-\bar{x}_i-\bar{x}_j-\bar{\bar{x}})^2$$

$$SST=\sum\sum\sum\ [\bar{x}_{ijk}-\bar{\bar{x}}]^2=N\sigma^2;$$

$$SSE=\sum_{i=1}^{r}\sum_{j=1}^{s}\sum_{1k=1}^{l}\ (x_{xjk}-\bar{x}_{ij})^2$$

二、两个因素的方差分析例题

[例 6]　某农科所在水溶液中种植西红柿，采用了二种施肥方式和四种不同的水温，产量如下：

		水温因素 A			
		4℃	10℃	16℃	20℃
施肥因素 B	施一次	20	16	9	8
	施二次	19	15	10	7
	施三次	21	14	11	6

试分析以上两个因素对产量是否有显著影响。

解　设水温为因素 A，水平数为 4 个；施肥为因素为 B，水平数有 3 个。则：

H_{01}：A_i 效应=0　　H_{11}：$A_i\neq0$ $(i=1，2，3，4)$

H_{02}：B_j 效应=0　　H_{12}：$A_j\neq0$ $(j=1，2，3)$

列计算表 $(i=1，2，\cdots，4；j=1，2，3)$ 如下：

	$\sum x_{ij}^{2}=2330$				合计 $T=\sum x_i$	T^2	$\bar{x}_i$
	20	16	9	8	53	2809	13.25
	19	15	10	7	51	2601	12.75
	21	14	11	6	52	2704	13.00
合计 $T=\sum x_i$	60	45	30	21	156	6966	—
T^2	3600	2025	900	441	8114	24336	—
$\bar{x}_j$	20	15	10	7	—	—	156/12=13

总差：$SST = \sum x_{ij}^2 - \dfrac{T^2}{r \times s}$

$= 2\ 330 - \dfrac{24\ 336}{12} = 2\ 330 - 2\ 028 = 302$

A 因素：$SSA = \sum \dfrac{T_i^2}{S} - \dfrac{T^2}{rs} = \dfrac{6\ 966}{3} - \dfrac{24\ 336}{12} = 294$

$MSA = \dfrac{SSA}{(r-1)} = \dfrac{294}{3} = 98$

B 因素：$SSB = \sum \dfrac{T_j^2}{r} - \dfrac{T^2}{rs} = \dfrac{8\ 114}{4} - \dfrac{24\ 336}{12} = 0.5$

$MSB = \dfrac{0.5}{s-1} = \dfrac{0.5}{2} = 0.25$

组间：$SSE = SST - SSA - SSB = 302 - 294 - 0.5 = 7.5$

$\therefore MSE = \dfrac{7.5}{(r-1)(s-1)} = \dfrac{7.5}{6} = 1.25$

检验统计量：$F_A = \dfrac{MSA}{MSE} = \dfrac{98}{1.25} = 78.4$；$F_B = \dfrac{MSB}{MSE} = \dfrac{0.25}{1.25} = 0.20$

临界值：$F_A\,(3,\ 6) = 4.76$；$F_B\,(2,\ 6) = 5.14$

方差分析表：

误差来源	SS	DF	MS	F	F_a
因素 A	294.000	3	98.000	78.4	4.76
因素 B	0.500	2	0.25	0.2	5.14
随机因素	7.500	6	1.25		
总和	302.000	11			

结论：拒绝 H_{01}，接受 H_{11}；接受 H_{02}，拒绝 H_{12}。

水温对产量效应显著，而施肥方式对产量效应不显著。从水温的多重效应比较上，寻找最优方案。可以找到在 4℃ 时为最优水平，目前资料的最后方案是在 4℃ 时施一次肥为最佳。

本章小结

本章介绍了用方差分析方法进行统计数据处理的意义，方差分析是检验多个总体均值是否相等的一种统计方法，根据实验中可变化的因素的多少分单因素方差分析和多因素方差分析。本章重点介绍了单因素方差分析的数学原理、假设前提和基本步骤，以及 F 分布的应用和方差分析中的多重比较。

本章重点名词

方差分析　因素与水平　单因素　*SST*　*F*分布　组内差异　组间差异、多重比较　均方和

本章思考题与习题

1. 判断：

A. ANOVA中，检验平均值是否相等时，用各样本方差进行对比，因此该过程称为方差分析。

B. 在简单方差分析中，F统计量的检验区域在F分布的双尾进行。

2. 为了了解学院培养出来的本科学生毕业后的工作情况，学院从已经毕业的四个专业的学生中，按不同专业分别随机地抽取了10名同学进行调查。下表给出了一些数据。

方差来源	SS	df	MS	F	F_α	Sig.
组间			2.43825			0.88466
组内	416.993					
总和						

①填表；

②若$\alpha=0.05$时，应做何结论？

③从方差分析表中的显著性P－值上如何判断该结论？

3. 学校要考虑我校学生与中大、暨大、广商院、广大的四个相同专业的学生的工作情况，随机抽取20人为样本进行调查。在不考虑交互作用下，得以下方差分析表。

方差来源	SS	df	MS	F	Sig.
专业	3.366				0.815
学校			15.052		0.023
残差		12			
总和	106.502				

①填表；

②按方差分析表中的 $Sig.$ 水平作出解释。

4. 水载法研究如何用可溶性养料培育西红柿，试验分成 3 组：（1）生长季节一开始就给全部养料；（2）生长季节一开始给一半养料，中间再给另一半；（3）每个月给 1/4 养料。试验数据如下：

样本	重量（g）		
	处理（1）	处理（2）	处理（3）
1	12.3	15.6	13.8
2	15.8	11.4	15.2
3	14.3	13.4	17.1

请问三组处理对产品的重量是否有影响？

5. 汽车制造商设计生产了一种新的轻型发动机，并用 4 种不同等级的汽油进行试验，数据如下：

样本	每升汽油行驶公里数			
	柴油	85 号	90 号	95 号
1	39.31	39.69	38.99	40.04
2	39.87	40.00	40.02	39.89
3	39.87	41.01	39.99	39.93

问不同的汽油是否行驶的公里数一样？

6. 四个工人用不同的方法装配一种机器，资料如下：

样本	安装时间（分钟）			
	张	李	毛	赵
1	16.6	22.4	31.4	18.4
2	17.0	21.5	33.4	19.6
3	17.6	22.0	32.3	20.0

安装方法之间有区别吗？

7. 某店经理辞职后，领导考虑在 3 个人中选出一个来接替。3 人有着同样的服务年限，同等文化。为了考查3人的能力，让3人在柜台上试用5个月，资料如下：

样本	月销售额（千元）		
	马女士	宋先生	张小姐
1	15	15	19
2	10	10	12
3	9	12	16
4	5	11	16
5	16	12	17

三者之间有无差别？

8. 一批由同一种原料织成的布，用不同印染工艺处理，然后缩水得资料如下。进行方差分析不同工艺对布缩水率的影响。

	试验1	试验2	试验3	试验4
工艺1	4.3	7.8	3.2	6.5
工艺2	6.1	7.3	4.2	4.1
工艺3	4.3	8.7	7.2	10.1
工艺4	6.5	8.3	8.6	8.2
工艺5	9.5	8.8	11.4	7.8

9. 三种不同配比的饲料对3种不同品种的猪，三个月后测得猪重，试分析有无不同。

	品种1	品种2	品种3
饲料1	51	56	45
饲料2	53	57	49
饲料3	52	58	47

第十一章　数据的回归与相关

本章学习目标

　　本章学习目标有六个：①掌握简单线性相关系数的计算及检验；②理解总体回归函数与样本回归函数；③掌握回归系数的估计；④了解简单线性回归模型的检验；⑤掌握简单线性回归模型预测；⑥了解常用的可以转换为线性回归的非线性函数。

第一节　回归与相关的概念

一、回归与相关的概念

　　辩证唯物主义认为：事物之间不是孤立的，在事物与事物、现象与现象之间存在着相互联系、相互制约、相互依赖的关系，社会经济现象也不例外。在社会经济领域中，一种现象的变化往往依赖于其他现象的变化，一种现象的变化也常常影响着其他现象的变化。同时在现象之间的这种相互关系中，有些还表现为一定的规律性。当然，现象之间的这种关系也有亲疏之分。

　　当我们用数量关系来描述它们之间的关系时，发现现象之间的数量关系存在着两种不同的类型：一种是变量之间的依存关系是严格的，它们的关系是固定不变的，对于某一种变量的取值，另一变量都有一完全确定的值与之相对应；反过来也一样，这种关系，我们称之为函数关系。例如，正方形的面积 S 与其边长 a 的关系；在价格 p 不变的情况下，商品的销售额 R 与商品销售量 q 之间的关系等，都可以用一精确的关系式 $S=a^2$ 和 $R=p \cdot q$ 表示出来。同时，在 S 和 R 确定的情况下，$a=\sqrt{S}$ 与 $q=R/p$ 同样成立。这种关系就是函数关系。另一种是相关关系，在这种关系中，变量之间的关系值是随机的，当一个（或几个）变量的值确定以后，另一变量的值虽然与它（们）有关，但却不能完全确定。然而，它们之间又遵循一定的统计规律。例如，居民人均收入与其消费额之间，胶卷的销售量与照相机的销售量之间，利润额与销售量之间的关系都是这种不确定的关系。因为这些变量（消费额、胶卷销售量、利润销售额等）虽然受这些因素（人均收入、照相机销售量等）的影响外，同时还受到其他因素的影响。在客观事物中，尤其在经济领域中，相关关系是普遍存在的，对这些相关关系进行分析时，很有必要利用相应的函数关系数学表达式作为研究现象之间的相关方式。回归分析和相关分析是对变量之间存在的关系进行统计分析研究的最常用的方法。它们从不同侧面研究了变量之间的相互关系。

通常，在相关关系中，在相互联系的现象之间存在着一定的因果关系，这时，就把其中起影响作用的现象具体化，通过一定的标志反映出来，这样的标志称为自变量，或称外生变量。受到自变量变动影响而发生变动的标志，则称为因变量，或称内生变量。例如，人均收入与消费额之间存在有一定的因果关系，但却不能精确地给出这两个变量之间的具体表达式，在这里，消费额是因变量，人均收入是自变量，消费额的变动是果，人均收入的变动是因。在研究相关关系时，通常用 x 表示自变量，用 y 表示因变量。值得指出的是，函数关系中，自变量与因变量可以互换，但在相关关系中，特别在回归分析中，两者一般不能互换。在相关关系中，有时两个变量间存在着关系而不存在明显的因果关系，即难以指出谁是原因变量，谁是结果变量时，就要依据研究的目的来确定哪个是自变量、哪个是因变量了。

回归这个词是英国科学家高尔顿（Francis Galton）于 1877 年在一项对遗传学的研究中引进的。这项研究表明：从统计学的角度而言，无论父母身材高矮，其子女的身高将回复到人的平均身高，他把这一现象称之回归。后来，这一概念被广泛地用来表示变量之间的数量关系。回归分析就是用来研究变量之间可能形式的统计方法。它把两个或两个以上变量之间的变动关系加以模型化，把数学函数作为工具来表达变量之间的关系。这种方法的最终目的通常在于预测或估计与某一个或某几个变量的给定值相对应的另一变量的数值。回归分析只能表达变量之间的关系，却不能确定变量之间的相关程度。为此，高尔顿 1888 年最初引进了相关的概念。相关分析就是研究如何计量相关关系程度的统计方法。由此可见，回归分析和相关分析是既有联系又有区别的两种统计方法。就其研究对象而言，两者都是研究变量之间的相关关系。但就两者各自研究的侧重点看，两者又有明显的区别。回归分析必须根据研究的目的，将相关变量区分为自变量与因变量，确定其关系的可能数学表达式。相关分析只计量变量之间相关的程度，不必区分自变量与因变量。因而，相关分析与回归分析是密不可分的两个概念。

二、相关关系的种类

现象之间的相关关系可以按不同的方式分类。

（一）按相关的方向分为正相关和负相关

若相关关系表现为因变量与自变量的数量变动方向一致，称为正相关；反之，如果相关关系表现为因变量与自变量的数量变动方向相反，就称为负相关。如居民消费支出随收入的增加而增加就是正相关，而在一定条件下销售的产品越多，销售单位产品的成本越低就表现为负相关。

（二）按研究变量多少分为单相关和复相关

单相关即一元相关，亦称简单相关，是指一个因变量与一个自变量之间的依存关系。复相关又称多元相关，是指一个因变量与两个或两个以上自变量之间的复杂依存关系。例如，仅仅考虑施肥量对粮食产量的影响，这是单相关；如果除考虑施肥量外，还考虑雨量及深耕程度对粮食产量的影响，则这种相关为复相关。

（三）按相关形式分为线性相关和非线性相关

相关关系是一种数量关系上不严格的相互依存关系。在相关图上，一般用横轴表示自变量，用纵轴表示因变量，两者的对应点可以用坐标表示，这样的坐标图称为相关图。从相关图上观察：观察的样本点的分布近似表现为直线形式，即观察点近似地分布于一直线的两边，则称此种相关为直线相关或线性相关。如果这些样本点近似地表现为一条曲线，则称这种相关为曲线相关或非线性相关。

三、相关分析的主要内容

相关分析的目的是使我们对现象间的关系的密切程度及变化的规律性不仅有定性的把握，而且要达到定量的认识，以便对改进工作作出判断，用于社会经济现象数量间的推算与预测。相关分析的主要内容有：

（一）确定现象间有无关系存在，若有关系的话，其相关程度如何

这是相关关系研究的出发点。只有有相关关系的现象研究起来才有价值，无相关关系的现象间绝不能臆造这种关系，否则就会造成虚假关系，而把真正的原因给舍弃了，这样势必给经济决策工作带来损害。初步判断相关关系的方法可以观察相关图表。确定现象间有无关系及相关的密切程度的方法可以通过计算相关系数来确认。1890 年，高尔顿的学生卡尔·皮尔逊（Karl Pearson）首创了"积矩相关系数"（Product-moment coefficient of correlation），相关系数是测定变量之间线性相关程度和方向的指标。通常，以 ρ 表示总体的相关系数，以 r 表示样本的相关系数。

按照线性相关变量的个数和分析问题的角度不同，相关系数可以分为简单相关系数、偏相关系数和复相关系数。

（二）确定相关关系的表现形式及其技术模型

确定相关关系的表现形式就是根据相关图表先观察是线性相关还是非线性相关，然后运用相关分析的方法解决。如果把直线相关误认为是曲线相关或把曲线相关看成是直线相关，都会造成认识上的偏差，导致错误的结论。在确认了相关关系形式后，就要用相应的数学模型建立自变量与因变量之间关系的近似函数关系表达式，用它来确定，当自变量值发生一定变化时，因变量值一般如何变化，以揭示现象之间依存关系的规律性。这个关系式就是后来进行判断推算，预测的根据。

（三）判断因变量一般值的代表性

在因变量与自变量之间建立数学函数关系后，就可用它测定因变量的估计值了。将估计值与实际值比较，差别小，说明估计较准确，反之就不够准确。这种变量估计值的准确程度，也即所配合直线或曲线的代表性程度，通常用估计标准误差和判定系数来衡量。

（四）显著性检验

回归分析中的显著性检验包括两方面的内容：一是对各回归系数的显著性检验；二是对整个回归方程的显著性检验。

（五）回归预测

建立回归模型的重要目的之一就是进行预测。如果所拟合的样本回归模型通过了检验，又具有较高的经济意义，就可以利用该回归模型进行预测。进而根据实际情况进行决策。

第二节　一元线性回归分析

一、相关系数

两个变量之间的线性相关程度及共同变化的方向可以用简单相关系数来表示。一般用 ρ 表示总体相关系数，用 r 表示样本相关系数。样本相关系数是用积差进行定义与计算的，其公式如下：

$$r = \frac{\sum (x-\bar{x})(y-\bar{y})}{\sqrt{\sum (x-\bar{x})^2 \cdot \sum (y-\bar{y})^2}} \tag{11.1}$$

实际计算时，相关系数也可采用下列等价公式计算：

$$r = \frac{n\sum xy - \sum x \sum y}{\sqrt{[n\sum x^2 - (\sum x)^2][n\sum y^2 - (\sum y)^2]}} \tag{11.2}$$

相关系数 r 具有如下性质：

（1）当 $|r|=1$ 时，x 与 y 完全线性相关，y 与 x 之间存在着确定的函数关系。

（2）当 $0<|r|<1$ 时，表示 y 与 x 之间存在着一定的线性相关关系。其数值愈大，愈接近于 1，表示 y 与 x 之间的线性相关程度愈高；反之，其数值愈小，愈接近于 0 表示 y 与 x 之间的线性相关的程度愈低。通常，判断的标准是：$|r|<0.3$ 称为微弱相关；$0.3<|r|<0.5$，称为低度相关；$0.5<|r|<0.8$，称为显著相关；$0.8<|r|<1$，称为高度相关。

（3）当 $|r|=0$ 时，表示 y 与 x 之间没有直线型相关关系。

（4）从定性上讲，$r>0$ 表示 y 与 x 为正相关，即两者变化方向相同；$r<0$ 表示 y 与 x 之间是负相关，两者变化方向相反。

[例1]　表 11—1 是某市 12 家百货公司的年销售额与年利润额统计表。试确定商场利润额与其销售额之间是否存在相关关系。

表 11—1　　　　　　　　相关系数计算表

编号	销售额 x	利润额 y	xy	x^2	y^2
1	23	9	207	529	81
2	35	15	525	1225	225
3	47	30	1410	2209	900
4	65	30	1950	4225	900
5	87	45	3915	7569	2025
6	95	35	3325	9025	1225
7	110	50	5500	12100	2500
8	132	76	10032	17424	5776
9	150	60	9000	22500	3600
10	176	80	14080	30976	6400
11	180	100	18000	32400	10000
12	195	110	21450	38025	12100
合计	1295	640	89394	178207	45732

解　根据表中资料计算：

$$\therefore r=\frac{12\times 89\,394-1\,295\times 640}{\sqrt{12\times 178\,207-1295^2}\cdot\sqrt{12\times 45\,732-640^2}}=0.9625$$

二、回归直线的确立

回归直线方程是表明两个变量之间相关关系的数学表达式。因为是一个自变量对因变量的影响分析，又称一元线性回归分析。只要两相关变量之间的关系可以在散布图（又称相关曲线图）上作出以自变量为横坐标，因变量为纵坐标的直线，在自变量和因变量之间就可以用直线方程表示。此直线就称为回归直线。因为原因变量与结果变量的对应值（坐标点）在相关图上大致分布在直线的两侧，这条直线又称为总体回归直线的估计线。在估计线上，坐标点的纵坐标是相应于自变量 x 的因变量 y 的估计值。如果用 $\hat{y}$ 表示实际值 y 的估计值，则估计线的表达式可假设为 $\hat{y}=a+bx$。这就是回归直线方程。它在坐标图上表现为 y 对 x 的回归线，表示 y 对 x 的平均关系，其中 a 是样本回归直线在 y 轴上的截距，它是回归直线与纵轴交点的 y 坐标；b 为样本回归直线的斜率，它表示 x 每增加一个单位时 y 的平均增量，又称回归系数。配合回归直线的方法最常用的是最小二乘法。这种方法同动态数列分析一章中配合直线趋势方法一样，所不同的是变量不是时间 t 而是另一与因变量相关的自变量 x。因此，对于回归直线方程：$\hat{y}=a+bx$

式中两待定系数 a、b 的计算方法，只要将时间数列分析中最小平方法求 a、b 的规范方程中的 t 改为 x 即可。即：

$$\begin{cases} \sum y = na + b\sum x \\ \sum xy = a\sum x + b\sum x^2 \end{cases}$$

由此得：

$$a = \bar{y} - b\bar{x}$$

$$b = \frac{n\sum xy - \sum x\sum y}{n\sum x^2 - (\sum x)^2} \tag{11.3}$$

[例 2]　[例 1] 表明，商场利润额与其销售额之间存在相关关系。利用表 11-1 某市 12 家百货公司的销售额与利润额统计表，试以销售额为自变量，利润额为因变量建立直线回归模型。

解　根据表中资料计算：

$$b = \frac{12 \times 89\,394 - 1\,295 \times 640}{178\,207 - 1\,295^2} = \frac{243\,928}{461\,459} = 0.5286$$

$$a = \frac{640}{12} - 0.5286 \times \frac{1\,295}{12} = -3.71$$

回归直线方程表明，百货公司的销售额每增加 1 万元，利润额就增加 0.5286 万元，也就是说，利润额 y 与自变量销售额 x 之间按相同方向变动，即利润额 y 与销售额之间的相关关系表现为正相关。一般地，回归直线中回归系数 b 的符号正、负与相关现象中变量间的相关方向的正、负一致。

三、回归直线的拟合程度

回归直线 $\hat{y}=a+bx_i$ 在一定程度上描述了变量 x 与 y 之间的内在规律，根据这一方程，我们可由自变量 x 的取值来估计因变量 y 的取值。但估计的精度如何将取决于回归直线对观测数据的拟合程度。可以想象，如果各观测数据的散点都落在这一直线上，那么这条直线就是对数据的完全拟合，直线充分代表了各个点，此时用 x 来估计 y 是没有误差的。各观察点越是紧密围绕直线，说明直线对观测数据的拟合程度越好，反之则越差。我们把回归直线与各观察点的接近程度称为回归直线对数据的拟合程度。为说明直线的拟合程度，我们需要研究因变量 y 取值变化规律。

（一）判定系数

判定系数说明回归直线拟合程度的一个度量值。为说明它的含义，我们需要对因变量 y 取值的变差进行研究。

因变量的取值是不同的，y 取值的这种波动称为变差。变差的产生来自于两个方面：一是由于自变量 x 的取值不同造成的；二是除 x 以外的其他因素（如 x 对 y 的非线性影响、测量误差等）的影响。对一个具体的观测值来说，变差的大小可以通过该实际观测值与其均值 $\bar{y}$ 之差（$y-\bar{y}$）来表示。而 n 次观察值的总变差（记为 SST）可由这些离差的平方和来表示，称为总变差平方和，即：

$$SST=\sum (y-\bar{y})^2$$

从图 11－1 可以看出，每个观测点的离差都可以分解为两部分：即

$$y-\bar{y}=(y-\hat{y})+(\hat{y}-\bar{y})$$

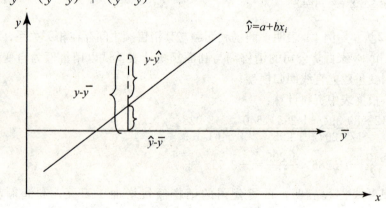

图 11－1　变差分析图

将上式两边平方，并对所有 n 个点求和有

$$\sum (y_i-\bar{y})^2=\sum (y_i-\hat{y}_i)^2+\sum (\hat{y}_i-\bar{y})^2+2\sum (y_i-\hat{y}_i)(\hat{y}_i-\bar{y})$$

可以证明，$\sum (y-\hat{y})(\hat{y}-\bar{y})=0$，因此

$$\sum (y_i-\bar{y})^2=\sum (y_i-\hat{y}_i)+\sum (\hat{y}_i-\bar{y})^2$$

即总的变差平方和 SST 可分解为两部分：其中 $\sum (\hat{y}-\bar{y})^2$ 是回归值 $\hat{y}$ 与均值 $\bar{y}$ 的离差平方和，根据回归方程，估计值 $\hat{y}=a+bx$，因此可以把 $(\hat{y}-\bar{y})$ 看做是由于自变量 x 的变化引起的 y 的变化，而其平方和 $\sum (\hat{y}-\bar{y})^2$ 则反映的 y 的总变差中由于 x 与 y 之间的线性关系引起的 y 的变化部分，它可以由回归直线来解释，因而称为可解释的变差或回归平方和，记为 SSR。另一部分 $\sum (y_i-\hat{y}_i)^2$ 是各实际观测点与回归值的残差 $(y_i-\hat{y}_i)$ 平方和，它是除了 x 对 y 的线性影响之外的其他因素对 y 变差的作用，是不能由回归直线来解释的，因而称为不可解释的变差或剩余平方和，记为 SSE。三个平方和的关系为：

总变差平方和＝回归平方和＋剩余平方和

$$SST=SSR+SSE$$

从图 11－1 可以直观地看出，回归直线拟合的好坏取决于 SSR 及 SSE 的大小，或者说不得取决于回归平方和 SSR 占总变差平方和 SST 比例 SSR/SST 的大小。各观察点越是靠近，SSR/SST 则越大，直线拟合得越好。我们将回归平方和占总变差平方和的比例定义为判定系数，记为：

$$r^2=\frac{SSR}{SST}=1-\frac{SSE}{SST} \tag{11.4}$$

判定系数测度了回归直线对观测数据的拟合程度。若所有观测值都落在直线上，剩余平方和 $SSE=0$，$r^2=1$，拟合是完全的；如果 x 的变化与 y 无关，x 完全无助于解释 y 的变差，此时 $\hat{y}=\bar{y}$，则 $r^2=0$，可见 r^2 的取值范围是 $[0, 1]$。r^2 越接近于 1，表明回归平方的和占总变差平方的比例越大，回归直线与各观测点越接近，用 x 的变化来解释 y 值变差的部分就越多，回归直线的拟合程度就越好；反之，r^2 越接近于 0，回归直线的拟合程度就越差。

在具体计算时，

$$SSR=\sum (\hat{y}-\bar{y})^2=\sum (a+bx-a-b\bar{x})^2$$
$$=b^2\sum (x-\bar{x})^2$$
$$=b\sum (x-\bar{x})(y-\bar{y})$$

所以

$$r^2=\frac{\sum (\hat{y}-\bar{y})^2}{\sum (y-\bar{y})^2}=\frac{b^2\sum (x-\bar{x})^2}{\sum (y-\bar{y})^2}$$
$$=\frac{b\sum (x-\bar{x})(y-\bar{y})}{\sum (y-\bar{y})^2}$$

$$= \left[\frac{\sum (x-\bar{x})(y-\bar{y})}{\sqrt{\sum (x-\bar{x})^2} \cdot \sqrt{\sum (y-\bar{y})^2}} \right]^2 \qquad (11.5)$$

括号内的部分正是简单相关系数 r。可见在一元线性回归中。相关系数 r 实际上是判定系数的平方根。这一结论不仅可以使我们能由相关系数直接计算判定系数 r^2，也可以使我们进一步理解相关系数的意义。相关系数 r 与回归系数 b 的正负号是相同的。实际上，相关系数 r 也从另一角度说明了回归直线的拟合程度。$|r|$ 越接近 1，表明回归直线对观测数据的拟合程度就越高。但用 r^2 说明回归直线的拟合程度需要慎重，因为 r^2 的值总是小于 r（除非 $r=0$ 或 $|r|=1$）。比如，当 $r=0.5$ 时，表面上看似乎有一半的相关了，但 $r^2=0.25$，实际上我们只能解释总变差的 25%。$r=0.7$ 才能解释近一半的变差，（$r^2=0.49$）$r \leqslant 0.3$ 意味只有很少一部分变差可由回归直线来解释。

[**例 3**]　利用例 1 和例 2 的资料计算：$r^2=0.9625^2=0.9264$

说明商场利润额与其销售额的回归直线对观测数据的拟合程度较高。

（二）估计标准误

回归方程的重要作用之一在于根据自变量的已知值推算变量的可能值，也称估计值。但这个估计值与实际值有时一致，有时不一致。这就需要测算估计值对实际值的代表性程度。回归的代表性程度一般用估计标准误指标来检验。估计标准误的意义同标准差的意义基本相同，它说明以回归直线为中心的所有相关点的式中表示因变量 y 依自变量 x 而回归的估计标准误。它与 S_{xy} 是有别的。S_{xy} 表示 x 依 y 而回归的估计标准误。前面提到过，回归方程与函数关系是不同的，在一般条件下，函数关系中的自变量与因变量可以互换（当然要一一对应），但相关关系回归直线的因变量与自变量却不可互换，即已知自变量的值可以推算因变量的值，当已知因变量的值却不能推算自变量的值。也就是说，y 依 x 的回归与 x 依 y 的回归是不同的。估计标准误的计算式为

$$S_{yx} = \sqrt{\frac{\sum (y-\hat{y})^2}{n-2}} \qquad (11.6)$$

公式（11.6）中，y 是实际观察值，$\hat{y}$ 是依据回归直线方程推算的因变量 y 的估计值。注意公式中根号下的分母与标准差不同，它是 $n-2$ 而不是 n，这是由于在最小二乘法 $\sum (y-\hat{y})^2 = \sum (y-a-bx)^2 = $ 最小值的推导中，a 和 b 是依实际资料推算的，从而丧失了两个自由度。当样本数据较多，数值较大时，上述计算十分繁杂，这时可用下列推导公式计算：

$$S_{yx} = \sqrt{\frac{\sum y^2 - a\sum y - b\sum xy}{n-2}} \qquad (11.7)$$

[例4]　仍以例1的资料计算利润额依销售额变动的估计标准误：

$$S_{yx}=\sqrt{\frac{45732-(-3.71)\times640-0.5286\times89394}{10}}=9.23$$

四、显著性检验

回归分析中的显著性检验包括两方面的内容：一是对整个回归方程的显著性检验；二是对各回归系数的显著性检验。回归方程的显著性检验，就是对总体相关系数的检验；回归系数的显著性检验，主要是对总体回归系数的检验。

（一）总体相关系数的检验

过程如下：

1. 作原假设与备择假设　$H_0:\rho=0$，$H_1:\rho\neq0$

2. 选择检验统计量及其分布 $t=\dfrac{r\sqrt{n-2}}{\sqrt{1-r^2}}$　　　　　　　　　　　　(11.8)

3. 给定显著性水平 α，查找对应的临界值 $t_{\frac{\alpha}{2}(n-2)}$

4. 作出统计决策

[例5]　对例1计算的相关关系在5％的显著性水平下进行总体利润额与其销售额之间相关系数的检验。

解　$H_0:\rho=0$，$H_1:\rho\neq0$

$$t=\frac{0.9625\sqrt{12-2}}{\sqrt{1-0.9625^2}}=11.2$$

由 $\alpha=5\%$ 知 $t_{0.025(10)}=2.2281$

$\because |t|>t_{\frac{\alpha}{2}(n-2)}\therefore$ 接受 H_1，拒绝 H_0。

即在现有的显著性水平下，总体利润额与其销售额之间存在相关关系。

（二）回归系数的显著性检验

就一元线性回归而言，一般来说，总体回归模型 $\hat{y}_i=A+BX_i$ 是不知道的，我们只有通过样本回归模型 $\hat{y}_i=a+bx_i$ 中的 a 和 b 来估计，而样本回归模型中的 b 能否判断 B 是否为 0 呢？这就需要进行回归系数的显著性检验。

检验的步骤如下：

1. 作原假设与备择假设　$H_0:B=0$，$H_1:B\neq0$

2. 选择检验统计量及其分布 $t=\dfrac{b}{S_b}$　　　　　　　　　　　　　　(11.9)

其中：$S_b=\dfrac{S_{yx}}{\sqrt{\sum(x-\bar{x})^2}}=\dfrac{S_{yx}}{\sqrt{\sum x^2-\dfrac{(\sum x)^2}{n}}}$

3. 给定显著性水平 α，查找对应的临界值 $t_{\frac{\alpha}{2}(n-2)}$

4. 作出统计决策

[**例6**] 对例2计算的一元线性回归模型在 5% 的显著性水平下进行总体利润额与其销售额之间线性回归系数的显著性检验。

解 $H_0: B=0$，$H_1: B\neq0$

$$t=\frac{0.5286}{0.047}=11.25$$

其中：$S_b=\dfrac{9.24}{\sqrt{\dfrac{461459}{12}}}=0.047$

由 $\alpha=5\%$ 知 $t_{0.025(10)}=2.2281$

$\because |t| > t_{\frac{\alpha}{2}(n-2)}$

$\therefore$ 接受 H_1，拒绝 H_0。

即在现有的显著性水平下，总体利润额与其销售额之间存在线性相关关系。

五、回归预测

所谓回归预测，就是以通过了显著性检验的回归直线模型为基础，以参数估计理论为指导，依据 x 的值估计 y 值及其变化范围。这个范围又称为预测区间。将已知的 $x=x_0$ 代入回归直线模型中计算的对应值 y_0 可视为总体 Y 的点预测，而对应 $x=x_0$，以一定的置信度计算的 y 值变化范围则可视为总体 Y 的区间预测，其预测公式为：

$$Y: \left(y_0 \pm t_{\frac{\alpha}{2}(n-2)} S_{yx} \sqrt{1+\frac{1}{n}+\frac{(x_0-\bar{x})^2}{\sum(x-\bar{x})^2}} \right) \tag{11.10}$$

[**例7**] 假定商场年销售额为 $x_0=250$ 万元，在 $1-\alpha=95\%$ 的条件下预测该商场年利润额为多少？

解 点预测 $y_0=-3.71+0.5286\times250=128.44$

$$区间预测\ Y: \left[128.44 \pm 2.2281\times9.24 \sqrt{1+\frac{1}{12}+\frac{\left[250-\frac{1295}{12}\right]^2}{\frac{461495}{12}}} \right.$$

$$= (128.44 \pm 26.10)$$

$$= (102.34, 154.54)$$

第三节　多元线性回归分析

上一节我们讨论了因变量与一个自变量的相关问题。然而，实际问题是复杂的，在很多社会经济现象中，影响因变量的自变量往往不只一个，而是多个，即一个因变量可能与两个或两个以上的自变量有关。研究一个因变量与多个自变量之间相互关系的统计理论和方法称为复回归与复相关，也称多元线性回归或多元相关。多元回归与相关同样包括多元线性回归与相关和多元非线性回归与相关两种情形。但由于多元线性回归与相关分析特别重要，加以理论上比较成熟，因此，通常提到多元回归与相关就是指多元线性回归与相关。本节只讨论多元线性回归与相关问题。

一、多元线性回归模型

多元线性回归模型是用于表示一个因变量与多个自变量之间线性相关关系及其规律性的一种数学模型。当研究因变量 y 受多个自变量 x_1，x_2，…，x_m 影响，且其关系为线性相关关系时，其线性回归模型方程式可表达为：

$$\hat{y} = b_0 + b_1 x_1 + b_2 x_2 + \cdots + b_m x_m$$

其中：$\hat{y}$ 为复回归估计值；x_1，x_2，…，x_m 为自变量；b_0，b_1，…，b_m 分别为因变量 y 对自变量 x_1，x_2，…，x_m 的回归系数。在多元线性回归中，y 对某一自变量的回归系数表示与其他自变量都固定时，该自变量变动一个单位时，y 的平均变动量，也称偏回归系数。就解决问题所使用的方法，即确定多元线性回归方程的方法来说，其回归系数 b_0，b_1，…，b_m 的确定方法同一元线性回归的确定方法一样，同样使用最小平方估计法，只是多元线性回归分析更为复杂、繁琐，计算量更大，往往需要计算机辅助计算才能完成。多元线性回归方程的参数 b_0，b_1，…，b_m 由以下方程组解出：

$$\begin{cases} \sum y = n b_0 + b_1 \sum x_1 + b_2 \sum x_2 + \cdots + b_m \sum x_m \\ \sum xy = b_0 \sum x_1 + b_1 \sum x_1^2 + b_2 \sum x_1 x_2 + \cdots + b_m \sum x_1 x_m \\ \sum x_m y = b_0 \sum x_m + b_1 \sum x_1 x_n + b_2 \sum x_2 x_n + \cdots + b_m \sum x_m^2 \end{cases} \qquad (11.11)$$

多元线性回归中最简单的是二元线性回归，下面举例说明。

二元线性回归模型及其解为：

$$\hat{y} = b_0 + b_1 x_1 + b_2 x_2$$

$$\begin{cases} \sum y = nb_0 + b_1 \sum x_1 + b_2 \sum x_2 \\ \sum x_1 y = b_0 \sum x_1 + b_1 \sum x_1^2 + b_2 \sum x_1 x_2 \\ \sum x_2 y = b_0 \sum x_2 + b_1 \sum x_1 x_2 + b_2 \sum x_2{}^2 \end{cases} \qquad (11.12)$$

从所需要的样本看，样本中含有 n 组观察值，每组数据都含有 y，x_1，x_2，从其几何意义上讲，一元线性回归方程的散布图对应于一个三维平面坐标系。而含有两个自变量的二元线性回归方程的散布图则对应于一个三维立体坐标系。多元线性回归只能对应多维空间，没有直观的坐标系表达。一元线性回归方程表示平面坐标系内一直线，而二元线性回归方程则表示立体坐标系内一个平面，这个平面称为拟合平面，它含有平面与 y 轴的截距 b_0，沿 x_1 轴的斜率 b_1，和沿 x_2 轴的斜率 b_2。

[例8] 假定 1 000 元的家庭财产保险，保险期一年为一保险单位。考虑某一地区对家庭财产保险的需求量 y 与消费者的月均收入以及保险费率（每 1000 元家庭财产保险一年的价格或费用）之间的变化规律。调查所得统计结果如表 11－2。

表 11－2　　　　　　　　三元线性回归计算表

序号	需求量 y（百元）	月均收入 x_1（百元）	保险费率 x_2（‰）	$x_1 y$	x_1^2	$x_1 x_2$	$x_2 y$	x_2^2	y^2
1	100	300	3	30 000	90 000	900	300	9	10 000
2	80	400	5	32 000	160 000	2 000	400	25	6 400
3	90	500	6	45 000	250 000	3 000	540	36	8 100
4	110	600	6	66 000	360 000	3 600	660	36	12 100
5	100	800	7	80 000	640 000	5 600	700	49	10 000
6	150	1 000	5	150 000	1 000 000	5 000	750	25	22 500
7	140	1 100	6	154 000	1 210 000	6 600	840	36	19 600
8	200	1 200	4	240 000	1 440 000	4 800	800	16	40 000
9	180	1 200	7	216 000	1 440 000	8 400	1 260	49	32 400
10	250	1 300	4	325 000	1 690 000	5 200	1 000	16	62 500
	1 400	8 400	53	1 338 000	8 280 000	45 100	7 250	297	223 600

将表中有关数据代入二元线性回归方程中，得标准方程组为：

$$\begin{cases} 1\ 400=10b_0+8\ 400b_1+53b_2 \\ 1\ 338\ 000=8\ 400b_0+8\ 280\ 000b_1+45\ 100b_2 \\ 7\ 250=53b_0+45\ 100b_1+297b_2 \end{cases}$$

它表明，保险需求量的变化中，如果保险费率固定，则消费者月均收入每增加 1 000 元，保险需求量将增加 139 元。而当消费者月收入固定，保险费率每增加 1‰。保险需求量将减少 15 元。

二、复回归估计平均误差

作为多元线性回归方程估计 y 值正确度的标准，依然用估计平均误差来测量。其计算公式为：

$$S_y=\sqrt{\frac{\sum(y-\hat{y})^2}{n-m-1}} \tag{11.13}$$

式中 n 为样本容量，即观察值组数，m 为自变量个数。对于二元线性回归方程；由于 m 为 2，其估计标准误的计算公式为：

$$S_y=\sqrt{\frac{\sum(y-\hat{y})^2}{n-3}} \tag{11.14}$$

这个公式计算起来较为复杂，一般可以用下列简捷式计算二元线性回归方程的估计标准误：

$$S_y=\sqrt{\frac{\sum y^2-b_0\sum y-b_1\sum x_1y-b_2\sum x_2y}{n-3}} \tag{11.15}$$

[例9]　计算上例二元线性回归方程的估计标准误：

将表 11-2 中的有关数据代入，则有：

$$S_y=\sqrt{\frac{223\ 600-102.42\times1\ 400-0.1395\times1\ 338\ 000+15.02\times7\ 250}{10-3}}$$

$$=18.73（元）$$

三、复相关系数

一元线性回归相关系数是测定变量间相关关系密切程度的指标，用 r 测定并衡量回归方程的效果。测定三个或三个以上变量间关系密切程度的指标是复相关系数，用 R 表示。计算公式如下：

$$R=\sqrt{\frac{\sum(\hat{y}-\bar{y})^2}{\sum(y-\bar{y})^2}} \tag{11.16}$$

R 的意义与 r 相同。当 $R=1$ 时，$\hat{y}=y$，说明回归方程与样本数据完全吻合，没有误差，三个变量间成函数关系。当 $R=0$ 时，$\hat{y}=y$ 说明这些自变量丝

毫未能解释 y 的变异。因此，R 愈接近 1，说明回归效果愈好。对于二元线性回归，R 可按下列公式计算：

$$R=\sqrt{\frac{b_0\sum y+b_1\sum x_1 y+b_2\sum x_2 y-n\ (\bar{y})^2}{\sum y^2-n\ (\bar{y})^2}} \tag{11.17}$$

[例 10] 计算例 7 的复相关系数：将表 11-2 中的有关数据代入，则有：

$$R=\sqrt{\frac{102.42\times1\ 400+0.1359\times1\ 338\ 000-15.02\times7\ 250-10\times\ [\frac{1\ 400}{10}]^2}{223\ 600-10\times\ [\frac{1\ 400}{10}]^2}}$$

$=0.954$

此结果说明保险需求量与消费者的月均收入及保险费率存在密切关系，回归效果甚高。因此可用此回归方程进行回归预测。当消费者月均收入为 1400 元，保险费率为 4‰时，保险需求量的预测值为：

$\hat{Y}=102.42+0.1395\times1\ 400-15.02\times4$

$=237.64$（元）

第四节　非线性回归分析

在实际问题中，两个变量之间的关系既可能是线性相关关系，也可能是非线性相关关系。当变量之间是非线性相关关系时，非线性回归一般可以通过变量替换而转化为线性回归，从而能够使用本章第二节的方法加以解决。

一、可线性化的常用曲线模型

常用可线性化曲线包括以下几种：

(1) 双曲线

$$y=a+\frac{b}{x}$$

令 $x'=\frac{1}{x}$，则有：$y=a+bx'$

这样双曲线方程就变成线性方程了。

(2) 指数曲线：

$$y=ab^x$$

两边取常用对数，则：$lgy=lga+xlgb$

令 $y'=lgy$，$a'=lga$，$b'=lgb$

有 $y'=a'+b'x$

（3）幂函数曲线：

$y=ax^b$

两边取常用对数，则：$lgy=lga+blgx$

令 $y'=lgy$，$a'=lga$，$x'=lgx$

有 $y'=a'+bx'$

（4）指数函数曲线：

$y=ae^{\frac{b}{x}}$

两边取自然对数，$lny=lna+\dfrac{b}{x}$

令 $y'=lgy$，$a'=lna$，$x'=\dfrac{1}{x}$

则：$y'=a'+bx'$

（5）对数函数曲线：

$y=a+blgx$

令 $x'=lgx$ 则有 $y=a+bx'$

（6）S型曲线：

$y=\dfrac{1}{a+be^{-x}}$

令 $y'=\dfrac{1}{y}$，$x'=e^{-x}$，则有

$y'=a+bx'$

在曲线函数化为直线模型后，我们用直线模型计算出参数 a、b 或 a'、b'，然后还原成曲线方程。

二、曲线的配合

下面以双曲线回归方程为例，说明非线性回归方程模型的配合方法。

[**例 11**]　某年某地区 10 个百货商店年销售额和商品流通费用率的资料见表 12—3。

表 11－3 　　　　　　　　　 **双曲线模型计算表**

百货商店	流通费用率 y（%）	销售额 x（万元）	$x'=\dfrac{1}{x}$	$x'y$	x'^2
1	7	10.2	0.098039	0.686275	0.009612
2	6.2	11.7	0.08547	0.529915	0.007305
3	5.8	13	0.076923	0.446154	0.005917
4	5.3	15	0.066667	0.353333	0.004444
5	5	16.5	0.060606	0.30303	0.003673
6	4.6	19	0.052632	0.242105	0.00277
7	4.5	22	0.045455	0.204545	0.002066
8	4.4	25	0.04	0.176	0.0016
9	4.2	28.5	0.035088	0.147368	0.001231
10	4	32	0.03125	0.125	0.000977
合计	51		0.592129	3.213726	0.039595

试配合双曲线模型 $y=a+\dfrac{b}{x}$，并说明年销售额与商品流通费用率的关系。

解　令 $x'=\dfrac{1}{x}$，则有：$y=a+bx'$

这样双曲线方程就变成线性方程了。

其中 a，b 的计算方法与最小平方法求一元线性回归方程相同。

$$b=\frac{n\sum x'y-\sum x'\sum y}{n\sum x'^2-\left(\sum x'\right)^2}$$

$$=\frac{10\times3.2137-0.5921\times51}{10\times0.03960-0.5921^2}$$

$$=42.729$$

$$a=\bar{y}-b\bar{x}'$$

$$=\frac{51}{10}-42.729\times\frac{0.5921}{10}$$

$$=2.57$$

故：所求双曲线方程为 $\hat{y}=2.57+42.729\dfrac{1}{x}$

其相关程度指标 r 的计算与一元线性回归的相关系数计算方法相同。

本章小结

通过对相关和回归的概念的介绍，使读者了解相关分析和回归分析的基本思路，认识变量间的相关关系及其种类，能依据样本数据计算两个变量的简单相关系数并进行检验；当相关系数通过检验后，建立一元线性回归模型并给出相关的基本假定；根据样本数据计算回归系数建立一元线性回归方程；对回归方程与回归系数进行显著性检验，检验通过后，利用回归方程进行回归预测，并给出预测的置信度和置信区间。了解多个变量的线性相关关系：复相关系数和偏相关系数以及多元线性回归参数的估计与检验。最后，以一元回归的基本思路学习将常用的可以转化为线性回归的非线性函数线性化。

本章重点名词

回归 相关分析 单相关 显著相关 相关分析模型 估计标准误差 相关系数 线性回归 拟合度 判定系数 回归系数 多元回归 非线性回归

本章思考题与习题

1. 什么是相关关系？什么是函数关系？两者有何区别？试举例说明。

2. 相关分析与回归分析的关系怎样？

3. 什么叫正相关？什么叫负相关？什么是单相关？什么是复相关？举例说明。

4. 什么是线性相关？什么是非线性相关？

5. 如何进行相关分析？

6. 相关系数的意义是什么？怎样利用相关系数来判断现象的相关关系程度？

7. 直线相关回归方程中，参数 a 与 b 的经济含义是什么？

8. 什么是估计标准误？它在回归分析中起什么作用？

9. 某市 10 家百货商店月人均销售额和利润率的资料如下表所示：

商店编号	月人均销售额（万元）	利润率（%）
1	3.0	12.6
2	2.5	10.4
3	4.0	18.5
4	0.5	2.0
5	1.0	8.1
6	2.5	16.3
7	3.0	12.3
8	1.5	6.2
9	1.5	6.6
10	3.5	16.8

（1）计算月人均销售额与利润率的相关系数。

（2）求出利润率对月人均销售额的回归直线方程。

（3）计算估计标准误及判定系数。

（4）在5％的显著性水平下进行显著性检验。

（5）若某商店月人均销售额为2万元，用此回归模型估计其利润率为多少？（α＝5％）

10. 某商店最近10年的销售额和流通费用率资料如下表：

年份	销售额（亿元）	流通费用率（％）
1993	0.7	6.4
1994	1.5	3.5
1995	2.1	2.7
1996	2.9	2.1
1997	3.4	1.8
1998	4.3	1.5
1999	5.5	1.4
2000	6.4	1.3
2001	6.9	1.3
2002	7.8	1.2

要求：（1）选用双曲线 $\hat{Y}=a+\dfrac{b}{x}$ 拟合曲线模型，求出回归方程。

（2）计算相关系数及估计标准误。

11. 抽样调查了12个地区，获得了各地区某季度家具销售额、前一个季度住宅建筑许可证颁发数及结婚证颁发数的资料如下表：

本季度家具销售额（万元）	住宅建筑许可证颁发数（份）	结婚证颁发数（对）
26	112	23
36	129	27
40	239	19
38	221	24
42	248	23
44	251	26

续 表

本季度家具销售额（万元）	住宅建筑许可证颁发数(份)	结婚证颁发数（对）
57	202	35
56	338	21
48	254	34
60	372	39
60	247	41
63	410	38

要求：（1）拟合上季度住宅建筑许可证颁发数对本季度家具销售额的线性回归方程，并估计标准误。

（2）除住宅建筑许可证颁发数之外，人们发现结婚证颁发数也对家具销售有明显影响，为此，请建立一个二元回归方程，并解释斜率的经济意义。

（3）计算复相关系数。

第十二章 数据的时间数列分析

本章学习目标

本章学习目标有四个：①了解时间数列概念以及时间数列分析的目的；②了解时间数列的四大构成要素；③掌握时间数列的长期趋势、季节变动的测定方法；④了解循环变动测定方法——直接法和剩余法。

第一节 时间数列分析的基本问题

社会经济现象随着时间的变化而在不断地发展变化。对社会经济现象的分析不能仅仅局限于静态的分析，还要进行动态分析，以反映社会经济现象发展变化的特点、趋势和规律，从而预测其发展变化的数量特征，为企业的正确决策，取得最佳的经济效益服务。它的分析对象就是时间数列。

一、时间数列的概念

时间数列是按时间顺序排列的一系列统计数据或观察值。它由两个因素构成：即现象表现的数据和数据所属的时间。当研究现象在不同时间上的发展变化规律时，就称为时间数列分析或动态分析。当时间数列的数据是由商务数据构成时，就称之为商务数据的时间数列分析。如某公司 1991—1998 年各年的年销售额，1999 年 3 月各日的深圳股票成分股指数等均为时间数列。

二、时间数列的编制原则

编制时间数列的目的是为进行时间数列的动态分析，为预测和决策提供科学的基础。为此，必须保证时间数列的可比性。具体地说，必须遵循如下原则：

（一）时间跨度统一

由于时间数列与时间跨度有直接关系，只有时间跨度一致，才能保证资料的可比性，进而在预测时知道预测值的时间跨度。在此，在编制时间数列时，应尽可能做到一致。对时点数列，虽然其数据大小与时间长短无关，但也有可能受时间因素的影响，如季节、早、中、晚时点等。因此，也要求各时点间隔尽可能保持一致，以便更好地发现事物发展的规律性。

（二）总体范围统一

一个时间数列中，统计指标的总体范围应保持一致。若总体范围发生变更，应按照历史资料作相应的调整，使总体范围前后一致，以便准确地反映现象的发展变化规律。

（三）指标的经济内容统一

即时间数列的各项指标所反映的经济内容应当统一。编制时间数列时，应将过去的统计资料按现行的统计口径、计算方法、计算价格和计量单位等进行统计，这样不同时期的统计资料才具有可比性。比如商业销售额等数据，最好用同一年份的不变价格计算其中的数字比较好，否则可比性很差。

三、时间数列的影响因素

事物的发展变化是由许多错综复杂的因素共同作用的结果。在对时间数列的影响因素中，有的是系统因素，它的变化对社会经济现象起着决定性的作用；有的是偶然因素，它的发展变化对社会经济的发展变化起局部的、暂时的作用。系统因素的影响，使社会经济现象呈现出规律性；偶然因素的影响则使事物的发展呈现出随机性。影响总体发展变化的因素很多。按照其波动的形式和原因，可以分为四种类型：长期趋势、季节变动、循环变动和不规则变动。

（一）长期趋势

长期趋势是指某一社会经济现象的变动，由于受到某种带有根本性原因的影响，在某一较长时期内保持持续上升或持续下降的总趋势。这种趋势有时长达几年、甚至几十年。例如，由于新中国的建立，从 1949 年以来，虽然中间有些起伏，但我国的工农业总产值、社会商品零售额、出口总值、进出口总额等宏观时间数列，几乎都是呈持续增长趋势。同样，从 1927—2002 年美国股票市场看，在这期间的任意区间中都呈现反复波动，甚至暴涨、暴跌，但从长期看，它仍然表现为一个持续上升的发展趋势。

（二）季节变动

季节变动是指一些社会现象因受自然条件、社会因素或风俗习惯的影响，而在一年内随季节的变化而发生的周期性变化。通常这类周期波动是比较稳定的，因此是可以预见的。例如一年中夏装或冬装的销售量，蔬菜、鸡蛋的产量的变化等都与季节有直接的关系。

（三）循环变动

　　循环变动是指社会经济现象以若干年为周期的波浪式周期变动。与季节变动不同的是，循环变动的循环幅度和周期不很规则，循环周期往往在一年以上。不同的经济现象，其周期波动的长短、上下波动的幅度也是不相同的。但一个完整的周期，都是由明显的上升期、高峰期、下降期和消亡期构成。如人们常说的经济周期，一般分为危机、萧条、复苏和高涨四个阶段构成。而分析股市运行规律的波浪理论认为：股票价格的上升趋势中一个循环走势包含 8 个波段（或 8 个波浪），其中有 5 个上升浪和 3 个调整浪。了解这些事物内在的周期变化，可以帮助人们抓住有利时机，避开各种经营或投资的不利影响，进行正确的决策。

　　（四）不规则变动

　　不规则变动，是指由于偶然的、无法预计的意外因素引起的无规律变动。通常不规则变动的影响程度很难计量与预测。因此，在时间数列分析时，或作误差项处理，或用文字加以说明。值得指出的是，从短时间内看是不规则变动的社会经济现象，从长时间看可能是有规律可循的。这正体现了事物发展的偶然性与必然性的辩证关系。

　　测定这种时间数列长期趋势的方法即是时距扩大法。也就是在原来的时间数列的基础上把时间长度扩大，从而形成一个新的时间数列，在这个新的数列中，偶然性因素减弱了，长期趋势也就测定了。

　　另外需要说明的是，在统计实践中，并不是所有的时间数列都包含上面所给出的四个影响因素，这就要具体问题具体分析。

　　分析时，应抓住影响数列的主要因素进行分析，对作用不明显的因素可以直接剔除或忽略不计。

　　四、时间数列分析的基本原理

　　在分析时间数列各影响因素变动及其作用时，不可能同时观察几个因素的变动。通常的做法是，在四个影响因素中，依次剔除其余几个因素的影响，相应地观察其中一个因素变动的大小和变化规律。此外，还必须确定这四个影响因素之间的关系，选择不同的分析模型。

　　（一）加法型

　　假定各影响因素是相互独立的，即每一因素对时间数列 Y 所产生的影响都是独立的，则可采用加法型。其关系式为：$Y=T+S+C+I$

　　其中：Y 代表时间数列的实际发展水平；T 代表长期趋势值；S 代表季节变动；C 代表循环变动；I 代表不规则变动。

　　当测定某一因素（例如 C）的影响时，则将时间数列减去其他因素（$Y-T-I$）。此外，若时间数列以年为单位，就不能反映季节变动的影响。此时的关系

式为：$Y=T+C+I$

（二）乘法型

假定时间数列的各影响因素互不独立，即它们除了对时间数列的发展水平产生影响外，这些因素之间还相互影响。这四类影响因素与时间数列发展水平的关系模型则为乘法型。其关系式为：$Y=T \cdot S \cdot C \cdot I$

若对上式两边取对数，就可将乘法型模型变为加法型模型。

通过这种变换之后，可以发现两种模型并无差别，都可以把时间数列的实际值看做是四种因素叠加的结果。

（三）乘加型

乘加型是上述两种类型的混合和折中。它是指时间数列由有关影响因素分别相乘之后再相加的总和所形成的结构类型。其关系式为：

$Y=T \cdot S+C \cdot I$

上式中，由于长期趋势和季节变动属常态现象，因此，将 $T \cdot S$ 称为标准变动，而将 $C \cdot I$ 称为剩余变动。

对于一个具体的时间数列，究竟应选择哪种模型，要分解为哪几个影响因素，应根据社会经济现象的性质、研究目的和掌握的资料来确定。

第二节　长期趋势分析

测定长期趋势的方法很多，常用的有时距扩大法、移动平均法、部分（半数）平均法和最小平方法。时距扩大法前面已有说明，现介绍其他几种方法。

一、移动平均法

移动平均法是将原时间数列的数据进行修匀，以便削弱其由于偶然性因素引起的短期波动的影响，从而显示出较长时期的发展趋势。移动平均法由平均和移动两步构成，具体方法是，对原时间数列的数据，先计算最初几项的平均数，然后前面删去一项，后面加上一项，仍为 n 项，再计算出第二个 n 项的平均数，再用同样的方法依次计算出第三、第四个 n 项的平均数，依此类推。通过这种方式的逐项移动平均，形成一个用序时平均数组成的新的时间数列。这个新数列与原数列相比平滑了许多，长期趋势也明显了许多。采用移动平均法，n 可取值随研究者的研究目的和事物本身的特点而定。如具有季节变动的社会经济现象一般 n 取 4，计算 4 项移动平均。而在证券投资分析中，一般可取 5、6、10、15、20、30、60……进行移动平均。奇数项移动平均所得序时平均数与中间项对齐；偶数项移动平均还需在序时平均数新数列基础上进行二次移动平均，即计算两中间项的移动平均数的简单平均数，才能使移动平均数对准原数列的两中间项某项，作为它的修匀值或对准两中间项的中间位置。

表 12—1 　　　　　　　　　　**移动平均计算表达式**

单位：100 万美元

年份	编号	出口额	3项移动平均	4项移动平均	
				一次移动	二次移动
1988	1	14	—	—	—
1989	2	35	45	—	—
1990	3	86	62	50	59.375
1991	4	65	80	68.75	83.75
1992	5	89	103	98.75	101.75
1993	6	155	118	104.75	117.5
1994	7	110	144	130.25	141.5
1995	8	167	152	152.75	159.875
1996	9	179	186	167	182.75
1997	10	212	209	198.5	211.625
1998	11	236	240	224.75	241.625
1999	12	272	274	258.5	276.875
2000	13	314	315	295.25	311
2001	14	359	345	326.75	—
2002	15	362	—	—	—

二、半数平均法

半数平均法是根据算术平均数的数学性质，配合趋势值直线模型的方法。假定时间数列的动态曲线图近似地排列于一直线两边，或时间数列的逐期增长量近乎一常数，可用此法。半数平均法是根据实际值与趋势值的离差之和为零的性质建立一个直线方程。具体方法是先将时间数列分成相等的两部分（如果资料为奇数项，去掉首项），分别计算出每部分的 t 和 $\bar{y}$ 两个平均数。如此，在直角坐标系中确立了两个点。连接此两点所成直线即为趋势直线。

设 y 为实际值，y_c 为趋势值，t 为时间序号，则所求趋势直线模型为：

$$y_c = a + bt$$

显然：
$$b = \frac{\bar{y}_2 - \bar{y}_1}{t_2 - t_1}$$
(12.1)

$a = \bar{y}_1 - bt_1$

或解联立方程组：

$$\bar{y}_1 = a + bt_1$$

$$\bar{y}_2 = a + bt_2$$
(12.2)

求出 a、b 两个待定系数后，即求出了趋势直线方程。

[例1]　某商场某种商品 1991—2000 年销售资料如表 12-2，用半数平均法求出其趋势直线模型，并用此模型预测此种商品 2002 年的销售量。

表 12-2　　　　　　　　　　半数平均法计算表

单位：件

年份	编号 t_1	销售量 y_1
1991	1	401
1992	2	423
1993	3	438
1994	4	454
1995	5	467
	$t_1 = 3$	$\bar{y}_1 = 436.6$
年份	编号 t_2	销售量 y_2
1996	6	485
1997	7	507
1998	8	523
1999	9	519
2000	10	534
	$t_2 = 8$	$\bar{y}_2 = 513.6$

211

因此：

$$b = \frac{\bar{y}_2 - \bar{y}_1}{t_2 - t_1} = \frac{513.6 - 436.6}{8 - 3} = 15.4$$

$$a = \bar{y}_1 - bt_1 = 436.6 - 15.4 \times 3 = 390.4$$

故：所求趋势直线为：

$$y_c = 390.4 + 15.4t$$

用此直线预测该商场此种商品 2002 年的销售量为：

$$y_{2002} = 390.4 + 15.4 \times 12 = 575.2 \text{（件）}$$

三、最小平方法

最小平方法，是测定现象长期趋势最基本、最常用的方法。同半数平均法一样，其理论依据同样来自于算术平均数性质。它的数学依据是：实际值与趋势值的离差平方和为最小，即：

$$min\sum (y - a - bt)^2$$

用微分方法推出求 a、b 两待定系数的方程组为：

$$\begin{cases} \sum y = na + b\sum t \\ \sum ty = a\sum t + b\sum t^2 \end{cases} \tag{12.3}$$

其中：n 为时间序数，t 为时间序号。

解得：

$$\begin{cases} b = \dfrac{n\sum ty - \sum t\sum y}{n\sum t^2 - (\sum t)^2} \\ a = \bar{y} - bt \end{cases} \tag{12.4}$$

为了简化计算，根据坐标平移原理，可用"简捷法"求出 a、b 两参数。其方法是：选取时间数列的中点为时间原点，则 $\sum t = 0$。当时间数列的项数 n 为奇数时，可取中间一项的序号为 0，则 t 为…-3，-2，-1，0，1，2，3，…当 n 为偶数时，以两个中间项的中点为原点，将原来一个时期变为两个时期，则 t 为…-5，-3，-1，1，3，5，…于是上式变为：

$$b = \frac{\sum ty}{\sum t^2} \tag{12.5}$$

$$a = \bar{y}$$

[例2]　某地区 1989—2001 年出口额资料如表 12-3，据此用最小平方法配合趋势直线模型，并预测该地区 2003 年的出口总额为多少。

表 12－3　　　最小平方法趋势直线模型简捷法计算表

单位：亿美元

年份	编号 t	出口额 y	ty	t^2
1989	－6	108	－648	36
1990	－5	134	－670	25
1991	－4	192	－768	16
1992	－3	183	－549	9
1993	－2	225	－450	4
1994	－1	285	－285	1
1995	0	290	0	0
1996	1	261	261	1
1997	2	265	530	4
1998	3	298	894	9
1999	4	315	1260	16
2000	5	369	1845	25
2001	6	360	2160	36
合计	0	3285	3580	182

由表中数据计算得：

$$b=\frac{\sum ty}{\sum t^2}=\frac{3\,580}{182}=19.7$$

$$a=\bar{y}=\frac{3\,285}{13}=252.7$$

∴所求趋势直线为：

$$y_c=252.7+19.7t$$

用此直线预测该地区出口总额 2003 年为：

$$y_c=252.7+19.7\times8=410.3\text{（亿美元）}$$

四、曲线模型

在社会经济现象中，一些商业数据的长期趋势并不都表现为逐期等量增加或减少，即表现为直线模型。有时还表现为多种形式的曲线如二次曲线、三次曲线、多次曲线、指数曲线等。这时需用曲线方程来拟合长期趋势。这里只简单介绍几种常用的曲线模型。

（一）抛物线模型

当时间数列的逐期增长量之差接近于某一常数时，可选择抛物线方程。其模型为：

$$y_c = a + bt + ct^2$$

此即计算抛物线方程的简捷法方程组。

$$\begin{cases} \sum y = na + b\sum t + c\sum t^2 \\ \sum ty = a\sum t + b\sum t^2 + c\sum t^3 \\ \sum t^2 y = a\sum t^2 + b\sum t^3 + c\sum t^4 \end{cases} \tag{12.6}$$

$$\begin{cases} \sum y = na + c\sum t^2 \\ \sum ty = b\sum t^2 \\ \sum t^2 y = a\sum t^2 + c\sum t^4 \end{cases} \tag{12.7}$$

[**例 3**] 某商场销售某商品的资料如表 12−4 所示，据此计算该种商品销售量的抛物线方程。并预测该商场此商品 2004 年的销售量。

表 12−4 　　　　　　　　　　**销售量抛物线方程计算表**

单位：台

年份	t	y	ty	t^2	t^4	$t^2 y$
1995	−3	1 020	−3060	9	81	9 180
1996	−2	1 775	−3550	4	16	7 100
1997	−1	2 250	−2250	1	1	2 250
1998	0	2 895	0	0	0	0
1999	1	3 100	3 100	1	1	3 100
2000	2	3 475	6 950	4	16	13 900
2001	3	4 950	14 850	9	81	44 550
合计	0	19 465	16 040	28	196	80 080

将表中有关数据代入简捷式方程组，得：

$$\begin{cases} 19\,465 = 7a + 28c \\ 16\,040 = 28b \\ 80\,080 = 28a + 196c \end{cases}$$

$a = 267.5$，$b = 572.86$，$c = 26.43$

$y_c = 2\,675 + 572.86t + 26.43t^2$

$y_{2004} = 2\,675 + 572.86 \times 6 + 26.43 \times 6^2 = 7\,064$（台）

（二）指数模型

当时间数列的发展速度大致相同时，可拟合一条指数曲线模型。指数模型的一般形式为：

$$y_c = ab^t$$

式中，a，b 是待定参数；a 表示基期水平，b 表示现象的一般发展速度。指数曲线的形态取决于 a 和 b 两个常数。a 为 $t = 0$ 时 y_c 在 y 轴上的截距。当 $b > 1$ 时，指数曲线是单调上升的，即 y_c 随时间的移动按一定比例递增，当 $b < 1$ 时，曲线为单调递减，即 y_c 随着 t 时间的增大而减少。

对于指数模型，有如下变换：两边取常用对数，则：

$lgy_c = lga + tlgb$

$y'_c = lgy_c$，$a' = lga$，$b' = lgb$

这实际上是一个线性方程。应用直线方程模型的最小平方法原理，有下列正规方程：

$$\begin{cases} \sum lgy = nlga + lgb \sum t \\ \sum tlgy = lga \sum t + lgb \sum t^2 \end{cases} \tag{12.8}$$

$$\begin{cases} lga = \dfrac{\sum lgy}{n} \\ lgb = \dfrac{\sum (tlgy)}{\sum t^2} \end{cases} \tag{12.9}$$

查《反对数表》即可求出 a、b 的值。解题原理与前面类似，这里不再详细举例。

第三节　季节变动的测定

测定季节变动方法我国主要有两种方法，一种是不考虑长期趋势，用按月

（季）平均法；另一种是考虑长期趋势的影响，用长期趋势剔除法。

一、按季平均法

按季平均法，也称同期平均法。它的特点是，将不同年份的同一时期数值相加，求其算术平均数，它不考虑长期趋势和循环波动的影响，而只考虑消除偶然的、不规则因素的影响。

具体方法见表 12－5。

表 12－5　　　　　　　　　　　季节指数计算表

单位：万元

年份	一季度	二季度	三季度	四季度	合计	季平均数
1999	105	228	381	92	806	201.50
2000	99	197	365	85	746	186.50
2001	113	254	397	101	865	216.25
2002	121	262	378	105	866	216.50
合计	438	941	1521	383	3283	820.75
同季平均数	109.50	235.25	380.25	95.75	820.75	205.19
季节指数(%)	53.34	114.65	185.32	46.67	400.00	100.00

第一步，求同期平均数：

$$同期平均数 = \frac{各年同季之和}{年数}$$

第二步，求每年的季平均数：

$$季平均数 = \frac{全年之和}{季度数}$$

第三步，求总平均数：

$$总平均数 = \frac{各年总和}{总季节数}$$

$$= \frac{3\ 283}{16}$$

$=205.19$

或 $=\dfrac{\text{各季同期平均之和}}{\text{季节数}}$

$=\dfrac{820.75}{4}$

$=205.19$

第四步，求季节指数：

$$\text{季节指数}=\dfrac{\text{同期平均数}}{\text{总平均数}}$$

如第二季节指数 $=\dfrac{235.25}{205.19}=114.65\%$

季节指数计算的意义在于：季节指数表示季节变动对时间数列的影响程度。当季节指数大于 100% 时，表示该季为旺季；当季节指数小于 100% 时，表明该季是淡季；当季节指数等于 100% 左右，则说明该季是平季。

从以上计算可知：第二、第三两季度是该商品销售旺季；第一、第四季度则为销售淡季。

二、长期趋势剔除法

上面计算季节指数中，只消除了不规则变动的影响，长期趋势的影响依然存在。若长期趋势作用明显，则必须先剔除长期趋势，再计算并分析季节指数。

长期趋势剔除的方法，既可以用移动平均法，也可以用趋势模型法。我们在这里介绍移动平均法。

计算步骤如下：

（1）对原数列通过 4 个季度（或者 12 个月）的移动平均，消除季节变动 S 和不规则变动 I，所得移动平均的结果只包含趋势变动 T 和循环变动 C。

（2）为了剔除原数列中的趋势变动 T 和循环变动 C，将原数列各项数据除以移动平均数列对应时间的各项数据，即消除趋势变动的数列：

$$\frac{T\cdot C\cdot S\cdot I}{T\cdot C}=S\cdot I \tag{12.10}$$

（3）将消除趋势变动的数列各季（或同年同月）的数据平均，以消除不规则变动 I，再分别除以总平均数，即得季节变动指数 S。

仍以表 12－5 为例，

计算过程见表 12－6。

表 12—6   **趋势剔除法季节指数计算表**

单位：万元

年份	季度	一季度	二季度	三季度	四季度
1999	销售量 Y	105.00	228.00	381.00	92.00
	移动平均 T	—	—	200.75	196.125
	Y/T（％）	—	—	189.79	46.91
2000	销售量 Y	99.00	197.00	365	85.00
	移动平均 T	190.25	188.375	188.25	197.125
	Y/T（％）	52.03	104.58	193.89	43.12
2000	销售量 Y	113	254.00	397.00	101.00
	移动平均 T	208.25	214.25	217.25	219.25
	Y/T（％）	54.26	118.55	182.74	46.07
2000	销售量 Y	121	262.00	378.00	105.00
	移动平均 T	217.875	216.00	—	—
	Y/T（％）	55.54	121.30	—	—
同季 Y/T 合计（％）		161.63	344.43	566.42	226.13
同季平均数（％）		53.88	114.81	188.81	75.38
季节指数（％）		49.79	106.09	174.47	69.65

    季节变动的调整包含有季节变动因素的时间数列，由于受季节的影响而产生波动，使数列的共创性不能清晰地表现出来。为此，常需要从时间数列中消除季节变动的影响，这称为季节变动的调整。

    当已确定数列的季节指数 S_i 以后，消除季节变动的直接方法是将原数列除以季节指数，即

$$\frac{Y}{S} = \frac{T \cdot C \cdot S \cdot I}{S} = T \cdot C \cdot I \tag{12.11}$$

调整后的数列即消除了季节变动的影响。

表 12—7   **季节变动的调整计算表**

季节	一季度	二季度	三季度	四季度
原销售量 y	121	262	378	105
季节指数（％）	49.79	106.09	174.47	69.65
消除季节变动后的销售量	243	247	217	151

第四节　周期波动分析

测定周期波动的方法通常用"剩余法"。原数列的结构为 $Y=T\times S\times C\times I$。在原数列基础上，逐个因素剔除，剩余部分基本上能体现出周期波动的影响程度。见表 12—8。

表 12—8　　　　周期波动分析计算表

TSCI	T	SCI	S	CI	C	C
105	—	—	49.79	210.8857	—	—
228	—	—	106.09	214.9119	—	—
381	200.75	189.7883	174.47	108.7799	151.6279	140.3077
92	183.625	50.10211	69.65	71.93411	128.9874	109.1621
99	165.25	59.90923	49.79	120.3238	89.33672	91.75799
97	162.375	59.73826	106.09	56.30904	94.17926	93.45011
365	163.25	223.5835	174.47	128.1501	92.72096	91.30312
85	184.625	46.03927	69.65	66.10089	89.88529	96.81511
113	208.25	54.2617	49.79	108.9811	103.7449	100.8186
254	214.25	118.5531	106.09	111.7477	97.89226	97.89708
397	217.25	182.7388	174.47	104.7394	97.90191	98.22193
101	219.25	46.06613	69.65	66.13946	98.54196	98.86517
121	217.875	55.53643	49.79	111.5413	99.18839	113.178
262	216	121.2963	106.09	114.3334	127.1676	137.7444
378	—	—	174.47	216.6562	148.3212	—
105	—	—	69.65	150.7538	—	—

表 12-8 中，第（1）栏是原时间数列的实际数据，它包含了趋势变动的四个因素，即 $y = T \cdot S \cdot C \cdot I$。第（2）栏是以移动平均法计算的长期趋势值。第（3）栏用原数列除以长期趋势值，即：

$$\frac{T \cdot S \cdot C \cdot I}{T} = T \cdot C \cdot I$$

它消除了长期趋势变动的影响。第（4）栏为季节指数。第（5）栏消除季节指数的变动影响因素，即：$\dfrac{T \cdot S \cdot C \cdot I}{T} = C \cdot I$。第（7）栏是 XIU 后的周期波动因素变动，它消除了其他三个因素的影响。

本章小结

本章主要内容包括：①时间数列的意义、类型、分析的目的；②时间数列的构成要素：长期趋势、季节变动、循环变动、不规则变动；③时间数列的长期趋势分析：线性趋势和非线性趋势及其常用的测定方法：移动平均法和趋势模型法；④时间数列的季节变动分析：原始资料平均法、趋势剔除法、季节变动的调整；⑤循环变动测定方法——直接法和剩余法。通过本章的学习，了解时间数列概念以及时间数列分析的目的，了解时间数列的四大构成要素，学会用各种方法测定时间数列的长期趋势、季节变动和循环波动，描述和分析客观现象在时间上的发展变化。

本章重点名词

时间数列　长期趋势　季节变动　循环变动　不规则变动　时距扩大法　移动平均法　半数平均法　最小平方法　按季平均法　长期趋势剔除法

本章思考题与习题

1. 什么叫时间数列？时间数列的编制原则是什么？

2. 影响时间数列变动的因素有哪些？各有什么特征？

3. 什么是长期趋势？测定长期趋势有什么重要意义？常用的测定方法有哪几种？

4. 时间数列分析的模型有哪些？各在什么条件下应用？

5. 移动平均法的作用是什么？

6. 半数平均法和最小二乘法的理论依据是什么？

7. 什么是季节变动？季节指数的意义是什么？

8. 广州市人均 GDP1994—2002 年资料如下：

单位：美元

年份	1994	1995	1996	1997	1998	1999	2000	2001	2002
人均 GDP	1797	2319	2668	3003	3318	3655	4142	4590	5055

试用半数平均法和最小平方法配合趋势直线模型，并预测广州市 2004 年人均 GDP 为多少美元？

9. 某商场 1995—2002 年棉毛衫销售量如下：

单位：万件

年份	1995	1996	1997	1998	1999	2000	2001	2002
销售量	24	26	28	32	34	38	40	45

试配合抛物线模型、并预测 2004 年该商场的销售量。

10. 某出口公司 1996—1998 年各季出口水产品资料如下：

单位：万美元

年份	2000				2001				2002			
季度	1	2	3	4	1	2	3	4	1	2	3	4
出口量	95	75	204	148	163	150	446	317	280	260	633	480

试用移动平均法、半数平均法和最小平方法配合趋势模型，剔除长期趋势分析季度变动。

第十三章　数据的指数分析

本章学习目标

本章学习目标有五个：①了解指数的概念与种类；②掌握总指数的两种编制方法；③掌握指数体系及其双因素分析法；④了解指数数列的概念；⑤了解常用的经济指数。

第一节　指数的含义与分类

指数分析法是商务管理分析和统计分析中常用的分析方法，因此商务指数在商务管理工作和统计工作中占有重要地位，是经常使用的一种指标。

一、指数的概念

指数的概念有广义和狭义两种。

广义指数是指反映社会经济现象变动程度或差异程度的指标。从这个意义上说，指数是测定一个变量对于另一个特定变量的变动情况的比较指标。因此，广义指数包括了一切动态相对数和某些比较相对数。

狭义指数专指那些由不同计量单位度量的事物所构成的复杂总体的变动程度或差异程度的指标。其中，"复杂总体"是指不能直接相加的由多因素所组成的总体。可以认为测定复杂总体变动程度的狭义指数是一种特殊的相对数。

在商务管理问题中，总体是由许多数量不同，计量单位不同，用途也不同的多因素组成的情况很多，所以需要运用狭义指数把这些多种数量关系过渡到能够相加的总值，以反映它们的综合变动。

二、指数的作用

（一）分析总体内各因素对总体综合变动的影响程度

复杂总体往往受到两个或两个以上因素的影响，如出口额的变动，会受到出口商品成交数量和出口商品价格两个因素的影响。指数分析法就是通过编制出口商品成交量指数和出口商品价格指数，来分析成交量和成交价格对商品出口总额的总变动的影响程度，以便找出引起变动的主导因素。

（二）研究总体结构变动对平均水平变动的影响

在管理问题的研究中，研究对象的结构常常会随着时间的变化而改变，而总体结构的变动又会造成总体平均水平的变动。例如，处理产品收购问题时，计算产品收购价格总指数是按产品分类进行计算的，也就是在分组条件下计算。当收购的产品类别发生变化时，总的价格水平不仅取决于各类商品平均水平的大小，也会受到总体中各类商品结构（组成数量）的影响。狭义的指数分析可以使我们清楚地了解总体结构对总指数影响的程度。

（三）综合反映同类现象的总的变动方向和变动程度

指数分析是通过对影响总体变化的各因素的分析，发现各因素发展变动的方向是增加还是减少，以及各因素发展变动的幅度的大小，从而清楚地分析事物发展动向。例如通过比较公司两个时期的销售额指数的变动情况，不但可以看到总销售额的变动是增加还是减少，还可以知道销售额变动的原因是由于销售价格增、减造成的，还是销售量变动引起的。

三、指数的分类

指数可以从不同的角度进行分类。主要的指数分类形式有：

1. 按指数研究的范围分类

（1）个体指数：反映一个项目数量变动的指数。例如，大米的价格指数等；

（2）总指数：综合反映多个项目数量变动的指数。例如，零售商品价格指数等。

2. 按指数研究的性质分类

（1）数量指数：反映总体物量水平的变动指数。例如产品生产量指数、销售量指数等；

（2）质量指数：反映总体质量水平的变动指数。例如产品生产成本指数、价格指数等；

（3）价值指数：反映总体物值水平的变动指数。例如，产品生产的产值指数、销售额指数等。

3. 按指数计算的形式分类：

（1）简单指数：即个体指数；

（2）综合指数：是总指数的一种。是指在计算总指数时，先对复杂总体进行综合，再计算指数的一种形式；

（3）平均数指数：是总指数的另一种计算形式。是指在计算总指数时，先对个体指数进行加权，再计算指数的形式；

（4）平均指标指数：是反映总体平均水平变动的分析指数。

第二节　综合指数的编制

一、综合指数的含义

1. 综合指数的定义

通过加入同度量因素来计算的总指数叫做综合指数。

编制总指数的目的在于综合测定复杂总体数量关系的总动态，所以编制指数的关键是如何对复杂总体进行"综合"和"对比"。而进行"综合"就是要解决多因素复杂总体的相加问题。例如，编制出口商品的价格指数，由于出口商品品种繁多，不仅价格各异，而且计量单位也各不相同，如大米的价格可以是"元/吨"；机器的价格可以是"元/台"等。因此我们不能简单地把所有出口商品的价格简单地综合，而需要在综合时加入"同度量因素"。

2. 同度量因素

使不同度量的事物转化为同一度量事物的媒介因素。同度量因素的作用是使原来不能直接相加的现象过渡到可以相加。

　　[例1]　某公司经营三种出口商品，近两年的资料如表13-1。

表 13-1　　　　　　　　　　商 品 数 据

商品名称	计量单位	商品单价 P（元）		商品出口量 q（万）	
		2001 年	2002 年	2001 年	2002 年
跑鞋	双	40	45	120	150
服装	套	65	58	109	140
旅行包	个	180	200	28	22
合计	—	—		—	

如果我们要了解该公司的整体经营状况，我们可以对比这两年的总出口额，这就要计算三种商品的总出口额指数。如果我们还想要进一步分析出口额变动的原因，我们就要了解和分析三种商品价格的总变动方向和变动程度，还要了解三种商品出口量的变动方向和变动程度，这就是计算"物价指数"和："物量指数"。由于三种商品的计量单位不同，简单的把三种商品的价格（或出口量）相加是没有意义的。但是，我们知道一切社会产品都是社会劳动量的产物，都具有一定的价值。所以，我们可以将每种产品的价格分别乘以它们各自的出口量，这样三种商品的价格

就还原为以价值为度量的价值量，就可以相加和相比了。要把各种产品或商品的价格变为价值量，必须通过产量或销售量。这时，产量（或销售量）就是我们在综合商品价格时的"同度量因素"。所以，计算质量指标（成本、价格等）指数时，我们必须以数量指标（产量、销售量等）作为同度量因素。

同量，为了把各种产品或商品的数量转化为价值量，就需要通过价格。这时，"价格"就是我们在综合商品数量时的"同度量因素"。即计算数量指标指数必须以质量指标作为同度量因素。

二、综合指数的编制方法

计算综合指数时，我们要考虑两个因素：一是指数化因素，即指数所要研究的因素；二是同度量因素。为了使计算的指数只反映"指数化因素"的变化情况，加入的同度量因素就必须固定在同一个时期。这样，综合指数就有两种不同的编制方法——"拉氏指数"和"派氏指数"。

（一）计算数量指标的综合指数的方法

当指数化因素为数量因素时，我们称之为数量指标指数，也就是物量指数。对于物量指数，其同度量因素是价格。由于同度量因素可以固定在基期，也可以固定在报告期，如果我们以 K_q 代表数量指数，以 p 代表价格，q 代表数量，则数量指数的计算可以有下列两个公式：

$$K_q = \frac{\sum q_1 p_0}{\sum q_0 p_0} \tag{13.1}$$

$$K_q = \frac{\sum q_1 p_1}{\sum q_0 p_1} \tag{13.2}$$

式中各个符号的下标量为"0"时表示是基期 2000 年，下标量为"1"时表示是报告期 2002 年。公式（13.1）是德国经济学家拉斯贝尔在 1864 年提出的，他认为在计算指数时，应把同度量因素固定在基期，才能很好地测量出指数化因素的变动情况，故也称为"拉氏公式"。公式（13.2）是德国经济学家派氏在 1871 年提出的，他考虑的问题是在计算指数时，有时要找基期的数据是非常困难的，而且他认为用报告期的数据更具有现实的经济意义，因此他建议用报告期的数据来计算指数，我们就称该公式为派氏公式。

在实际运用时，我们选择公式的一般原则是：计算数量指标指数，同度量因素固定在基期。也就是用公式（13.1）。因为物量指数的计算，我们着重于事物数量的变化（13.1）式计算出来的指数是按基期价格水平计算的假定报告期价值量（$q_1 p_0$）与基期实际价值量（$q_0 p_0$）的对比，其分子、分母都采用基期价格水平，就排除了价格变动对价值的影响，说明只是由数量变动而使价值量发生变动的情况。分子、分母相减的差额说明数量变动对价值量影响的绝对值。

（二）计算质量指标的综合指数的方法

当计算物价指数时，我们以价格等质量指标作为指数化因素，称为质量指标指数。而同度量因素就是数量。同样，我们可以选择同度量因素的固定时期，或是在基期或是在报告期。如果以 K_p 代表物价指数，公式也有两种：

$$K_p = \frac{\sum p_1 q_1}{\sum p_0 q_1} \tag{13.3}$$

$$K_p = \frac{\sum p_1 q_0}{\sum p_0 q_0} \tag{13.4}$$

实际运用时，因为质量指标的变化对社会经济生活的实际影响发生在报告期，所以，在计算物质指数时，同度量因素固定在报告期才有意义。因此计算质量指标指数常用公式（13.3）。

公式（13.3）的分子是报告期实际的价值量（$p_1 q_1$），分母是按报告期数量计算的假定的基期价值量（$p_0 q_1$）。即：假定其消耗量可以达到报告期的数量的话，其价值量水平是多少。这样的两个价值量相比的结果，说明了复杂事物中质量综合变动的方向和程度。分子与分母相减的差额说明质量指标对价值量的影响绝对值。

公式（13.3）是派氏公式，公式（13.4）是拉氏公式。

对于物值指数，由于价值量的计量单位都是一样的，所以可以直接将两个时期的价值量进行对比。以 K 表示物值指数，则：

$$K = \frac{\sum p_1 q_1}{\sum p_0 q_0} \tag{13.5}$$

可以看出，物值指数的分子和分母相减的差额说明两个时期的总额变动的绝对值。

[例2]　仍以表 13-1 的资料为例，求价格指数、数量指数和物值指数；简单分析该公司的经营状况。

解　先计算公式中所需数据，列表如下：

商品名称	单价（元）		出口量		$p_0 q_0$	$p_1 q_1$	$p_0 q_1$
	p_0	p_1	q_0	q_1			
跑鞋	40	45	120	150	4 800	6 750	6 000
衣服	65	58	109	140	7 085	8 120	9 100
旅行包	180	200	28	22	5 040	4 400	3 960
合　计	—	—	—	—	16 925	19 270	19 060

则有：

$$K_q = \frac{\sum q_1 p_0}{\sum q_0 p_0} = \frac{19\ 060}{16\ 925} = 112.61\%$$

$$K_p = \frac{\sum p_1 q_1}{\sum p_0 q_1} = \frac{19\ 270}{19\ 060} = 101.10\%$$

$$K = \frac{\sum p_1 q_1}{\sum p_0 q_0} = \frac{19\ 270}{16\ 925} = 113.86\%$$

从计算结果可以看到，该公司的经营情况是：出口额上涨了 13.86%；上涨的原因是由于出口商品价格平均上涨了 1.10% 和出口商品数量平均增加了 12.61%。

第三节　平均指数的编制

综合指数是总指数编制的基本形式。在实际运用时，由于实际情况的复杂性和收集资料的困难，有时不能直接利用综合指数的公式求总指数，而要将综合指数的基本公式加以变形，这样就形成了新的计算总指数的方法——平均数指数。

平均数指数是以个体指数 K 为变量，以综合指数的分母（或分子）为权数，对个体指数进行加权平均，求出的数值是所有个体指数的平均数。故平均数指数可以看成是用总值为权数，对各类个体指数进行加权平均的总指数，从形式上看，它只是综合指数形式的改变，其计算的结果并没有变化。

一、加权算术平均数指数

按照国际惯例和我国一般编制综合指数的原则，在编制数量指标指数时，要用基期质量指标作同度量因素。

但在实际中，我们可能只有基期产品的价值量资料和产量的个体指数数据，这时需要我们把综合指数的公式改变一下。

[例3] 如果在例题 1 中，我们只有公司以下的数据资料，求物量指数。

商品名称	计量单位	商品出口额（元）pq		出口量	出口价格
		2000 年	2002 年	发展速度 K^q（%）	发展速度 K^p（%）
跑　鞋	双	4 800	6 750	125.0	112.5
服　装	套	7 085	8 120	128.4	89.23
旅行包	个	5 040	4 400	78.6	111.11
合　计	—	16 925	19 270	—	—

解 根据拉氏物量指数的公式：$K_q = \dfrac{\sum q_1 p_0}{\sum q_0 p_0}$，我们看到数据中缺少的是分子数据。由于出口量发展速度 K^q 是由 q_1/q_0 得到，而 $\dfrac{q_1}{q_0} \times p_0 q_0 = p_0 q_1$，因此，上述拉氏物量指数的公式可以转化为：

$$K_q = \frac{\sum \dfrac{q_1}{q_0} \times p_0 q_0}{\sum p_0 q_0} = \frac{\sum k^q p_0 q_0}{\sum p_0 q_0} \tag{13.6}$$

公式（13.6）的形式如同以个体指数 K^q 为变量，以 $p_0 q_0$ 为权数的加权算术平均数的计算公式，所以我们把它称为算术平均数指数。计算的结果仍然是 112.61%。

二、调和平均数指数

前面说过，编制质量指标指数时，要利用报告期的数量指标做同度量因素。如果我们只掌握了质量指标的个体指数及报告期的价值量的话，同样可以通过对综合指数公式的变形来求得质量指数。

以例题 3 中的数据求物价指数为例，如果我们知道商品的价格个体指数 $K^p = p_1/q_0$，代入派氏物价指数公式（13.3），有：

$$K_p = \frac{\sum p_1 q_1}{\sum \dfrac{p_0}{p_1} p_1 q_1} = \frac{\sum p_1 q_1}{\sum \dfrac{1}{K^p} p_1 q_1} \tag{13.7}$$

公式（13.7）是加权调和平均数形式的指数公式，其中变量是 K^p，权数是 $p_1 q_1$，同样，这个公式的计算结果的经济内容与综合指数完全相同，我们称为调和平均数指数。

[例 4] 某工厂生产的产品成本及相关数据如下表所示。求单位成本指数和总成本指数。

产品名称	总成本（万元）		单位成本降低速度（%）
	2000 年	2001 年	
A	22.8	29.4	2
B	46.2	45.6	3
C	35.0	32.8	4
合　计	104.0	107.8	—

解 根据表中提供的数据，列表计算如下：

产品名称	单位成本个体指数 K^p（％）	$p_0 q_1 = p_0 / p_1 \times p_1 q_1$
A	98	29.4/0.98＝30.0
B	97	45.6/0.97＝47.0
C	96	32.8/0.96＝34.2

$$\therefore K_p = \frac{\sum p_1 q_1}{\sum \dfrac{p_0}{p_1} p_1 q_1} = \frac{\sum p_1 q_1}{\sum \dfrac{1}{K^p} p_1 q_1} = \frac{107.8}{111.2} = 96.94\%$$

$$K = \frac{\sum p_1 q_1}{\sum p_0 q_0} = \frac{107.8}{104} = 103.65\%$$

计算结果表明公司报告期总成本总体上比基期多支出了 3.65％，而单位成本平均下降了 3.06％。

从上面的计算可以看出，平均数指数有计算上的优点：

第一，在掌握资料不全面时，只要具备个体指数和总价值资料就可以计算总指数；

第二，可以不使用假定的价值资料（$p_0 q_1$）。

第四节 指数体系与指数数列

一、指数体系

指数的作用之一是利用指数体系来测定经济现象总变动中，各个因素变动对总变动的影响程度，从而分析经济现象变动的主要原因，以便更全面和深入的分析相互联系的社会经济现象。所谓"指数体系"是指两个或若干相互联系的指数所组成的体系，它由总变动指数和因素变动指数两类指数组成。

我们说过，社会经济现象的数值变动，常常是由各个因素数值变动影响的结果。例如：

出口总值是由出口数量和出口单价共同影响的结果，我们可以用公式表示为：

出口总值＝出口数量×出口单价；以及：

粮食产值＝平均亩产量×种植面积×单价

所以，如果我们从各因素之间的相互制约关系出发，通过编制总额与总量、单价之间的相互联系的指数关系，就构成了这类现象的指数体系：

出口总值指数＝出口数量指数×出口价格指数；

销售额指数＝销售量指数×价格指数；等等。

用公式表示为：
$$K = K_p \times K_q \tag{13.8}$$
$$K = K_p \times K_q \times K_z \tag{13.9}$$

以及：由于价格变动、或是由于数量变动而增减的总额变动的绝对量，即：

出口总值增减绝对数＝因出口量变动而增减的绝对数＋因价格变动而增减的绝对数。

用公式表示为：

$$\sum p_1 q_1 - \sum p_0 q_0 = (\sum p_1 q_1 - \sum p_0 q_1) + (\sum p_0 q_1 - \sum p_0 q_0) \tag{13.10}$$

也就是说，指数体系在数量上是平衡的：

（1）各因素指数的乘积等于总变动指数：$K = K_p \times K_q$

（2）各因素对总变动影响的绝对差额的总和等于实际发生变动的绝对差额：

$$\sum p_1 q_1 - \sum p_0 q_0 = (\sum p_1 q_1 - \sum p_0 q_1) + (\sum p_0 q_1 - \sum p_0 q_0)$$

[例5]　以例题1的数据对公司的经营情况进行分析。

解　从例题1的结果得到，出口额增长了13.86%，是由于出口量增长了12.61%，和价格上涨了1.10%共同影响的结果，即：

113.86%＝123.61%×101.10%；

而公司2002年比2000年出口额多收入的：19 270－16 925＝2 345万元

是由于出口量的增加而多收入了：19 060－16 925＝2 135万元；

及由于出口价格的上涨而多收入了：19 270－19 060＝210万元的共同结果，即：

2 345＝2 135＋210。

说明该公司在2002年不论是商品的价格，还是商品的数量都相对于2000年有所改善，出口的力度加大。

二、指数数列

（一）指数数列的概念

指数数列指的是将不同时期的一系列指数，按照时间先后的顺序依次排列而成的数列。用指数数列进行分析，可以对指数数列所反映的现象发展趋势有一个比较全面的认识，对掌握现象的发展规律，指导商务经营和管理有着重要意义。

（二）指数数列的编制

编制指数数列时，按照采用的对比基期是否固定分为"定基指数"和"环比指数"。

1. 数量指标指数数列

在数量指标指数中，使用的同度量因素可以是固定不变的，称为不变权数；也可以是变化的，称为可变权数。

（1）以基期的质量指标作为权数

定基指数数列：

$$\frac{\sum q_1 p_0}{\sum q_0 p_0}; \quad \frac{\sum q_2 p_0}{\sum q_0 p_0}; \quad \frac{\sum q_3 p_0}{\sum q_0 p_0}; \quad \cdots; \quad \frac{\sum q_i p_0}{\sum q_0 p_0}; \quad \cdots （不变权数 p_0）$$

环比指数数列：

$$\frac{\sum q_1 p_0}{\sum q_0 p_0}; \quad \frac{\sum q_2 p_1}{\sum q_1 p_1}; \quad \frac{\sum q_3 p_2}{\sum q_2 p_2}; \quad \cdots; \quad \frac{\sum q_i p_{i-1}}{\sum q_{i-1} p_{i-1}}; \quad \cdots （可变权数 p_0, p_1, p_2, \cdots）$$

（2）以不变价格加权（p_n）

定基指数数列：

$$\frac{\sum q_1 p_n}{\sum q_0 p_n}; \quad \frac{\sum q_2 p_n}{\sum q_0 p_n}; \quad \frac{\sum q_3 p_n}{\sum q_0 p_n}; \quad \cdots; \quad \frac{\sum q_i p_n}{\sum q_0 p_n}; \quad \cdots$$

环比指数数列：

$$\frac{\sum q_1 p_n}{\sum q_0 p_n}; \quad \frac{\sum q_2 p_n}{\sum q_1 p_n}; \quad \frac{\sum q_3 p_n}{\sum q_2 p_n}; \quad \cdots; \quad \frac{\sum q_i p_n}{\sum q_{i-1} p_n}; \quad \cdots$$

以不变价格加权的综合指数数列有下式关系：环比指数的连乘积＝定基指数。

2. 质量指标指数数列

通常质量指标指数使用的同度量因素（权数）都是可变的。

定基指数数列：

$$\frac{\sum p_1 q_1}{\sum p_0 q_1}; \quad \frac{\sum p_2 q_2}{\sum p_0 q_2}; \quad \frac{\sum p_3 q_3}{\sum p_0 q_3}; \quad \cdots; \quad \frac{\sum p_i q_i}{\sum p_0 q_i}; \quad \cdots$$

环比指数数列：

$$\frac{\sum p_1 q_1}{\sum p_0 q_1}; \quad \frac{\sum p_2 q_2}{\sum p_1 q_2}; \quad \cdots; \quad \frac{\sum p_i q_i}{\sum p_{i-1} q_i}; \quad \cdots$$

第五节　经济指数应用

在商品经济社会，商品和劳务的价格数据是所有社会人都感兴趣的一组资料（信息），我们称之为消费者物价指数（CPI）。当商品和劳务这组价格向上移动，我们称为通货膨胀，向下移动时，我们称为通货紧缩。为了估算过去时期商品和劳务的价格变化情况，各国都在密切注意消费者物价指数，并通过对不同时期的CPI的比较，估算过去特定时期的通货膨胀率（或紧缩率），及货币购买力。通常来说，CPI变动大，对制定未来计划的冒险性愈大。那么物价不动好不好呢？在我国改革开放前，常常提到的一个口号是"稳定物价，繁荣发展"。结果物价是稳定了，但经济并没有繁荣和发展。

其实，最早的指数可以说就是从物价指数的研究开始的。18世纪时，由于机器大生产逐步替代了手工操作，使商品生产社会化，资本主义开始进入垄断时期，经济问题日趋严重：一方面是百物昂贵，商品价格的变动成为人们生活中普遍关注的问题；另一方面是周期性的出现经济危机，迫使人们还要考虑是否会失业的问题。但是，由于人们不只是靠一种商品生活，当某个商品涨价时，消费者可以换另外一种商品消费，而且从经济分析的角度，各种商品的重要程度通常也是有差异的，我们可以想象当大米和电脑的价格分别上涨10％时，对购买者货币支出的影响并不会完全相同。因此，如何度量货币的交换价值，促使人们关心市场总价格的变动对我们生活的影响，从而产生了指数。

应用消费者物价指数的领域有很多，但是与我们日常有关的主要表现在两个方面：

1. 考察货币购买力

计算公式是：每 100 元购买力指数 $= \dfrac{100}{物价指数}$；

2. 随价调整

主要是研究经济数据在除去因价格变动外水平变动的情况。例如：

考察名义工资与实际工资的差距，计算公式是：实际工资 $= \dfrac{名义工资}{物价指数}$；

考察国民收入按不变价格计算的价值，举例来说：

2002 年按 1990 年不变价格计算的国民收入 $= \dfrac{2002\ 年的国民收入总额}{以\ 1990\ 年为基期的物价指数}$。

到了 20 世纪，除了消费者物价指数的研究之外，指数的应用领域逐渐扩大到各行各业，不仅编制物价指数，同时也对产量、贸易等编制指数，其目的更偏重于测度不同因素变动对整体所引起的趋势变动的影响。比如现在我们常常听到的道·琼斯指数、进出口商品价格指数、空气清新指数，晨练指数等。与此同时，指数的编制方法也渐臻完备，突出表现在编制总指数的综合汇总或平均计算的"加权"问题上。

本章小结

本章主要介绍指数分析方法，指数分析法是商务管理分析和统计分析中常用的分析方法，因此，统计指数是商务管理工作中的常用指标。主要内容包括：统计指数及其主要种类、综合指数的编制原理、平均指数的编制原理、指数法在因素分析领域中的应用以及常见的经济指数形式。本章的重点是同度量因素的概念、综合指数的编制方法以及指数体系的平衡原理，并利用指数体系来测定经济现象总变动中个因素对总变动的影响程度。

本章重点名词

指数　狭义指数　个体指数　总指数　数量指数　质量指数　同度量因素　综合指数　指数体系　平均数指数　物价指数　货币购买力指数　指数数列　因素分析法

本章思考题与习题

1. 什么叫指数？狭义指数与广义指数有什么不同？

2. 从不同角度对指数可以划分哪些种类？各类指数有什么特点？

3. 什么是指数化因素？什么是同度量因素？

4. 确定同度量因素的时期的原则是什么？

5. 计算物价指数时，如果选择报告期销售量作为同度量因素，其公式中分子和分母数据的经济内容是什么？它们的差额表示什么？

6. 什么是平均数指数？它有几种主要形式？将综合指数变形为平均数指数时应注意什么？

7. 指数体系的作用是什么？

8. 哪些指数的权数是可变的？哪些指数的权数是不变的？

9. 什么是因素分析法？什么时候使用因素分析法？

10. 某三资企业生产三种产品，资料如下：

产品	计量单位	基期产量	报告期产量	基期单位成本（元）
甲	件	500	600	3500
乙	台	550	660	1800
丙	吨	1500	2000	200

根据以上资料计算产品产量的综合指数和因产量变动而增减支付的总成本。

11. 某地区两种商品价格及销售额资料如下:

商品	计量单位	销售额（万元）		个体价格指数（%）
		基期	报告期	
甲	件	19	22	110
乙	吨	17	18	90

求：（1）用基期销售额为权数计算加权算术平均价格指数。

（2）用报告期销售额为权数计算加权调和平均价格指数。

12. 某进出口公司三种商品的出口情况如下：

商品	计量单位	出口价格（元）		出口量	
		p_0	p_1	q_0	q_1
甲	千件	10	11	12.5	15.0
乙	千担	60	54	12.0	16.8
丙	千个	2.0	2.3	6.0	5.7

试计算：

（1）出口量总指数，及因出口量变动而增减的出口额。

（2）出口价格总指数，及因出口价格变动而增减的出口额。

（3）出口额总指数，及出口额增减总额。

（4）从相对数和绝对数两方面验证出口量指数、出口价格指数与出口总额指数之间的相互关系。

13. 某地区社会商品零售额 1999 年和 2002 年分别为 91.2 亿元和 104.8 亿元，该地区 2002 年比 1999 年零售物价上涨了 2.5%。求：

（1）2002 年比 1999 年该地区因零售价格变动而增减的零售额；

（2）2002 年比 1999 年该地区社会商品零售量总指数及因零售量变动而增减的零售额；

（3）从相对数和绝对数两方面验证零售价格、零售量和零售额三个指数的相互关系。

14. 价格上涨后，用同样多的货币只能购回原商品的 89%，求物价指数。

15. 某百货商店 2002 年 4 月、5 月份商品零售额及个体价格指数如下：

商品名称	商品零售额（元）		5 月份商品价格 比 4 月份降低百分数（%）
	4 月份	5 月份	
皮 鞋	2 800	3 100	2.5
衣 服	4 200	5 000	3.2
饮 料	1 028	1 440	3.6
日用品	4 000	7 420	5.0
电 器	9 000	9 300	8.0

请依表中资料计算：

（1）五种商品的物价总指数。

（2）5 月份由于价格降低，使居民节约的金额。

16. 某面包店 1999 年和 2001 年所用的原料价格如下：

种类	计量单位	单位价格（元）	
		1999 年	2001 年
面粉	千克	0.75	0.9
鸡蛋	打	2.6	3.00
牛奶	升	5.00	5.50
糖	千克	2.00	1.80

又已知：1999 年消耗的面粉 900 千克，鸡蛋 200 打，糖 80 公斤，1995 年牛奶的使用量是 100 升，1995—1999 年平均每年增长 12.7%。求：

（1）每种原料的个体价格指数；

（2）1999 年牛奶的消耗量；

（3）原料价格总指数，以及由于价格变动而增加的消耗总额。

17. 某进出口公司主要出口的商品资料如下：

商品	计量单位	出口量		出口总额（万美元）	
		2000 年	2002 年	2000 年	2002 年
衬 衣	件	3000	3100	84	93
皮 鞋	双	8600	9000	215	220.5
太阳帽	顶	（ ）	8000	30	28

由于太阳帽的主要进口国 2000 年天气特别炎热，使 2000 年太阳帽的出口量

达到了前 5 年平均水平的 1.5 倍,若 1995—1999 年的太阳帽出口量数据如下:

时间（年）	1995	1996	1997	1998	1999
出口量（顶）	7000	7800	8000	7700	8800

根据以上数据资料求:

（1）2000 年太阳帽的出口量;

（2）2002 年的出口量总指数,以及由于出口量变动而带来的出口总额变动额;

（3）计算该公司 2002 年与 2000 年相比,出口额增长的百分比,以及增加的出口总额计算出口价格总指数,以及由于价格变动而增加的出口总额。

第十四章 决策统计分析

本章学习目标

本章学习目标有四个：①了解决策统计的概念与种类及应具备的条件；②掌握先验概率决策统计方法；③掌握决策树统计决策法；④了解贝叶斯决策法。

第一节 决策统计的概念和分类

一、决策统计的概念

决策统计理论是 20 世纪崭露头角的一门综合性学科，它是由阿·瓦尔德通过把统计理论中的假设检验和估计方法在决策中加以应用而创立的。经过 40 年代和 50 年代的发展，决策科学逐渐形成。到 60 年代，决策统计的理论和方法得到迅速发展，并在社会经济活动过程中得到广泛地应用。但是，到目前为止，尚没有统一的定义和公认的理论体系。美国著名学者，诺贝尔经济学奖获得者西蒙有一句名言："管理就是决策。"一般来说，所谓决策是对未来行动作出的决定。广义的决策是指发现问题、确定目标、制订、评价和选择方案、实施和验证方案等全过程。狭义的决策则是指决策方案的最后选定。决策统计则是为了某种既定的目标，在统计分析和统计预测的基础上提出各种行动方案，从中选择最优方案，执行并反馈的工作过程。由此可见，决策统计与一般决策的最显著区别有二：一是它建立在统计分析和统计预测的基础上，是一种定量决策。择优行动所导致的结果不是准确的、独一无二的数值，而是可能达到的一般水平，即期望值。二是它在不肯定情况下作决策，要利用概率来进行决策的计算和分析，是一种概率决策。由此可见，决策统计是一种应用数理统计方法，是一门带有通用性的方法论科学。凡是能用统计理论和方法作出定性和定量描述的社会（自然）系统的决策都是决策统计研究的对象。

二、决策统计的条件

下面我们结合决策统计的概念，通过实例说明决策统计的条件：

[例1] 某企业经营某种新产品，有三种方案可供选择：（1）大批量经营；（2）中等经营；（3）小量试销。市场对该产品的需求大约为四种情况：（1）需求量很大、畅销；（2）需求稍好；（3）需求较差；（4）需求很少、滞销。根据市场预测，对应这四种状况发生的概率依次为 0.2，0.4，0.3，0.1。各方案在这四种需求（自然状态）下的结果（损益额）如表 14—1。

表 14—1

自然状态 损益值（万元）概率 方案	畅 销 0.2	稍 好 0.4	较 差 0.3	滞 销 0.1
大批量经营	80	40	—30	—70
中等经营	55	37	—15	—40
小量试销	31	31	9	—10

试问：该企业应采用何种方案销售这种新产品？这是一个决策统计问题。

由这个例题可以看出，构成一个完整的决策统计问题一般应具备下列条件：

（1）决策者希望达到的目标。本例中的目标（也是一般决策统计问题的目标）就是使企业达到收益最大化或损失最小化。

（2）必须具备两个以上的可供选择的方案。如例题中的大批量经营、中等经营和小量试销等三种方案，决策者可根据决策的标准进行选择。

（3）存在着决策者无法控制的多种自然状态。上例中的市场需求状况有畅销、稍好、稍差、滞销等是企业无法控制的事件，属自然状态。无论在什么情况下作出决策，无法控制的自然状态总是存在的。完全可以控制、十分确定的问题就不需要决策。

（4）各种方案在每种自然状态下的损益值是可以确定的。上例中的中等经营在畅销、稍好、稍差、滞销四种市场需求自然状态下的损益值分别为 55 万元、37 万元、—15 万元、—40 万元等。只有能够确定各自的损益值。不同的方案之间才可以对比。

（5）未来出现哪种状态，虽然不能肯定，但其出现的概率是可以得知的。例题中，市场需求状况中畅销、稍好、稍差、滞销等四种自然状态的概率分别为 0.2，0.4，0.3，0.1。这些概率的确定可以根据事件的过去和现在的资料来确定，或计算出某个事件出现的概率。也可以由决策者在没有事件的过去和现在资料作为实证依据的条件下，由决策者主观判断其出现的概率。

三、决策统计的分类

决策统计按照社会经济现象研究任务的不同；依据不同的标准有不同的分类，常见的有以下几类：

（1）决策统计按目标的性质和决策方案涉及时间长短不同，分为战略决策和战术决策。战略决策是指对社会经济现象发展方向和远景规划作出的重大决策，对所研究对象的长远战略目标、战略重点、战略措施作出的决策属于此类。它涉及此研究对象的全局性、长远目标问题，一般由高层领导严肃谨慎地集体决策。战术决策是指为了实现战略目标所采取的"手段"的决策，是短期的、具体的决策；

（2）决策统计按目标多少不同，分为单目标决策和多目标决策。单目标决策是指决策者只用一个目标来评判和选择方案的决策。多目标决策则是指决策者同时用两个以上目标来评价和选择方案的决策；

（3）先验概率决策与后验概率决策。在客观概率中，在作任何实验或调查以前就可以根据事件的历史资料来确定的概率，称为先验概率。

若根据试验或调查所获得的信息对先前确定的先验概率分布加以修正而得到的自然状态的新的概率分布，则称为后验概率。对应于利用这两种不同概率的决策就是先验概率决策与后验概率决策。

第二节　先验概率决策统计方法

决策统计方法随着社会的发展和科学的进步发展较快，常用决策统计方法有：决策表法、边际分析决策法、决策树法、贝叶斯决策法、马尔可夫决策法、蒙特卡罗模拟决策法等。

本节主要介绍先验概率决策方法。至于决策方案的选择标准主要有：期望值标准、最大可能性标准及合理性标准。我们这里采用的是应用最广泛的标准即期望值标准。

一、决策表法

在决策分析中，把社会经济现象在各种自然状态下的统计概率与其对应的各方案的损益值用一定的表格形式表示出来，在此基础上采用一定的标准进行表上决策的方法，称为决策表法。在决策表上使用期望值标准，是在决策表上通过计算每一可能方案的期望收益或期望亏损值，并以此为标准，选择收益最大或损失最小的方案为最优方案。期望值的计算是以每一个方案可能发生的自然状态概率作为权数，对其对应的可能收益或亏损进行加权平均的结果。仍以例1为例说明。

大批量经营的期望利润值为：

$80 \times 0.2 + 40 \times 0.4 + (-30) \times 0.3 + (-70) \times 0.1$

$= 16$（万元）

中等经营的期望利润值为：

$55 \times 0.2 + 37 \times 0.4 + (-15) \times 0.3 + (-40) \times 0.1$

$= 17.3$（万元）

小量试销的期望利润值为：

$31 \times 0.2 + 31 \times 0.4 + 9 \times 0.3 + (-10) \times 0.1$

$= 20.3$（万元）

把以上三个方案的期望利润值列于表的右列，构成新表14—2。

表14—2

自然状态 损益值（万元）概率 方案	畅　销 0.2	稍　好 0.4	较　差 0.3	滞　销 0.1	期望利润 （万元）
大批量经营	80	40	−30	−70	16
中等经营	55	37	−15	−40	17.3
小量试销	31	31	9	−10	20.3

由表上计算结果可以看出：以小量试销方案的期望利润值最大。根据期望收益标准，小量试销为最佳方案。

需要指出的是，所谓期望利润并非必然能够实现的利润，而是指今后可能得到的利润。所以，用期望值为标准选定的最佳方案，实际执行时不一定就是结果最好的方案。

但从统计决策的角度看，以期望值作为评优方案的标准还是较为合理的，尤其是在这项决策反复多次执行时，这种方案的优点更为明显。

二、决策表的矩阵计算法

在决策表中，如果把备选方案看做一个列向量，称为方案向量，记做 A，如

有 m 个备选方案，其转置向量可记做 $A^T=$（A_1，A_2，…，A_m）。同理，把自然状态看做行向量，称为状态向量，记作 W，有 n 个自然状态的状态向量记为 W =（W_1，W_2，…，W_n），把自然状态 W_j（$j=1$，2，…，n）发生的概率记为 $P_{W_j}=P_j$，则有 $P=$（P_1，P_2，…，P_n）也构成一个与状态向量对应的向量，称为状态概率向量。全部状态概率之和应等于 1，即 $\sum_{j=1}^{n}P_j=1$。备选方案 A_i 在自然状态 W_j 下的损益值记作 a_{ij}，这时方案 A_i 的期望损益值 E（A_i）为：

$$E（A_i）=\sum_{j=1}^{n}a_{ij}P_j（j=1，2，…，n；i=1，2，…，m）$$ 这样，决策表的表现形式实际上就是一种矩阵表，其自然状态、状态概率、备选方案、各方案所对应的损益值和期望损益值用矩阵形式列示如表 14－3。

表 14－3

自然状态　状态概率　损益值　方案	W_1，W_2，…，W_n	期望损益值 E（A_i）
	P_1，P_2，…，P_n	
A_1	a_{11}，a_{12}，…，a_{1n}	E（A_1）
A_1	a_{21}，a_{22}，…，a_{2n}	E（A_2）
$\vdots$	…	…
A_m	a_{m1}，a_{m2}，…，a_{mn}	E（A_m）

表中的损益值构成一个 m 行 n 列的矩阵，记作 B，即：

$$B=\begin{bmatrix} a_{11}，& a_{12}，& …，& a_{1n} \\ a_{21}，& a_{22}，& …，& a_{2n} \\ & & … & \\ a_{m1}，& a_{m2}，& …，& a_{mn} \end{bmatrix}$$

期望值构成一个列向量或列矩阵

$$E（A_i）=\begin{bmatrix} E（A_1） \\ E（A_2） \\ \vdots \\ E（A_m） \end{bmatrix}$$

状态概率行向量 P 的转置矩阵记作 P^T：则

$$P^T = \begin{bmatrix} P_1 \\ P_2 \\ \vdots \\ P_n \end{bmatrix}$$

则决策表可用矩阵表示为：

$$E\ (A_i)\ =BP^T$$

即：

$$\begin{bmatrix} a_{11}, & a_{12}, & \cdots, & a_{1n} \\ a_{21}, & a_{22}, & \cdots, & a_{2n} \\ \cdots \\ a_{m1}, & a_{m2}, & \cdots, & a_{mn} \end{bmatrix} \cdot \begin{bmatrix} P_1 \\ P_2 \\ \vdots \\ P_n \end{bmatrix}$$

$$= \begin{bmatrix} a_{11}P_1 + a_{12}P_2 +, & \cdots, & +a_{1n}P_n \\ a_{21}P_1 + a_{22}P_2 +, & \cdots, & +a_{2n}P_n \\ \cdots \\ a_{m1}P_1 + a_{m2}P_2 +, & \cdots, & +a_{mn}P_n \end{bmatrix}$$

$$= \begin{bmatrix} \sum_{j=1}^{n} a_{1j}P_i \\ \sum_{j=1}^{n} a_{ij}P_j \\ \cdots \\ \sum_{j=1}^{n} a_{mj}P_j \end{bmatrix} = \begin{bmatrix} E\ (A_1) \\ E\ (A_2) \\ \vdots \\ E\ (A_m) \end{bmatrix} = E\ (A_i)$$

当决策标准是收益的期望值最大时，则最优方案就是选取 $max\ [E\ (A_i)]$，如前例：

$$E\ (A_i)\ = \begin{bmatrix} 80 & 40 & -30 & -70 \\ 55 & 37 & -15 & -40 \\ 31 & 31 & 9 & -10 \end{bmatrix} \begin{bmatrix} 0.2 \\ 0.4 \\ 0.3 \\ 0.1 \end{bmatrix} = \begin{bmatrix} 16 \\ 17.3 \\ 20.3 \end{bmatrix}$$

$max\ [E\ (A_i)]\ =E\ (A_3)\ =20.3$（万元），即小量试销，这同决策表的决策结果完全一致。利用矩阵决策的形式很有利于借助计算机计算，帮助决策者选出最优方案。

值得指出的是，在期望值标准决策中，如果有两个方案的结果相同，且同为最大时，可进一步计算其全距和均方差，选取全距和均方差较小的方案为最优方案。

三、边际分析决策法

决策表法在自然状态和行动方案较少时，计算简便，不失为一种较好的决策统计方法。但当自然状态和行动方案较多时，使用决策表法会使计算工作过于繁重。这时，如采用边际分析决策法，则相对简单。

边际分析决策又称增量分析决策。它是通过考察增加一个单位的某种社会经济要素的量而相应带来的利润得失，从而作出决策的过程。它也特别适用于连续变量的决策。下面举例说明之。

[例2]　假定某商人以 200 元一箱购进某种商品，这种商品由于容易腐烂变质，经营风险较大，第　天售不出去就没有价值了，他以 500 元一箱的价格出售。根据过去的售货记录，该种商品的销售量有四种情况：它们对应的销售天数如表 14－4 所示。用边际分析决策法分析该店应安排多少箱进货量。

表 14－4

日销售量（箱）	销售天数	销售量概率
50	15	0.15
55	20	0.20
60	40	0.40
65	25	0.25
合　计	100	1.00

应用边际分析方法的原理分析时，需要考虑的是，每增加一个单位（一箱）的进货可能产生的两种不同结果：一是当天可以售出，获得单位利润 300 元（这种每增加一个单位的销售量而带来的利润称为边际利润，记作 MP）；二是卖不出去时将遭受单位损失 200 元（与边际利润对应称为边际损失，记作 ML），若 MP 的概率为 P，则 ML 的概率为 $(1-P)$。由于每增加一箱进货能否售出主要取决于市场的需求状况，在统计决策中，市场的需求状况不是一个确定值，只是一个售货概率。在此情况下的期望利润决策标准只能通过比较期望边际利润 $P \times MP$ 和期望边际损失 $(1-P) \times ML$ 来进行，若 $P \times MP > (1-P) \times ML$，说明获利的可能性较大，若 $P \times MP < (1-P) \times ML$，是说明亏损的可能性较大。显然，在达到 $P \times MP = (1-P) \times ML$ 的进货量之前，进货量越大，获得越

243

多，但超过此等式的进货量后，进货量越大，亏损越多，在两者达到平衡时，即满足这一等式的进货量为最大进货量。显然，这里的 P 为以上累积概率 P。本例中在利用平衡式 $P×MP=（1-P）×ML$ 计算出 P 后，然后从日销售量的以上累计概率中找出与此相对应的累计概率所对应的日销售量即为最佳进货量，同时可以求出最大期望利润，在连续型变量中，本例若整箱可以拆零或方案是连续的情况下，我们可以用线性内插法求出最佳进货量。本例算法如表 14—5。

表 14—5

日销售量（箱）	销售概率	以上累计销售概率
50	0.15	1.00
55	0.20	0.85
60	0.40	0.65
65	0.25	0.25
合　计	1.00	—

又因为：$P×MP=（1-P）×ML$

所以 $P=\dfrac{ML}{MP+ML}=\dfrac{20}{30+20}=0.4$

$P=0.4$ 介于 0.25 与 0.65 之间，即最佳进货量介于 60 箱到 65 箱之间。我们用线性内插法求出最佳进货量为：

最佳进货量 $=60+\dfrac{65-60}{0.65-0.25}×（0.65-0.4）$

$=63.1$（箱）

如果方案不具备连续性，只能从现有的四个方案中选定一个，那么就应选择累计概率第一个大于 $P=0.4$ 的进货量 60 箱为最佳进货方案。因为这一方案的期望边际利润大于期望边际损失，而累计概率小于 P 的期望边际利润则小于期望边际损失。

四、服从正态分布的连续型变量决策法

根据概率论的中心极限定理，实际问题中的许多随机变量，只要它们是由大量相互独立的随机因素综合作用而产生，而其中每一个别因素在总的影响中所起

的作用都很微小，则这种随机变量就近似于服从正态分布。如某城市的蔬菜需求量、夏天冰淇淋的销售量、日用商品的销售量等都是大量的个别居民每天需求量的总和，每个居民某日购买与否对需求量的影响甚微，故其近似服从正态分布。且其概率密度函数为：

$$f(x) = \frac{1}{\sqrt{2\pi}\sigma} e^{-(x-\mu)^2/(2\sigma^2)} \qquad (x>0)$$

式中，μ 为数学期望；σ 为标准差。

对于这类问题，我们可以运用正态分布的决策方法来进行决策。

一般地，设有一连续型变量的决策统计问题，如果满足下列两个条件：

(1) 该决策问题的自然状态为一连续型的随机变量 x，其概率密度函数为 $f(x)$；

(2) 对应于变量 1，2，…，m，…的备选方案为 d_1，d_2，…，d_m，…。

那么，该决策统计取得最大期望利润值的方案 d_k 所对应的数量 k（最佳方案）由下式决定：

$$\int_k^{+\infty} f(x)\,dx = \frac{b}{a+b}$$ 式中：a 为边际利润值；b 为边际损失值；$\frac{a}{a+b}$ 称为转折概率。

由概率论一章我们已知，通过变换 $Z = \dfrac{x-\mu}{\sigma}$

则 Z 服从标准正态分布。而且，在概率论中，此积分不用计算，只需查标准正态分布表（见附录）便可得到。显然，当 $x=k$ 时为最优方案，因为它对应的概率恰好是连续变量分布的累积概率。

[例3] 某一家蔬菜公司承担本城区的蔬菜供应。每天凌晨由附近农村将新鲜蔬菜运到菜市场，然后再零售给顾客。近来该公司以每 500 克 0.80 元的价格每天向农村进货，然后以每 500 克 1.10 元的价格零售出去。由于这些蔬菜无留放处理的价值，当天未售完必须全部扔掉，于是每剩 500 克菜就损失 0.80 元。根据历史资料记录，该地区这种蔬菜需求量平均每天为 3 500 千克，标准差为 920 千克。试问该公司经理该如何决策每天这种蔬菜的进货量。

解 由题意知：$a = (1.10-0.80) \times 2 = 0.60$ 元/千克

$b = 1.60$ 元/千克

$\mu = 3\,500$ 千克， $\sigma = 920$ 千克

设 k 为最佳进货量，则有：

$$\int_k^{+\infty} \frac{1}{\sqrt{2\pi}\sigma} e^{-\frac{(x-\mu)^2}{2\sigma^2}}\,dx = \frac{1.60}{1.60+0.60}$$

即：
$$\int_{k}^{+\infty}\frac{1}{\sqrt{2\pi}\sigma}e^{-\frac{(x-\mu)^2}{2\sigma^2}}dx=0.7273,\ P\ (x{\geqslant}k)\ =0.7273$$

当 $x=k$ 时，作变换 $Z=\dfrac{x-\mu}{\sigma}=\dfrac{k-\mu}{\sigma}$

查标准正态分布表得：

$$Z=\frac{k-3\ 500}{920}=-0.605$$

得　　　$k=2\ 943$ 千克

即该公司每天应向农村进货 2 943 公斤。

第 三 节　决 策 树 法

决策树是决策统计中常用的方法之一。它通过把决策过程用图解方式显示出来，从而使决策问题显得更为形象、直观。这种方法不仅适用于单阶段决策问题，而且可以处理多阶段决策这种用图表法无法表达的问题。

一、决策树的概念

决策树又称决策图，它是以方框和圆圈为结点，由直线连接而成的一种树枝形状的结构图。如图 14—1 所示。

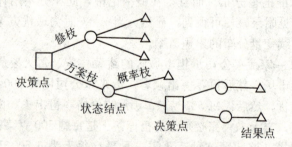

图 14—1　决策树（决策图）

在图中，方框结点叫决策点，由决策点引出的若干直线，每条直线代表一个方案，称为方案枝，在方案枝的末端画出一个圆圈，叫状态结点，由状态结点引出的若干直线，每条直线代表一个自然状态及其可能出现的概率，故称概率枝，概率枝末端连接的三角形，称为结果点。在结果点旁边列出不同状态下的损益值，供决策之用。

二、决策树的单阶段决策

决策问题根据其决策过程的阶段性可分为单阶段决策与多阶段决策。当所要决策的问题只需一次决策就可完成叫做单阶段决策问题。如果问题较为复杂，不是一次决策就能解决，而要进行一系列的连续决策才能解决，叫做多阶段决策问题。

先以例1为例说明单阶段决策问题。

首先画出决策树：

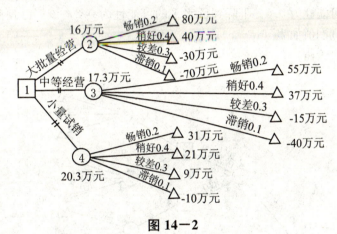

图 14—2

然后计算各自然状态结点的期望值：

点②：$80 \times 0.2 + 40 \times 0.4 + (-30) \times 0.3 + (-70) \times 0.1$
　　　$= 16$（万元）

点③：$55 \times 0.2 + 37 \times 0.4 + (-15) \times 0.3 + (-40) \times 0.1$
　　　$= 17.3$（万元）

点④：$31 \times 0.2 + 31 \times 0.4 + 9 \times 0.3 + (-10) \times 0.1$
　　　$= 20.3$（万元）

把计算结果记入决策树的自然状态结点旁，最后剪枝，根据期望值标准把不符合要求的决策方案从决策树中剪出。可以看出，最佳的决策方案是点④，即小量试销。

三、决策树的多阶段决策

有些问题的决策统计带有阶段性，选择某种行动方案会出现不同的状态，按照不同的状态，又需要作下一步行动方案的决策，以及更多的状态和决策，这些问题表现在决策树上为多个决策点，如果把这一问题用决策表法决策是难以做到的，但可以采用决策树的方法进行决策。

[例4] 某电视机厂正在着手制订五年计划，需要在改革工艺水平的两种途径中作出决策：一是向国外购买专利，估计谈判成功的可能性为0.8；另一条途径是自行研制，成功的可能性为0.6，但购买专利的费用比自行研制的费用要高出10万元。而无论通过哪条途径，只要改革工艺成功，生产规模就能选取这样两种方案：增加产量一倍或两倍；若改革工艺失败，则只能维持原产量。根据市场预测，今后相当一段时间对该厂电视机的需求量较高的可能性为0.3，保持一般水平的可能性为0.5，下降到低水平的可能性为0.2，该厂已预测出上述各种情况下的利润值如表（14—6）。

先画出决策树：

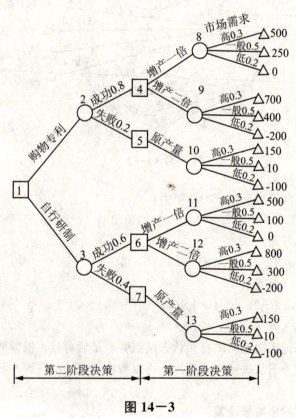

图 14—3

表 14—6 单位：万元

利润 方案 自然状态	按原工艺生产	购买专利成功（0.8）		自行研制成功（0.6）	
		增加一倍产量	增加二倍产量	增加一倍产量	增加二倍产量
市场需求较高 0.3	150	500	700	500	800
市场需求一般 0.5	10	250	400	100	300
市场需求低 0.2	—100	0	—200	0	—200

试问该厂在改革工艺上应采取什么决策？这是一个两阶段决策问题。

然后分阶段决策：第一阶段决策，计算在各生产方案下各组即⑧、⑨、⑩、⑪、⑫、⑬的期望损益值：

$E_⑧ = 500 \times 0.3 + 250 \times 0.5 + 0 \times 0.2 = 275$（万元）

同理：$E_⑨ = 370$（万元）

$E_⑩ = 30$（万元）

$E_⑪ = 200$（万元）

$E_⑫ = 350$（万元）

$E_⑬ = 30$（万元）

将上述各期望损益值填在各方案枝上，并剪枝，得到简化决策树图 14—4。

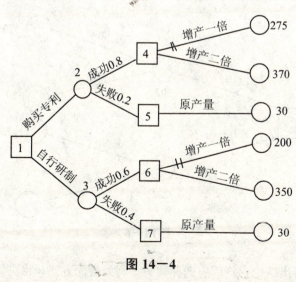

图 14—4

剪枝后得图 14—5。

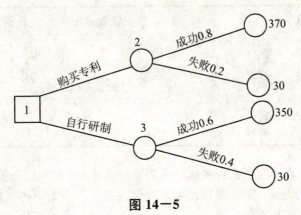

图 14—5

这是单阶段决策了，即下一步进行第二阶段决策。计算各机会点②、③的期望利润值为：

$$E_② = 370 \times 0.8 + 30 \times 0.2$$
$$= 302（万元）$$
$$E_③ = 350 \times 0.6 + 30 \times 0.4$$
$$= 222（万元）$$

同样将②、③结点的期望利润填入决策树，前枝得图 14—6。

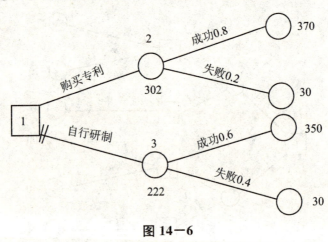

图 14—6

从中可以得出结论，该厂应选择购买专利为最优方案，将决策过程汇于一体即为图 14—7。

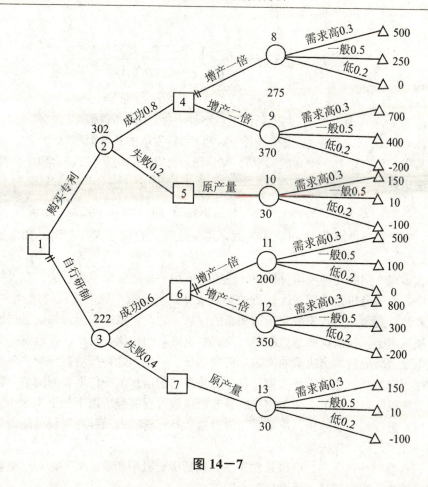

图 14—7

第四节　贝叶斯决策法

决策统计的条件之一，是需要知道每一方案在各种自然状态下的概率，然而前面讲的统计决策方法中所用的概率都是根据历史资料和主观判断所决定的，这种未经经验证实的概率称为先验概率。利用这些先验概率决策具有一定的风险性，为了减少这种风险，需要进行科学实验、调查等方法获得较为准确的情报信息，以修正先验概率、改进决策过程，从而作出准确的决策。运用贝叶斯定理能方便地解决这类问题。一般地说，利用贝叶斯定理求得后验概率据以进行决策的方法称为贝叶斯决策方法。贝叶斯定理是概率统计论的重要定理，其表达

251

式为：

$$P(B_j/A_i) = \frac{P(A_i/B_j) \; P(B_i)}{\sum\limits_{j=1}^{n} P(A_i/B_j) \; P(B_j)}$$

式中：$P(B_j)$ 为事件 B_j 发生的概率；

$P(B_j/A_i)$ 为事件 A_i 发生条件下，事件 B_j 发生的条件概率；

$P(A_i/B_j)$ 为事件 B_j 发生条件下，事件 A_i 发生的条件概率。

其中，$P(A_i/B_j) \; P(B_j) = P(A_i/B_j)$ 称为 A_i 和 B_j 的联合概率（概率的乘法定理）。

$\sum\limits_{j=1}^{n} P(A_i/B_j) \; P(B_j) = P(A_i)$ 是事件 A_i 的全概率（全概率公式），也就是说，在计算条件概率 $P(B_j/A_i)$ 时，可先计算联合概率 $P(A_iB_j)$ 和全概率 $P(A_i)$。

在前面介绍的几种决策分析中，决策者所用的是先验概率分析法。在贝叶斯决策中，先验分析是进行深入分析的必要条件。当决策十分重要而时间允许时，决策者常需要考虑是否要搜集和追加新的信息。为此，也必须为追加信息付出代价。决策者必须权衡这些信息的费用及其对决策者的价值，对比这些信息的费用与根据预后验分析作出决策的风险和可能结果。所以，这种预后验分析主要涉及到的两个问题：一是要不要追加信息；二是在追加信息的条件下如何决策。在已具备先验概率的条件下，一个完整的贝叶斯决策过程要经历以下几个步骤：

（1）进行预后验分析。决策是否值得搜集补充资料以及补充资料可能得到的结果和如何进行最优决策。

（2）搜集补充资料、取得条件概率，包括历史概率和逻辑概率，对历史概率要加以检验，辨明其是否适合计算后验概率。

（3）用概率的乘法定理计算联合概率，用全概率定理计算全概率，用贝叶斯定理计算后验概率。

（4）用后验概率进行决策分析。

[例 5]　某公司准备生产一种出口产品，已知这种产品的销售状态取决于市场需求状况，该公司决策者在决策前已预见到生产后销售状况为好、中、差三种情况的概率及相应的盈利额。

表 14-7

销售结果预测	先验概率 P（B）	盈利额（万元）
销售状态好　B_1	0.25	750
销售状态中　B_2	0.30	50
销售状态差　B_3	0.45	—300
合　计	1.00	—

在这种情况下，有两个问题需要决策：

（1）在市场调查费用为 30 万元情况下，是否值得作一次市场调查，以取得市场需求出现"好"、"中"、"差"的后验概率。

（2）是否继续生产这种新产品。

为了决策是否进行市场调查，需要比较调查情况下和不调查情况下的期望盈利值。为此将公司过去实践中的有关资料整理如表 14-8。

表 14-8

$P(A_i/B_j)$　销售结果 B_j　调查结论 A_i	B_1	B_2	B_3
A_1（好）	0.65	0.25	0.10
A_2（中）	0.25	0.45	0.15
A_3（差）	0.10	0.30	0.75
合　计	1.00	1.00	1.00

然后利用上述两表计算联合概率和全概率：

$$P(A_1/B_1) = P(A_1/B_1) P(B_i)$$
$$= 0.65 \times 0.25 = 0.1625$$

余类推。同时：

$$P(A_1) = \sum_{j=1}^{n} P(A_1/B_j) P(B_j)$$
$$= 0.1625 + 0.075 + 0.045 = 0.2825$$

余类推。

计算结果汇总于表 14-9。

表 14－9

$P(A_i/B_j)$ $\diagdown$ B_j A_i	B_1	B_2	B_3	$P(A_i)$
A_1	0.1625	0.075	0.045	0.2825
A_2	0.0625	0.135	0.0675	0.2650
A_3	0.0250	0.090	0.3375	0.4525
$P(B_j)$	0.2500	0.300	0.4500	1.0000

在联合概率和全概率的基础上计算条件概率：

由：$P(B_j/A_i) = \dfrac{P(A_i/B_j)\ P(B_j)}{\sum\limits_{j=1}^{n} P(A_i/B_j)\ P(B_j)} = \dfrac{P(A_iB_j)}{P(A_i)}$

得：$P(B_1A_1) = \dfrac{P(A_1B_1)}{P(A_1)} = \dfrac{0.1625}{0.2825} = 0.572$

余类推。

将计算结果填入后验概率表 14－10 中。

表 14－10

$P(B_i/A_j)$ $\diagdown$ 销售结果 B_j A_i	B_1（好）	B_2（中）	B_3（差）	合计
A_1（好）	0.575	0.266	0.159	1.00
A_2（中）	0.236	0.509	0.255	1.00
A_3（差）	0.055	0.199	0.764	1.00

再用后验概率求期望盈利值：

在不调查情况下生产该种新产品的期望盈利值为：

$$(750,\ 50,\ -300) \begin{bmatrix} 0.25 \\ 0.30 \\ 0.45 \end{bmatrix} = 67.5 \text{（万元）}$$

在调查后结论分别为好、中、差的情况下，对应的新产品期望盈利值为：

$$
(750, 50, -300)
\begin{bmatrix}
0.575 & 0.236 & 0.055 \\
0.266 & 0.509 & 0.199 \\
0.159 & 0.255 & 0.746
\end{bmatrix}
$$

$$
= (396.85, 125.95, -172.60)（万元）
$$

也就是说，当调查结论为市场需求状况为好时，生产该新产品的期望盈利值为 396.85 万元；调查结论为中时，生产该种新产品的期望盈利值为 125.95 万元；当调查结论为差时，生产该产品的期望盈利值为 −172.60 万元，即为负数。

因此，在调查结论为差时，不可能生产该产品。这样，在进行调查情况下生产该新产品的期望盈利值是：

$$
(395.85, 125.95, 0)
\begin{bmatrix}
0.2825 \\
0.2650 \\
0.4525
\end{bmatrix}
= 145.50（万元）
$$

最后决策：

（1）在调查情况下生产新产品的期望盈利值为 145.50 万元，大于调查费用 30 万元，同时也大于不调查情况下的期望盈利值 67.50 万元。因此，应该作市场调查。

（2）若调查结论为市场需求好或中，生产该种新产品；若调查结论为市场需求差，则不生产该产品。

本章小结

本章主要介绍决策统计分析方法，决策统计理论是建立在统计分析和统计预测的基础上，利用概率进行决策的计算和分析，是一种概率决策。本章先介绍了决策统计的条件和分类，然后介绍了决策表法、边际分析决策法、决策树法、贝叶斯决策法等常用决策统计方法。本章的重点是决策表法、离散型和连续型的边际分析决策法、以及决策树法。通过本章的学习，领会决策统计分析的思想。

本章重点名词

决策统计　单目标决策　多目标决策　后验概率决策　决策表　方案向量损益值　损益表　边际决策　决策树　阶段决策　贝叶斯决策

本章思考题与习题

1. 什么是决策统计？它与一般经济决策有何区别？

2. 一个完整的决策统计问题，一般应具备哪些条件？

3. 什么是战略型决策？什么是战术型决策？

4. 什么是单目标决策？什么是多目标决策？

5. 何为先验概率决策？何为后验概率决策？

6. 什么叫损益值？

7. 如何根据期望值进行决策？

8. 什么是决策树？如何用决策树决策统计分析？

9. 一家高级镜片制造厂试制成功一种新型广角摄影镜头，准备出口试销。但这家工厂面临一个决策问题。镜头的弧度要求非常严格，而本厂的检测设备与国外的先进设备仍有一定差距。因此该厂除负责全部生产过程外，也可以考虑引进先进的检测设备。引进技术的方式可以有三种：一种是直接进口一套设备；一种是租用先进设备；再一种是与外商合资经营。产品生产出来后，销路的大小不能确定，按照厂方的预测，有下列三种可能：畅销、中等销路和滞销，其概率分别为 0.3，0.6，0.1。厂方关于是否完全自制或采取某种方式引进检测设备完全取决于试销利润的大小。

下表是按不同方案在不同的自然状态下计算出来的损益表。

自然状态 损益值（万元）概率 方案	畅 销 0.3	中 等 0.6	滞 销 0.1
自 制	300	160	−50
租 用	260	160	10
合 资	296	176	−4
购 进	280	120	−120

要求：

（1）按决策表法决策；

（2）写出决策表法的矩阵计算法，并进行决策；

（3）用决策树法决策。

10. 某厂要对一问题进行决策，其有关资料如下表，试用矩阵决策选择最优方案。

自然状态 损益值（万元） 方案	Q_1	Q_2	Q_3	Q_4
概率	0.2	0.4	0.1	0.3
a_1	400	500	600	700
a_2	200	400	600	900
a_3	500	700	300	500
a_4	300	500	600	800
a_5	300	500	500	500

11. 某副食品商场在夏季购进鲜草莓，每公斤销售后可获利 2 元。如果当日不能售出，由于变质，每公斤则损失 1 元。现市场需求情况不清楚，但有上年周期销售资料如下表：

日销售量（kg）	完成日销售量的天数
80	12
90	24
100	38
110	16
Σ	90

试用边际决策法为该商场作出最佳进货量。

12. 为了适应市场需要，某地提出了扩大电视机生产的两个方案。一个方案是建设大工厂，另一个方案是建设小工厂，两者的使用期都是 10 年。建设大工厂需要投资 600 万元，建设小工厂需要投资 280 万元，两个方案的每年损益值（以万元为单位）及自然状态的概率见下表。

	销路好	销路差
	0.7	0.3
建大厂	200	−40
建小厂	80	60

（1）试应用决策树评选出合理的决策方案。

（2）如果增加一个考虑方案，即先建设小工厂，如销路好，3 年以后扩建。根据计算，扩建需要投资 400 万元，可使用 7 年，每年盈利 190 万元。那么这个方案与前两个方案比较，优劣如何？

13. 某轻工进出口公司考虑生产一种新产品太阳能室内晒衣器。已知产品的销售状况将取决于市场需求状况。公司在决策前已预见到市场销售结果为好、中、差三种情况的概率及相应的盈利额如下表：

销售结果预测	先验概率 $P(B)$	盈利额（万元）
好（B_1）	0.25	830
中（B_2）	0.30	210
差（B_3）	0.45	-70

公司为了减少风险，考虑委托国外一家商业咨询公司在市场所在国作一次市场调查，以取得进一步信息来增加决策的可靠性。调查费用为 3 万元。

已知咨询公司过去长期调查的资料为：

	B_1	B_2	B_3
A_1（好）	0.65	0.25	0.10
A_2（中）	0.25	0.45	0.15
A_3（差）	0.10	0.30	0.75
合　计	1.00	1.00	1.00

要求对下列两个问题进行决策：

（1）是否值得作一次市场调查，以获取市场需求出现"好"、"中"、"差"的后验概率；

（2）是否生产这种新产品。

第十五章　外国经济统计简介（Ⅰ）人力资源与生产流通统计

本章学习目标

本章学习目标有四个：①劳动力概念和劳动力调查；②劳动力构成与劳动时间统计；③生产统计；④西方国内商业与国际贸易探讨。

第一节　劳动力概念和劳动力调查

一、劳动力的一般概念

劳动力是指达到国家规定年龄的人口中，已经参加和要求参加工作的人数。在西方国家，劳动力人数包括全部就业人数、失业人数和军队人数。有的国家称之为"工作力"或"工作人口"（working force；working population）；而联合国在研究劳动统计时，称为"经济活动人口"（economically active population）。通常，西方国家公布的劳动力人数是指民用劳动力人数，即从劳动力总人数中扣除军队人数后所剩余的人数。联合国的统计规定：民用劳动力人数，是指供应市场的劳动力人数。因此，民用劳动力人数，是指市场经济条件下参加劳动力市场竞争的就业者和失业者的全部人数。其计算公式为：

民用劳动力人数（参与经济活动人数）＝就业人数＋失业人数

二、劳动力调查

（一）劳动力调查的目的

西方国家劳动力资料，主要是通过抽样调查取得的。劳动力调查的目的是通过了解西方国家各国劳动力实际状况，为国家的政治经济管理、各部门的经济规划，以及社会经济领域的科学研究提供信息。这些劳动力统计信息包括劳动力资源、劳动力供求关系、劳动时间、工资水平、就业与失业、罢工等。劳动力调查

的目的具体表现在如下几个方面:

(1) 了解劳动力的供给数量和供给的变化趋势。包括劳动力的行业、职业、就业身份、接受教育程度、地区、年龄、性别等的分布状况,以便根据经济和社会发展的需求,安排劳动力。

(2) 了解就业、不完全就业和失业人数,以及他们的行业、职业、就业身份、接受教育程度、地区、年龄、性别等的分布状况,以便合理和充分地使用劳动力。

(3) 了解劳动力的短缺数量以及所需的行业、职业、接受教育程度等情况,以便加强有关方面的教育和培训,培养符合数量和质量要求的劳动力,来满足各行业的需要。

(4) 了解就业者现任工作不适于其智能和兴趣的状况,以便改进教育、训练内容及设施,使人才各得其所。近几年西方新发展起来的有关"人力资源开发与使用"的新学科,对这类问题进行了专门系统的研究。

(二)劳动力调查的特点

上述劳动力调查的目的,决定了劳动力调查与其他统计调查不尽相同的性质,其主要特点表现为:

1. 一般以人口普查为基础。

劳动力调查的对象是国内的全体公民,而不是只限于某一地区或某一阶段。就这一点而言,劳动力调查与人口普查是完全相同的。不同的是人口普查中的劳动人数的侧重点是平时状况,而劳动力调查侧重于当时的现状。但这一区别很重要,因为它直接关系到如何判断就业与失业状况的问题。人口普查中用"有酬工作者"的概念进行调查,而劳动力调查则使用"劳动力"名称进行调查,它们两者的含义及范围是不同的。这在后面还将详细介绍。

此外,在调查时间上也不尽相同。人口普查是每隔 10 年或 5 年进行一次,劳动力调查一般是每年、每三个月或每月进行一次。劳动力调查可以看做是人口普查的一种替代性调查或在此基础上的继续性调查,因此,在调查设计上的要求,必须与人口普查密切配合,以便发挥劳动力调查的作用。

2. 调查是经常性的,且发表资料迅速

这是因为劳动力调查的目的是为了反映劳动力的状态,因此,要求其调查时间间隔不能太长,调查次数不能太少,其调查结果要求在尽量短的时间内发表,以便及时地提供劳动力的动态,供有关部门参考。

3. 调查的内容包括劳动力的供给和需求

劳动力调查不能只研究其供给状况,还要考虑到需求,因此,劳动力调查一般分成劳动力供给调查和劳动力需求量调查,两者同时进行。

4. 调查工作与研究工作并重

一方面劳动力调查要了解劳动力供求状况，为制定经济建设计划及指导就业、教育训练等政策提供参考；另一方面也要对劳动力的变化趋势进行预测。

通常情况下，劳动力的供给量受到人类本身所具有的自然特征和教育状况的影响。而劳动力的需求量则受一国的产业结构、技术革新以及经济计划、人口衰老和死亡的影响。所以，劳动力调查工作只是问题的开始，要达到真正了解劳动力的现状及变化趋势的目的，还必须在此基础上进行不断地研究和分析。

5. 受经济理论的指导

目前，西方各国的经济政策都是根据西方经济学，利用高级统计技术来拟订的。同时，与劳动力使用相联系的社会救济、社会保险等，也都有一定的法律观点。劳动力调查在为学术研究提供实际资料时，不但在定义、分类及整理方面配合理论上的要求，而且也要考虑当地的社会行政和社会立法的实际立场，以达到理论与实际相结合的目的。

6. 利用有关统计资料做深入的研究分析

劳动力属于一种抽样调查，同时，由于时间、经费等种种限制，无法将劳动力各个方面的资料，在一次调查中全部收集到。因此，在劳动力调查的基础上，还要依赖其他许多现存的各种统计资料作参考，以便更全面地反映劳动力的现状及动态。

7. 注重国际的比较

在劳动力调查统计时，除了要依据本国的特殊情况作妥善的安排以外，还要考虑到统计资料的国际企业管理的比较，并为此提供方便。

（三）劳动力调查的方法

西方各国的劳动力调查方法，大都使用抽样调查，而后由样本资料估计全国劳动力状况。劳动力调查方法按调查对象分为下列两种：

1. 人口法

这种调查方法以人口为调查对象，调查一定时期内达到劳动力年龄的家庭成员或雇员、雇主参与劳动的情况，由此估算劳动力、就业、失业的数量，以及其性别、年龄、种族、职业等。人口法取得资料比较全面。

2. 企业法

这种调查方法以事业或企业单位为调查对象，抽查一定时期内企、事业单位的就业人员及工资、工时方面的状况。其范围根据需要而定。

上述两种方法分别采用多种抽样形式进行。其中，企业法效率较高，资料准确，但不如人口法全面。由于两者的调查范围、指标含义、资料来源不同，其结果也有出入。

三、国际劳工局的劳动力分类标准

国际劳工局是劳动统计的第一个国际组织，于 1919 年在国联下设立。它一般是通过举行国际劳动统计工作者会议来进行工作的。联合国成立以后，劳工局的职能就由联合国的专门机构——国际劳工组织来行使。国际劳工局曾在 1954 年 11 月至 12 月召开了第 8 次国际劳工统计专家会议，对劳动力、就业、失业等定义，作出如下规定：

（一）就业人口的含义

就业人口是指一定年龄以上，在调查期间内合乎以下条件之一的人口：

（1）正在从事于有薪给报酬或利润的工作者——在工作人口。

（2）虽然有职业但因疾病、灾害、劳动纠纷、假期、天气恶劣，或机械损害等原因而不在工作者——不在工作人口。

（3）自营作业的业主和雇主（也分在工作人口和不在工作人口两种）。

（4）帮助自营作业或农场的作业，其工作时间不少于正常工作时间的 1/3 的无酬家属工作者。

下列人口不被看做就业人口：

①在调查标准期间，暂时或无限期离开工作而无报酬者；②无职业或自营事业与农场，预定于调查标准期间之后开始就业或经营自营事业和农场；③从事无酬家属工作，在调查标准期间，其工作时间少于正常工作时间的 1/3 者。

（二）失业人口的含义

失业人口是指一定年龄以上（15 岁以上），在调查标准期间，合乎以下条件之一的人口：

（1）凡是能工作而又愿意工作，但因合同期满或暂时失效，失去工作而正在寻找有薪给报酬或利润的工作者。

（2）凡能工作而又愿意工作，尚未做过受雇者，而正在寻找有薪给报酬或利润的工作者。

（3）以前曾就业，现正打算就业，而在短期内开始的工作者。

（4）暂时或无限离开工作而无报酬者。

下列情况不能算作失业人口

①预定开办事业或农场，尚未开始进行，而又不想寻找有薪给报酬或利润的工作者；②过去是无酬家务工作者，现在又不在工作中，而又不想寻找有薪给报酬或利润的工作者。

国际劳动局的分类标准可用如下图解反映出来：

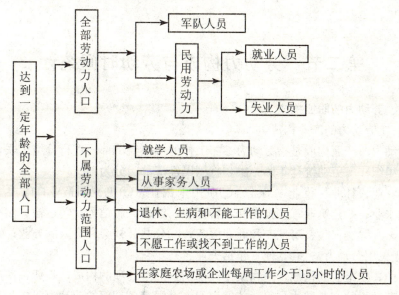

图 15-1　国际劳工局的分类标准

其中"达到一定年龄"，即劳动力的开始年龄，联合国要求从 15 岁开始。

（三）劳动力指标体系

归纳国际劳工局的分类标准，可以将劳动力及其有关的指标合为一个指标体系，其关系表现为：

（1）劳动力资源（某一年龄以上人口）＝全部劳动力＋非劳动力人口。

（2）全部劳动力＝民用劳动力＋现役军人数。

（3）民用劳动力＝就业人数＋失业人数。

此外，西方各国通常将劳动力人口数与达到一定年龄的人口数相比，得到的相对数称之为："劳动力参与率"（或经济活动人口比率）。

以联合国规定的劳动力年龄起点为例：

$$劳动力参与率＝\frac{15\ 岁以上劳动力人数}{15\ 岁以上劳动力人数＋15\ 岁以上非劳动力人数}\times 100\%$$

劳动力参与率表现劳动力参与程度。劳动力参与率越高，反映出一个国家劳动力资源的利用越好。一般说来，劳动力参与率在人均国民收入较高的国家，比在人均国民收入较低的国家要小，说明收入较高的国家的劳动力工作效率较高，参加家庭无酬劳动的妇女人数多。

第二节　劳动力构成与劳动时间统计

一、劳动力的职业构成

（一）劳动力的产业构成

劳动力的产业构成是指劳动力参与工作的国民经济部门进行分组。联合国国际劳工组织在《劳动统计年鉴》中，将国民经济部门分为：

①农业、林业、牧业、渔业；②矿山采掘业；③机械制造业；④电力、煤气、供水业；⑤建筑业；⑥批发和零售商业、饭店、旅馆等；⑦运输、储存和邮电业；⑧金融、保险、房地产和商业服务；⑨公共、社会和个人服务业；⑩军队（不属于民用劳动力）；⑪其他（包括失业者）。

其中，①至⑤的构成，是物质生产部门，⑥至⑪项的构成，是劳务性产业。

按劳动力的产业结构分组，能够说明一个国家各部门的劳动力分析状况，以此为基础可以计算各部门劳动力的比重。若将几个国家的劳动力产业构成组合在一起，则可以进行国际间比较。另外，一些国家为研究科技进步等有关问题，还从按部门划分的劳动力分组中，细分出"高技术部门"。高技术的定义，西方各国差别很大。美国的高技术部门是指企业的研究和开发费用占其销售额的比例，接近于或高于全部工业的平均水平者，以及企业的技术性人员占全部就业人数的比例等于或大于全部制造业的平均水平，见表15-1。

表15-1　　　　　　　　美国高技术部门就业人数

单位：1000人

	1972年	1984年	1995年计划数
全部非农业部门就业人数	73 675	94 461	110 092
高技术部门就业人数	4 469	6 024	7 730
占全部非农业部门就业人数（%）	6.1	6.4	7.0
工业无机化学	141	143	152
塑料材料及合成材料	229	177	161
药物	159	206	243

续 表

	1972 年	1984 年	1995 年 计划数
清洁用品	122	145	160
涂料	69	62	57
工业有机化学	143	164	165
农业化学	56	61	61
其他化学制品	90	92	90
石油精炼	151	151	142
军火	82	76	86
引擎及透平	115	115	124
特种工业机器	177	168	197
办公、计算机及会计用机器	260	526	756
电力传送设备	128	116	131
电力工业装置	209	206	241
无线电及电视接受设备	140	91	85
通信设备	458	617	787
电子构件	355	673	846
其他电力机器及供应品	132	156	186
飞机及零件	495	596	670
导弹及太空飞行	93	155	196
工程和实验机器	65	80	92
测量及控制仪器	160	250	310
光学仪器	18	35	34
医药仪器及设备	91	172	234
计算机及数据处理服务	107	474	1 149
研究和开发实验	111	193	240
照相设备	117	124	135

资料来源：美国《每月劳工评论》1985 年 11 月

（二）劳动力的职务构成

劳动力的职务构成是指按劳动力参加工作的职务类型分组的劳动力分布情况。联合国国际劳工组织在《劳动统计年鉴》中，将劳动力的职务分为：

①专业人员、技术人员及有关人员；②行政管理方面人员；③一般办事员；④销售人员；⑤服务人员；⑥从事农业、牧业、林业和渔业的人员；⑦生产工人、运输工人及操作工人；⑧失业人员；⑨其他。

劳动力按其职务构成分组的意义在于，它可以反映不同的劳动力在国民经济中的地位和作用，并在一定程度上体现出国家劳动力的质量。同时，也间接地说明该国家的科学和技术的发展状况，以及劳动生产率和居民生活水平。

一般说来，一个国家科学技术越发达，其劳动力职务构成中专业技术人员、管理人员的比重也就越大，劳动生产率也就越高，人民生活水平也随之进一步改善。

（三）劳动力的就业身份构成

劳动力的就业身份是指按照劳动力参与工作的雇佣性质，进行分组计算的。联合国国际劳工组织在《劳动统计年鉴》中，将劳动力的就业身份划分为：

①雇主；②个体经营；③雇员、雇工；④无酬家庭工作。

按照劳动力的就业身份分组，能够反映劳动力提供劳动的性质，进而反映一个国家的劳动关系和各阶层之间的关系。

二、实际劳动时间统计

（一）劳动时间的含义

西方劳动统计中，劳动时间分为"规定工作时间"及"实际工作时间"。"规定工作时间"是指劳资争议协议或国家立法所规定的每周、每日工作小时数，或每月工作日数。"实际工作时间"则是指雇佣人员实际进行工作的小时数或天数。它包括：①正常工作时间内工作的所有时间；②等候工作的时间；③加班加点的工作时间。它不包括雇佣人员的休假、节日、临时外出以及因病休息的时间。

西方各国的劳动时间，一般由各企业与雇员、雇工，通过协商后确定。由于一些经济发达国家劳动生产力水平较高，工作时间一般采用每周5天工作制。但是由于各国、各经济时期、各行业不同，工作时间也有很大差别。通常，在经济繁荣时期需要增加雇佣人员之前，企业主常常延长在业劳动人员的工作时间。而在经济萧条需要解雇工人之前，则往往减少在业劳动人员的工作时间。

关于劳动时间的调查方法，西方各国也有所不同。如在日本主要有两种调查方法：一种是每月劳动统计调查。它包括：①实际劳动时间；②制度（或规定）劳动时间；③制度外劳动时间；④每月上班天数及变动情况。其中，实际劳动时间减去制度劳动时间，其差额为制度外劳动时间。另一种调查是调查不同规模、不同产业的企业有关劳动时间的各种制度。如每天或每周所规定的劳动时间、休息时间、休假日数，以及换班制度等。

（二）实际劳动时间的计算方法

实际劳动时间是指劳动人员在一定时期内，实际劳动的时间数。它等于规定劳动时间加上实际延长的工作小时数，再减去实际缩短的工作小时数。西方统计中的实际劳动时间，一般只计算非农业生产部门生产工人的有酬劳动小时，以周为单位，也有少数国家以日或月为单位来计算。其中最主要的指标就是"平均工时"。

平均工时是指雇佣人员在一定时期内（一般为一周）平均每人实际工作的小时数，它表明劳动力的劳动时间长度。从部门来看，几乎所有的西方国家都公开发布制造业的平均工时数。从计算的对象的范围来看，一些国家不仅公布生产工人的平均工时数，有的国家还公布其他领工资的劳动人员和领有薪金的雇员的平均工时。由于劳动工时数可以为企业主计算和支付工资、核算成本等提供依据，因此，在西方各国的经济统计中，都很重视生产工人的周平均工作小时数。

周平均小时数的计算方法是分几步进行的。一般用抽样调查方法。

第一步：先计算各部门中多类样本企业工人的每周平均工时数，其公式为：

各类样本企业周平均工时

$$\frac{某类样本企业工人（或雇员）全周实际工作小时总数}{该类样本企业全周工人（或雇员）平均人数}$$

第二步：根据上面的计算结果，采用加权算术平均法，再计算出该分支部门的每周平均工作小时，其公式为：

某分支部门每周平均工时

$$=\frac{\sum（各类样本企业每周平均工时\times该类企业工人数）}{\sum（该分支部门各类企业的工人数）}$$

第三步：根据公式计算的各个分支部门每周平均工时数，再使用加权算术平均法，便可以求出整个部门的每周平均工时数。

第三节　生　产　统　计

生产统计分类是统计调查和统计分析的前提，是观察人类参与各种经济活动和部门技术经济联系、产品结构的基础。

西方的统计分类，是以西方经济学为理论依据。西方经济学认为，任何在市场上能够通过价格取得货币收入的经济活动都是生产劳动，而所有收入活动的部门均属产业部门。因此西方国家的部门分类，是根据所有有收入活动的产业部门进行分类，包括所有有收入活动的物质生产部门和服务部门。

一、国际标准部门分类法

（一）国际标准部门分类法

现代国际标准部门分类法，是由联合国统计委员会组织专家于 1948 年制定并通过的。并于 1958 年和 1968 年进行修订，由联合国经济理事会和社会理事会推荐，供联合国所有成员统一采用，作为各国经济活动进行国际对比的基础。

国际标准部门分类法，最初是取 4 850 万家企业和组织，8 500 种商品和劳务进行编制的。以商品和劳务的经济用途，或以生产工艺的相同性及采用原材料的同一性作为标准进行分类。把经济用途相同或类似的归为一类，对于难以归类的商品和劳务，便以生产工艺或以原材料相同进行归类。共划分为四级，第一级称大类，第二级称部类，第三级称部门组，第四级称部门分组。

国际标准部门分类法的分类程序，采用从小类到大类分组分类次序进行。根据 8 500 种商品和劳务的经济用途特征进行归组，先确定第四级部门分组标志，共 156 个；在此基础上再进行归组，确定第三级部门分组标志，共 72 个；然后再进行归类，确定第二级部类标志，共 33 个；最后确定第一级大类标志，共 10 个。

国际标准部门分类法采用编码代号制，第一级编码为一位数（1—0），第二级编码为二位数，第三级编码为三位数，第四级编码为四位数。由于采用编码代号制，因此，分类数目按十进位数而定，凡与每位或组十个数有出入的，都归入十个数之内。

农、林、渔、猎，共有 6 个部门组、7 个部门分组；采矿共分 4 个部门组、8 个部门分组；制造业共分 29 个部门组、81 个部门分组；电、煤气、水共分 2 个部门组、4 个部门分组；建筑业只有大类，不设部类或部门组及部门分组；批零商品、饮食、旅馆共分 3 个部门组、4 个部门分组；运输、储存和邮电共分 5 个部门组、11 个部门分组；财政、保险、房地产和生产性公用事业共分 5 个部门组、11 个部门分组；公共、社会和个人服务共分 16 个部门组、28 个部门分组。为确定记入的只有一级大类，不加细分。

联合国国际标准部门分类，未包括外贸分类。对外贸易的分类，另有标准国际贸易分类法，是根据销售商品的最终用途、运输特点，以及原材料种类为分类标准，划分相应的类、组、分组和项。共分为 10 个大类、56 个商品组、625 个商品分组、1 312 项。标准国际贸易分类法在国际统计中，与国际标准部门分类有着同等重要意义，是国际标准分类中不可缺少的部分。

（二）联合国国际标准部门分类法的特点

（1）以企业、组织、产品为分类依据，以产品直接经济用途为分类的主要标准，分类比较简单；

（2）是从细分组到大分类，逐级进行分类，部门分组比较细致、准确、易于整理和再分类；

（3）各级分类采用同一编码代号，便于使用现代化计算工具录入计算。

（三）"分类法"的主要缺点

1. 类别过于简单

分类标准只考虑了产品的直接经济用途、生产工艺和采用的原材料，而没有考虑各部门在社会再生产体系中的社会经济作用，从而忽视了其他指标分类，例如两大部类分类、经济类型分类等；

2. 分类数目采用十进位制，存在较大的限制性

特别是规定 10 个大类，既不能满足大多数国家的需要，又容易将不同性质、不同经济内容的指标归为一类，难以确定指标的科学概念，造成概念不明。

鉴于联合国参与国对国际标准部门分类法存在某些意见分歧，联合国在国际标准部门分类法推荐书上明确表示，制定国际标准部门分类法的目的，"并不是要取代各国的分类法，而是为在国际范围内对比各国统计资料存在适合于最新资料的基础"。

二、三次产业分类法

（一）三次产业分类的主要代表人物及观点

1. 费希尔

阿·费希尔（A. G. Fisher）是英国著名经济学家，新西兰澳塔哥大学教授，"三次产业分类"的创始人之一。1935 年著《安全与进步》一书，最早提出以人类经济发展为依据划分三次产业发展阶段。他说："综观世界经济史可以发现，人类生产活动的发展有三阶段。在初级阶段上，生产活动主要以农业、畜牧业为主……第二阶段是以工业生产在规模上发展为标志的次级生产阶段，即以工业生产为主的阶段……第三阶段开始于 20 世纪初，大量的劳动和资本流入旅游、娱乐服务、文化艺术、保健、教育和科学、政府等活动中。"除此以外，他指出第三产业还应包括商品和金融。但未把运输、通信、国防等包括在内。

2. 克拉克

科林·克拉克（C. G. Clark）是英国著名经济学家，"三次产业分类"的另一创始人。1940 年著《经济进步与条件》，使用了三次产业分类，分析了若干国家劳动力在三次产业中的分布状况，研究经济发展与三次产业劳动力结构变化的规律。他用"服务性产业"代替了第三产业。其分类方法是：

269

第一次产业：以农业为主，包括畜牧业、林业、渔业和狩猎业；

第二次产业：以制造业为主，矿业既可包括在第二产业，也可划入第一产业；

第三产业：指所有服务行业。包括建筑业、运输业、通信业、金融、商业、商业性银行、行政管理、军队、律师等服务业。

3. 西蒙

美国著名经济学家、统计学家。西蒙·库茨涅兹（S. S. Kuznets）随克拉克之后，把国民收入和劳动力在三次产业的分布状况结合起来，研究三次产业结构的演变规律。他的分类方法是：

第一产业：包括农业、林业、渔业、狩猎；

第二产业：包括矿业、制造业、建筑业；

第三产业：包括交通运输、商业、通信、电、水、房地产、家庭服务、政府、国防及其他服务业。

（二）三个学派观点综述

以上三位著名经济学家的分类方法，并不完全一致，主要分歧是矿业划入第一产业，还是第二产业；建筑业划入第二产业，还是第三产业；电、煤气、水划入第二产业，还是第三产业。这些分歧，对西方国家有很大影响，各国对三次产业分类的差别，也不外是以上方面。其原因是分类的理论依据不同，归纳起来，主要有以下几种：第一种认为第三产业生产的是无形产品，第一、第二产业则生产有形产品；第二种认为第三产业的生产与消费是同步进行的，而第一、第二产业的产品则要通过中介才能到达消费者手中进行消费；第三种认为第三产业具有异质性，而第一、第二产业则具有同质性。分类的理论依据不同，分类的标准也就不同。

（三）联合国"三次产业分类"方案

到目前，联合国对三次产业的分类仍未有一个统一的标准。由 24 个国家参加的经济合作与发展组织为了统一标准，共同讨论制订了一个"三次产业"方案，具体如下：

第一产业的生产活动是直接利用自然资源的活动。包括农业、畜牧业、狩猎业、渔业、林业。

第二产业的生产活动是对自然资源的加工和再加工。包括制造业、采掘业（采矿业和采石业）、建筑业、煤气、电力、供水。

第三产业的生产活动是为了满足人类比物质需要更高级的需要。包括批发零售商业、外贸、交通运输、金融、不动产、科学、教育、新闻、卫生、旅游、娱乐、社会事务、政府机关、国防和个人服务等。

目前，国际上一般采用经济合作和发展组织的三次产业分类法。

三、产值统计

（一）工业产值统计

工业产值是以货币计量的工业产品总量。由于实物计量单位不同，产品不能加总求和，若要综合反映整个工业生产水平，就必须以货币为计量单位计算工业产品总量，才能反映出整个工业的生产水平。

西方国家工业产值指标，主要有工业总产值、工业销售价值、工业增加值、工业净增值。

1. 工业总产值（value of gross output）

工业总产值是工业企业在一定时期内生产的以货币表现的产品总量。它是以单位产品价格乘以产品总量的产品全部价值的总和，包括了新增价值和物耗转移价值。各工业企业总产值相加，便可以得出部门和全国工业总产值。用来反映工业生产的总规模和总水平。

西方国家企业工业总产值，是以工业企业作为一个整体，只能按企业生产活动的最终成果计算，而企业内部的再度加工的产品价值不许重复计算。联合国规定工业总产值的计算范围如下：

（1）企业生产的最终全部产品价值；

（2）在制品期末期初差额价值；

（3）为其他单位提供的工业服务价值；

（4）未曾加工而发货的外购产品价值；

（5）企业出售电力价值；

（6）企业自产自用的固定资产价值。

2. 工业销售价值（value of shipment）

西方经济统计中的工业销售价值，亦称装运价值，是指一定时期内产品销售而实现的价值，是以货币表现的产品销售总量。它具有两个特点：①它是本期投放市场的产品价值，既包括本期生产的产品，又包括前期积累生产的产品于本期销售。②它是累积生产量中进入流通领域的产品价值，不包括自产自用的产品价值。

销售价值是以销售产品的全值计算的，是单位产品出厂价格乘以销售量的乘积的总和价值，承担送货上门的企业和部门还包括销售产品的装运费在内。

由于部门内的企业和企业之间存在销售周转的可能，因此，按部门计算的销售价值，就会包括加工制造的重复计算。一般情况下，欧美等国家只计算部门分组（第四级分类指标）的销售价值，便于研究产品销售结构，分析进出口构成。而不计算一、二、三级分类的销售价值。

3. 工业增加值（value added）

增加值（或称附加值）是指企业在生产活动中，新增加的价值。亦即总产值扣除物质消耗（包括扣除外企业提供的服务价值）后的产品价值，它包括生产活动中的新创造的价值和固定资产补偿价值两个部分。可以说，这两个部分真实地反映了企业生产活动的实际成果。

增加值的具体计算方法，是从总产值中扣除以下各项价值：

（1）消耗的外购原材料、燃料、电力价值，以及包装材料费用；

（2）由外单位完成的作业和修理、维护的工作量价值；

（3）未曾加工而发货的外购产品价值。

4. 工业净增值

净增加值是增加值扣除固定资产折旧以后的净值，它表明企业在生产活动中新创造的价值。工业净增加值是工业企业净增加值的总和。

增加值指标是西方经济统计中必不可少的主要指标，是计算国民生产总值的依据，而净增值则是计算国民收入的依据。

（二）工业生产指数

1. 生产指数的含义

西方国家生产指数有一般指数、无季节变动影响指数、循环波动影响指数。一般指数是生产实物量与基期产出量对比的实物量指数；无季节变动影响指数，是进行季节调整后的指数，使它与正常生产量能够可比，以反映各月正常生产趋势；循环波动生产指数是进行季节性调整和趋势变动调整以后的指数，以反映生产循环波动的趋势，说明生产波动的阶段性和循环波动的周期性。

2. 工业生产指数的计算方法

由于工业生产指数是根据代表产品指数为变量来计算的，所以西方国家的生产指数原则上采用拉斯拜尔的变换公式计算：

$$工业生产指数 = \frac{\sum \frac{q_1}{q_2} p_0 q_0}{\sum p_0 q_0}$$

式中：q_1/q_0 代表某一代表产品物量指数；

$p_0 q_0$ 代表按基期价格计算的某一类工业产品的增加值。

从上式可以看出，工业生产指数是以代表产品个体物量指数为变量，以基期类产品的增加值为权数的加权算术平均数公式。

但是，西方国家编制工业生产指数时，通常以生产普查年的工业增加值作为权数，或以某一年工业部门增加值在全部工业部门所占比重作为权数，所以其实际计算公式为：

$$工业生产指数 = \frac{\sum \frac{q_1}{q_0} p_n q_n}{\sum p_n q_n} = \sum \left(\frac{q_1}{q_0}\right) \left[\frac{p_n q_n}{\sum p_n q_n}\right]$$

式中的 $p_n q_n$ 代表普查年或某一固定基准年某一类工业产品增加值；

$\dfrac{p_n q_n}{\sum p_n q_n}$ 代表固定基准年某一类工业增加值占全部工业增加值的比重。

3. 工业生产指数与农业生产指数的区别

第一，农业生产过程是自然再生产过程，农业产品种类远比工业产品种类简单，在计算生产指数时，不必采用代表产品计算。各国所编制的农业生产指数，几乎都以全部产品种类计算。如日本编制农业生产指数是依据 125 种农产品，几乎包括了全国全部的农产品。

第二，农业产品的个性比较简明，农业总产值采用生产法计算，全社会重复计算少，因此，农业生产指数采用总产值作为权数，而不采用增加值。

第三，农作物生产周期长，一般只编制年生产指数。

第四，农业生产受自然因素影响比较大，因此，编制农业生产指数除选择某一年为基期以外，有些国家以几年的平均产值作为基期。

如联合国粮农组织编制的农业生产指数，曾用 1952—1956 年、1961—1965 年、1969—1971 年的平均数作为基期。

四、服务业统计

（一）服务产品的特点

（1）服务产品是一种无形产品，而物质产品是有形产品。

（2）服务部门的劳务活动过程，具有即时性。即即时服务，即时提供产品。

（3）服务部门提供产品的过程，也是消费者同时消费的过程，即同时提供同时消费过程。

（4）服务结束也是消费的终止，因此服务产品缺乏耐久性和没有储藏性。

西方国家大致按以上特点，作为划分服务部门的准则，其中又以生产无形产品作为服务部门最基本的特点来区分物质产品生产部门。

（二）服务部门产值统计

由于"有形产品"和"无形产品"的特点不同，因此在统计中对生产"有形产品"的物质生产部门与生产"无形产品"的服务部门的计量方法有所区别。"有形产品"可以计量实物量，而"无形产品"就不可能计量实物量。因此物质生产部门要计算产量，而服务部门不用计算产量，不能计算总产值。所以，服务部门的生产劳动成果的价值量，只能用增加值来计算。

西方各国在经济统计中把服务和个人按照是否牟取利润分为二类：一类是牟取利润的经营单位和个人；二类是非营利单位和个人。这两类部门，增加值的计算方法有所区别。

所谓牟取利润的服务部门，是指以盈利为目的而组织经营业务的单位和个人。如商业、交通运输、金融、旅游、咨询、生活服务行业等部门，这一类服务部门的增加值，应以营业收入扣除为营业用而购自其他部门的物质产品和劳动消费，所剩余部分便是增加值。也可以按照要素收入构成计算，计算公式如下：

增加值＝雇员报酬＋折旧＋净盈利＋间接税

第四节　国内商业与国际贸易统计

一、西方国内商业统计

商业是一种商品流通和商品交换的活动。商品生产出来后，进入流通领域，通过销售与购买活动，进入生活消费和生产消费及物质积累，从而实现社会消费。这一过程是通过商业来完成的。西方国家的生产包括物质产品的生产和服务的生产。商业情况反映了市场情况，而市场景况及物价情况如何，是所有国家政府和居民都十分关心的事，因而商业统计数据是十分重要的。

（一）商业行业分类

西方国家的商业，按照行业的不同，分为三个大类：批发、零售和服务业。由于各国商业的组织形式、经营方式不同，同是批发业、零售业或服务业，其概念和统计范围也各有差别。联合国统计委员会为了达到资料的可比性，统一各国有关这方面的统计范围，对批发、零售和服务业作了具体研究和规定，主要有以下几方面。

1. 零售商业（retail trade）

零售商是指将商品购进后，不经加工改制，以零售方式售出，作为个人和家庭消费用的商品经营单位。它的成交额就是零售贸易额。按照"零售"这一特征，零售商业的经营单位包括零售商店、货摊、小贩、加油站、消费合作社、拍卖行等单位。有些商品不一定完全销售给个人或家庭作为生活消费品使用。例如，打字机、木材、石油等，但这些也作为零售统计。如果经营单位将这些商品专门售给公共用户和工业生产者使用，则不在零售统计范围之内。

2. 批发商业（wholesale trade）

批发商是指将商品购进后不经加工改制，再出售给零售商、工业企业、公共用户、职业性的使用者或者其他批发商的商业经营单位。代个人或公司收购或出售商品的代理人，也作为批发商业。

3. 服务业（services）

服务业是指从事服务性劳动而不经营商品的行业。"服务"的概念，各国有所不同，其统计范围也相差很大。有的国家将文化教育、医疗卫生、政党、工会等单位的活动，也称为服务活动。

以上关于零售业、批发业和服务业的分类及其所包括的范围，按联合国统计部门建议的商业的行业分类，其分类标准目录如下：

零售业（6200）

编号	活动种类
6201	百货、杂品和综合商店
6202	食品及其他食物饮料商店
6203	纺织品、衣着与鞋类商店
6204	药房及药店
6205	书店、文具店和报摊
6206	五金、木材和其他建材商店
6207	家具、家庭装修与工具商店
6208	汽车、摩托车和零部件商店
6211	汽油、石油服务站
6212	钟表、光学制品、乐器，首饰商店
6219	其他零售业

批发业（6100）

编号	活动种类
6101	农业原料及农场供应品业
6102	矿物（石油除外）金属及工业化学品业
6103	石油及石油产品业
6104	食物、饮料及烟类业
6105	织物类、纺织物类及衣着类业
6106	木材、建材及供应品类业
6107	家具、住房装饰品业
6108	纸及纸类产品业

6111	药品、特许专卖药品店、药剂师用品业
6112	五金、水暖及电气供应品业
6113	工、农、商业机械与工具业
6114	汽车及其部件供应品业
6118	下脚及废品业
6119	其他批发业

服务业

编号	活动种类
6310	饮食业
6320	旅馆
8310	地产业
8320	数据资料加工、制表业
8325	广告业
8330	机器及工具出租
9411	电影制片
9413	无线电、电视广播
9414	戏剧与娱乐
9511	皮鞋及皮件修理
9514	钟表、首饰修理
9519	其他修理
9520	洗衣业、清洁与印染工场
9591	理发及美容
9592	照相馆

西方各国在实际统计工作中，也不是完全按上述标准行业分类进行统计的。为便于运用本国统计资料，有的国家采取联合国分类标准与本国习惯相结合的办法分类。例如，美国国内商业统计的分类，就在零售和批发业中先分为非耐用品与耐用品两大类，然后在非耐用品、耐用品中按行业分类，比联合国的分类多了一个层次。在作行业分类时，又以其所经营的主要商品而确定其应归属于某个行业。

（二）经营方式分类

这里所谓的经营方式是开展商业活动的单位和机构所表现的具体形式。在西方国家，零售商业或批发商业，都有不同的经营方式。一些主要国家按经营方式可作如下分类：

1. 零售业

零售业分为下列三类：

（1）独立行业商店。所谓独立行业商店，即是专门经营某种商品的专业商店。如专门的饮食店、服装店、书店、药店、钟表店、首饰店、加油站等。上面按行业分类目录中，举出了零售业的 11 个行业。而独立的行业商店则在此基础上划分得更细。

（2）综合性商店。所谓综合性商店是指综合经营多种商品的商店。它又可分为以下三类：①百货店；②杂品店；③邮售商店。

（3）消费合作社。是指以合作社形式经营消费品的零售机构。

2. 批发业

批发业分为三类：

（1）商业批发商。是指本身不生产商品，专门批量购买批量售出商品的商人。例如，出口商、进口商、农产品采购商、收购合作社等。

（2）制造业的销售机构。是指专门销售本企业制造的商品的机构，也就是工商一体化中的产品销售机构。因为它的销售量不是零星的，而是成批的，所以也属于批发商之列。

（3）商货代理行和经纪人。商货代理行和经纪人，本身不具商品的拥有权，只是为厂商代理购销业务。它不是从商品买卖中取得利润，而是以购销业务量或其他方式收取劳务报酬或佣金。

（三）其他分类

西方国家的国内商业，除了按以上几种情况分类之外，还按组织形式、规模等分类。

1. 按组织形式分类

按组织形式可分为三大类：

（1）法律组织形式。所谓法律组织形式，实际上是经营资金的组合形式。法律组织形式可分为独资、合资、股份有限公司、合作社等四种形式。

（2）经济组织形式。经济组织形式即指商号的组织形式，它可分为单一单位商号和多单位商号两类。

（3）所有制形式。它可分为私有制和公有制两种形式。

2. 按企业规模分类

在市场经济国家，工商业都很注重企业规模和规模效益，以适应市场竞争的需要。不同行业、不同商品的经营，都应根据市场状况，确定最适合的规模。因而，统计上按规模进行分组统计也被广泛重视。标明商业企业规模大小的标志有许多，如销售额、雇员人数、工资总额、资产总额等。

二、国际贸易统计

（一）国际贸易统计的概念和范围

1. 国际贸易统计的概念

国际贸易统计很早就受到西方各国的重视，并成为其经济统计的重要组成部分。在第一次世界大战后，国际联盟就曾致力于改进各国对外贸易统计的世界可比性。并于 1928 年召开了国际经济统计会议，制定了有关国际贸易统计的标准，并对一些统计方法作了统一的规定。第二次世界大战后，继国际联盟之后的联合国，继续致力于统一国际贸易统计方法，但由于各国国情不同，在某些分类和计算方法上有一定的差别。

2. 国际贸易统计的范围

在进行国际贸易统计时，首先必须确定国际贸易统计的商货范围。什么是商货？联合国统计委员会对此作了明确的规定：认为国际贸易的商货是指它们的输入和输出将造成该国物资储存量的增加或减少，而不一定限于经过商业性贸易的商品和货物。目前世界各国对于国际贸易商品和货物包括的范围一般来说大部分是比较一致的。但是，对于那些特殊的商品和货物和用特殊方式交易的货物在统计上却有较大的分歧。因此，联合国统计委员会对此又作进一步的具体规定。其分为三个部分：第一，应该包括的项目；第二，不应包括的项目；第三，应该分别统计的项目。具体如下：

（1）国际贸易统计的商品和货物应包括如下项目：

①船舶与飞机的国际贸易。这项贸易之所以在统计上有分歧，是因为交易的货物本身常常并不一定越过进口国或出口国海关控制的统计边界。但由于这项贸易的特殊性，所以规定应该包括在正常统计范围之内。

②根据上述的国际贸易商货的规定，应将下列货物也包括在统计范围内：

a. 包裹邮件；

b. 政府贸易，包括政府外援项目下的物资流动，不论货物是民用的还是军用的，是无偿赠送的还是借贷的，或是战争赔偿的；

c. 外国租借地贸易；

d. 与毗邻国家间的煤气、电力和供水的贸易；

e. 白银和非流通中的银币。

（2）国际贸易统计的商品和货物不应包括如下各项：

①货币黄金。黄金分为货币黄金和非货币黄金两种。货币黄金是掌握在政府主管货币的当局和中央银行金库中的大量纯金和金硬币，这些黄金是国家作为货

币储备和国际贸易的支付手段的。因此，货币黄金的流动不属于商品货物的国际贸易范畴，不应包括在国际贸易统计范围之内。

②流通中的硬币和银行纸币。之所以不包括的原因，与货币黄金不包括的原因相同。

③政府运给驻在外国的外交代表机构和驻军的货物。因为这类货物的流动按外交上的惯例不作为国际商货的流通范畴。但是，如果该货物以后由外交机构或驻军转移给所在国时，应将该货物在转移时作为出口，与此同时，所在国应作为进口统计。

④临时贸易。指进口或出口的商品货物将在短期内再出口或再进口。例如，比赛或育种用的动物、展览物品、旅客和旅游者携带的财物、可以回收的样品或包装用品、为了临时贮存而装运进口或出口的货物，以及专为运载两国货物和旅客的运输工具等。

（3）国际贸易统计中应该分别记录和统计的项目。由于各国法规的限制，有些项目在统计方法上各国存在很大分歧，统计起来有一定困难，所以暂时进行分别统计，以便于国际上汇总和对比时可以根据需要加以整理。

①非货币黄金。非货币黄金指国家主管货币的金库和中央银行以外的部门，所交易新开采的和其他（包括私人储存的）黄金为非货币黄金，这部分作为商货贸易。本国国家金库或中央银行运售给外国私营企业的黄金，应分为两笔交易统计：首先在国际收支账目上记录一笔本国货币黄金储备减少，而后在贸易统计上记录一笔本国对外国私营企业的"商货黄金"贸易统计。同样，本国私营企业与外国国家金库或中央银行之间的交易，也同样要分为两笔进行统计。

②改进与修理贸易。为了改进或修理的目的而暂时运往外国，在改进或修理完毕后仍将其运回本国的货物。但目前一般按全值作进出口统计。这不但夸大了贸易额，而且往往造成工业先进国家向工业落后国家进口大量机器仪表的错觉。在西方的国民经济核算体系和国际收支账户中，这项贸易都是作为劳务账户处理，按改进和修理后的增值统计。所以这一项目的贸易作分别统计，以便用修理后全值减去修理前全值计算出增值，作出必要的调整。

③出租的货物，如电影片等。它们也存在上述类似的问题，所以给予分别统计。

④下列一些货物，由于不易确定它们越过统计边界的时间和地点，各国在统计上分歧很大，所以也予以分别统计：

a. 本国供应外国船只或外国供应本国船只的燃料、压舱和垫衬物料；

b. 本国船只售给外国或外国船只售给本国的在公海捕捞的水产品和其他救

捞财物；

c. 向外国船只、飞机提供的设备和修理。

上面是联合国关于国际贸易统计商品范围的一些规定，但在实际执行时，由于各国的历史、国情、法规等差别较大，具体采纳时，仍有或多或少的保留。

（二）国际贸易统计分类

在国际贸易统计中有两个基本的分类，即按商品分类和按国别分类，并由此来确定和计算一定时期内的国际贸易总额和国际贸易总量。同时，也可以把两种分类结合起来使用，以反映出口商品中不同种类商品的去向和进口商品中不同的商品来源。商品分类与国家（地区）分类，不仅可以对某一国的对外贸易统计数字进行动态分析，而且可以分析不同商品的进出口在各个不同国家的动态变化和不同商品在世界贸易中的变动情况，以及世界贸易的商品结构变化等。

各个国家和地区为了分析本国（地区）对外贸易的情况，都制订了自己的分类方案，这些方案又各有不同，因此影响了分类资料的国际间综合与对比分析。为此，前国际联盟和联合国统计组织，作了很多努力，力争分类标准化，提高国际可比程度。下面分别介绍这两种分类：

1. 按商品分类

1938 年，前国际联盟曾根据当时的《国联海关术语集》，制定了《国际贸易统计最低限度商品目录》。在此基础上，联合国于 1950 年 7 月推荐采用联合国制定的《标准国际贸易分类》。1960 年 5 月联合国又对该分类进行了修订，称为修订版，简称"SITC 分类"。目前已有 100 多个国家按 5 位数编码向联合国提供资料。5 位编码各自所代表的含义如下：

第一位数——表示大类

第二位数——表示分类

第三位数——表示组

第四位数——表示分组

第五位数——表示项目

《标准国际贸易分类》共包括 10 个大类，56 个分类，177 个组，625 个分组，1312 个项目。其中 10 个大类是指：

编码　　　　　目标

0　　食品和主要供食用的动物类

1　　饮料和烟草类

2　　非食品原料类（燃料除外）

3　　矿物燃料、润滑油和有关原料类

4　　动植物油脂及蜡类

5　　化学品及有关产品类

6　　按原料分类的制造品类

7　　机械和运输设备类

8　　杂项制品类

9　　未分类的其他商品类

目前各国向联合国报送资料时均采用这种分类，但有些国家在编制自己的对外贸易统计资料时，往往沿用已有的本国分类。如美国的进出口商品目录包括大约1.4万种"单独的"商品，其中出口大约有4000种，进口有1万种。美国国情普查局按照商品的加工阶段和食品、非食品编制了商品的经济分类，把进出口商品分为原料、未加工食品、加工食品、半制成品和制成品五大类。

2. 按国别分类

按国别分类统计中的国别，是指进出口货物的对象国，统称为伙伴国。在国际贸易统计中有一条基本原则，即"对外贸易双记录原则"。它的主要内容是：出口国的每一笔出口统计，须由这笔交易的伙伴国做一笔相应的进口统计；反过来，进口国的每一笔进口统计，其伙伴国也应相应地记录一笔出口统计。只有这样才能使贸易伙伴国和世界范围内进出口贸易统计数字保持平衡。其中，出口与进口之间的时间滞差除外。但对于这个原则，各国在具体实行时差别很大。归纳起来，各国在确定贸易伙伴国时，有如下三种统计制：

（1）按产销国统计制。即进口伙伴国按原产地国统计，出口伙伴国按商品最终被消费的国家统计。按这种方法统计，可以结合其他国别统计指标，用来研究减少中间贸易的可能性。但一般情况下生产国和消费国都是很难确定的。

（2）按购自售予国统计制。是指直接发生进出口贸易的对象国，即成交国。在统计时，进口按卖方国（购自国）统计，出口按买方国（售予国）统计。目前我们国家主要是按成交国统计国别的。用这种方法统计国别，能反映国与国之间的贸易关系，从而观察不同国别的政治经济变动。

（3）按起运与运往国统计。进口按起运国统计，即运自国。起运国是指货物的发运国家。至于货物产自何国家（地区），在何国家（地区）最终消费，均不予追究。出口按商品货物的运达国家（地区）统计。这种统计方法能反映进、出口商品的运输路线，而且容易确定，可避免重复计算，是联合国建议使用的方法。以上三种国别分类记录制，也可以同时使用。

国际贸易的进出口统计资料按商品和国别分类，对于了解和分析世界贸易情况和国际经济关系及其变化，具有重要的经济意义。

联合国在编制国际贸易统计年鉴时采用各种交叉分类。其主要的交叉分类形式有：

①国家与国家的交叉分类。用来观察各国或地区进口商品的来源或出口商品的目的国；

②国家与各种商品的交叉分类。用来观察各国或地区进出口商品的种类、数量与构成；

③国家—国家—商品种类的联合交叉分类。用来分析国际贸易中各类商品从哪些国家出口并出口到哪些国家去，反映国与国之间各种商品的贸易关系。

（三）进出口数量和价值统计

进出口商品和货物的数量（指实物量）、总价值和单位价值，是西方对外贸易统计的最主要指标。

1. 进出口商品数量统计

（1）进出口数量统计的特点。进出口商品的数量统计，就是对国际贸易中的商品和货物的实物量进行统计，它的优点是不受商货价格波动、国际货币汇率变动、估值方法不同、计价方式不同等因素影响，在一定程度上能反映进出口商品和货物的使用价值。它的不足之处是不同类别的商品和货物由于计量单位不同，而不能直接综合汇总。因此，统计进出口商品数量时，要对具体商品规定统一的计量单位。

（2）进出口商品的计量单位。在确定外贸进出口商品数量时，首先应明确在对外贸易中常用的商品计量单位。进出口商品的计量单位：

①重量——有公吨、长吨（英制）、短吨（美制）、磅、盎司（英两）等。

②长度——有哩、浬、码、英尺、英寸等，长度单位多应用于纺织品、金属制品等。

③容积——有加仑、蒲式耳等，容积单位多用于液体商品。

（3）净重的计算方法。在外贸统计中，商品的重量包括毛重和净重两种表示法，并要求以净重进行实物量统计。毛重指商品本身的重量加上包装的重量；净重则不包括包装的重量。可见，在国际贸易中，除散装、裸装的进出口货物外，都存在毛重与净重问题。毛重减去皮重即是净重。其中皮重有如下几种形式：

①实际皮重。指经过衡量后的包装物品的实际重量。

②平均皮重。指那些包装的材料和规格比较划一的商品，可抽出若干件商品的包装进行衡量，求得每件包装的平均重量，称为平均皮重。

③习惯皮重。有些商品的包装重量，已为国际市场所公认。这种已被公认的皮重，称为习惯皮重。

④约定皮重。指不需要经过实际衡量，只根据买卖双方事先协商约定的包装重量确定皮重，称为约定皮重。

2. 进出口商品价格统计

1953 年联合国经济和社会委员会将交易价格推荐其会员国在编制国际贸易统计资料时使用。即在可以向海关缴税时，货物在公开市场，并在彼此独立无关的买者和卖者之间的一笔正常买卖中，卖者可卖得的"正常价格"。根据这定义规定，对于进出口商品的价格分别用如下方法进行估价：

（1）进口。进口商品的价格，一般按"到岸价格"计算。它等于进口商品的成本费加上运费（运至目的港）和保险费。到岸价格也常表示为"CIF"价。假如出口国对该商品征收出口税，则应在"CIF"价中加上这笔出口税，但如果进口国海关对该批商品征收进口税，则进口税不必加入"CIF"价中。

（2）出口。出口商品的价格，一般按"离岸价格"计算。通常称为"装运港船上交货价格"，即"FOB"价。它不包括商品和货物离开起运国港口后的运费、保险费和其他一切费用。但"FOB"价应包括出口国的出口税。

显然，到岸价格与离岸价格存在一定的关系：到岸价格（CIF）＝离岸价格（FOB）＋途中运费＋保险费。

3. 进出口商品贸易额统计

商品进出口贸易额主要指标包括：进口总额、出口总额、进出口贸易总额及进出口贸易差额。其中，进口贸易总额和出口贸易总额是两个基本指标，其他贸易额数字是在此基础上计算出来的。

（1）进口贸易总额。它是指一个国家或地区在一定时期内从国外或地区外进口商品和货物的价值总额，它表现为该国家或地区在这一时期内为进口商品和货物而支付的全部货币总额。

（2）出口贸易总额。它是指一个国家或地区在一定时期内所出口的商品和货物的价值总额，它表现为该国家或地区在这一时期内由于向外出口商品和货物而获得的全部货币总额。

（3）进出口贸易总额。它是指一个国家或地区在一定时期内的进口总额和出口总额的总和。

（4）进出口贸易差额。一定时期内的进出口贸易差额等于出口贸易额减去进口贸易额。对于一个国家或一个地区来说，当出口总额大于进口总额时，"差额"为正值，称这个时期的贸易差额为"顺差"，或"出超"；当出口总额小于进口总额时，"差额"为负值，称这个时期的贸易差额为"逆差"，或"入超"；当出口总额等于进口总额时，称这个时期为"贸易平衡"。

本章小结

本章主要介绍外国人力资源与生产流通统计。我国加入 WTO 以后，商务管理活动也日趋国际化，借鉴国外的统计方法，对我国扩大的统计数据应用范围，十分必要。同时，中外统计数据对比分析，也要求我们了解国外的经济统计指标的含义，操作方法。本章主要介绍外国人力资源与生产流通统计，包括西方主要国家的劳动力概念和劳动力调查方法；劳动力构成，劳动时间的统计方法；产业构成分类，生产领域的种产值统计的定义、指标范围、统计方法等。流通领域的国内贸易、国际贸易的经营形式、分类、统计方法等。其中重点是国际贸易统计分类、进出口数量和价值统计等。

本章重点名词

劳动力　民用劳动力　劳动力参与率　职业构成　失业人口　就业人口　劳动时间　实际劳动时间　平均工时　服务业　生产　工业增加值　工业净增值　生产指数　内贸与外贸　批发与零售　贸易条件指数

本章思考题与习题

1. 什么叫劳动力？总劳动力和民用劳动力有什么区别？

2. 西方国家的劳动力调查有什么特点？调查的目的是什么？

3. 什么是劳动力的分类标准？国际劳工局对就业人员和失业人员有什么规定？

4. 劳动力的职业构成是什么？主要有哪几种？分别是怎样划分的？

5. 劳动时间的含义是什么？实际劳动时间的含义是什么？

6. 实际劳动时间是怎样计算的？

7. 解释"劳动力参与率"的含义及作用。

8. 什么是标准部门分类法？它的分类标准和分类基础是什么？它具有哪些特点和缺点？

9. 三次产业分类有几种分类方法？它的创始人是谁？

10. 国际"经济合作与发展组织"制订的"三次产业分类方案"的分类方法是怎样的？

11. 什么是工业总产值、工业销售价值、工业增加值、工业净增值？这四个数据有何区别？

12. 西方经济统计中必不可少的主要指标是什么？它与总产值的计算有何区别？

13. 什么是生产指数？西方国家的生产指数可分为哪几种？它们有什么区别和作用？

14. 工业生产指数的计算方法是怎样的？它与农业生产指数的形式和内涵有哪些共同性和差别？

15. 服务业产品有哪些特点？

16. 西方国家商业按行业分类可分哪几类？

17. 什么是零售业、批发业？

18. 西方国家商业按经营方式可分为哪几类？

19. 什么是批发商、制造业销售机构、商货代理行和经纪人？

20. 什么是国际贸易统计？

21. 国际贸易统计的范围是如何划分的？

22. 什么是国际贸易中的两种制度？两种制度的主要区别是什么？举例说明。

23. 国际贸易统计有哪几种国别分类？

24. 进出口商品是如何统计其数量和价值的？

25. 怎样计算出口和进口商品的物量指数？

26. 进出口贸易条件指数有哪些？它们的主要含义是什么？如何计算？

第十六章　外国经济统计简介(Ⅱ)
居民收入与消费统计

本章学习目标

本章学习目标有三个：①居民家计调查方法；②居民收入分配；③居民消费物价指数。

居民生活消费统计是以居民的消费支出为中心内容，包括消费价格与消费结构的统计分析。任何国家的居民消费水平都与居民收入相关。在西方，一个国家国民经济全部的消费支出总数大小取决于国民收入水平的高低，并且与消费的这种关系可用函数关系来表示。因此本章在介绍消费统计之前先介绍西方统计中的家计调查和居民收入分配情况。

第一节　居民家计调查方法

一、调查对象和方法

居民家计调查，就是对居民家庭生活状况进行调查。具体说，是指一个国家为研究不同消费水平的居民家庭生活现状及其变动趋势，采用一定的记账方法，对某一国家或城市（地区）某一时期内的收入、支出及其结构等情况进行的综合性专门调查。

（一）家计调查对象

西方最早的家计调查是以贫困的劳动者家庭为调查对象的。1797 年，英国有一个叫艾登的人，利用 1794—1795 年的统计调查资料，对贫困劳动者家庭的生活现状进行分别研究，并将其研究成果进行整理，发表了最早的一篇家计调查报告《贫困状况》。应该承认《贫困状况》报告中资料的分析还是相当粗糙的，但它为西方家计调查史开了先例，为以后的家计调查打下了基础。从 1853 年开始，德国的政府统计学家恩格尔也着手研究工人家庭收入和支出情况。他搜集了萨克逊工人家庭的开支记录，从中发现不同收入的家庭，花费在各类消费品和劳动服务上的支出比例并不相同。继而他又对比利时的工人家庭收支情况进行了研究，相互印证，于1895年发表了著名的《比利时工人家庭的生活消费》一文。20世纪以后，家计调查的方法先后被各国采纳，不过家计调查的作用，主要用于编制消费者物价指数和生活费用指数的权数。与此同时，1895年挪威统计局长凯尔曾使用抽样方法对本国成年男子的收入，按职业、年龄和社会地位的分配进行了调查。到目前为止，居民家计调查方法已在西方广泛地被采用，其调查结果也在许多宏观、微观经济分析中应用。

从目前看，西方各国在划定家计调查的调查对象和调查范围等方面也不尽相同，这是由其本国的国情和历史所决定的。例如，比利时是以市郡居民家庭为调查对象；德国、加拿大、澳大利亚等国以国内主要城市的居民家庭为调查对象；日本的调查对象则包括全国范围内的所有城乡消费者家庭，同时明确规定家计调查的范围不包括如下调查对象，即从事农、林、渔业的家庭、外国人家庭、单身住户、旅店和饮食店兼营并用作住宅的家庭、私人出租房屋兼营并用于住宅的家庭等等。

（二）家计调查方法

西方各国在进行家计调查时，普遍采用的是抽样调查方法。这是由抽样调查本身的优点决定的。由于抽样调查所要调查的单位较少，可以节省人力、物力和财力，并能在较短时间内获得所需要的调查资料，而且因参加调查的人员比较少，可以专门加以训练，以提高调查工作的效益和质量。此外，现代抽样调查方法，在其抽样理论的指导下，按照随机原则抽取样本，保证抽样总体对全体及总体具有充分的代表性；同时可以控制抽样误差，根据样本资料推断全体及总体的数量特征，而且还可以将各种抽样的组织方式结合起来使用，以提高抽样调查的效果。

在具体使用抽样方法时，西方各国采用的抽样方式很不相同。如美国在家计调查时抽取4万户家庭为调查对象，在空间分布方面，要求有一定的代表性，不仅包括几个主要的大城市，同时也包括一般的中小城市。对于具体的居民调查对象，还要求有不同的社会经济类型、不同收入水平的居民家庭来代表不同层次的调查对象。加拿大是用系统的抽样方法对全国的主要城市居民家庭进行抽样。澳大利亚把居民家计调查称为"都市生活者消费调查"，用纯随机抽样调查方式，对城市居民按各个阶层抽取样本。法国是先对全国的各市进行抽样，而后对郡再抽样，即所谓的"二阶段抽样"。德国和日本的抽样方法都比较系统，并相对稳定。德国采用的是分类抽样方法，把先要抽取的全国 5 万户家庭分成如下 5 类：

第一类：4 口之家收入较多的家庭；

第二类：4 口之家收入较少的家庭；

第三类：2 口之家并只抚养一个孩子的家庭；

第四类：2 口之家没有抚养孩子的家庭；

第五类：单身住户。

而后在上述分类的基础上，使用轮流调查的方法，即每个家庭只在规定的某一个月中详细地填写支出，其余的 11 个月则记录较大的支出项目。可见，每月都有1/12的居民家庭进行详细地记录，最后得出一年包括四季的全面记录，同时还反映出季节性支出的变动情况。日本采用的是各阶段抽样方法，从全国抽出 8000 个家庭作为调查对象，经过下面三个阶段抽取样本：

第一个阶段：从全国范围内抽取市、町、村作为第一阶段的样本。

第二个阶段：从市、町、村，即第一个阶段样本中抽取单位、区域作为第二个阶段的样本。

第三个阶段：从第二个阶段样本中的每一个单位区域中抽出 6 个被调查的居民家庭，每月轮换 1/6。每一个被调查家庭连续调查 6 个月，交义进行，目的是为了使所有所抽取的家庭户数较少，而相对的代表性较大，并具有一定的可比性。

二、家计调查的作用和调查项目

（一）家计调查的作用

前面讲过，家计调查起源于对贫困家庭情况的研究，而一个国家贫困家庭的多少，在一定程度上可反映出其经济发达程度和国家的贫富。家计调查的统计资料已越来越多地应用于政治、经济、文化以及政府、企业、学术研究等各个方面，归纳起来家计调查的目的和作用主要表现在以下几个方面：

第一，家计调查的统计资料能够直接具体反映国内不同区域、不同层次、不同职业的居民家庭收入和支出情况，为政府部门分析和研究经济状况，制定新的经济政策、规划，为进行宏观调控提供了依据，是计算国民收入、投入产出等宏观核算所需要的重要资料。

第二，家计调查的统计资料，不仅可以反映居民家庭的生活水平变化趋势，还可以反映其消费种类和数量的变化趋势，这些分析结果可以为产业结构的合理安排提供依据。

第三，从微观角度上看，西方各企业、集团、公司等，根据家计调查的消费种类和数量，来调整其生产和销售计划。

第四，家计调查的结果为编制消费者物价指数提供了权数，以及反映居民的生活消费结构变化。

第五，在宏观和微观经济的定量分析方面，提供了数字依据。如消费函数和恩格尔函数的计算等。

可以这样说，随着家计调查方法的日趋发展和完善，家计调查资料越来越多地应用于各个领域。

（二）家计调查的项目

由于西方各国的经济发展和现状都不尽相同，各国的家计调查内容也有许多差异。但主要都是调查居民家庭的收入和支出情况，同时还包括收入和支出的品种、数量、金额等项目。下面以日本为例具体介绍一下其收入和支出的内容：

1. 收入项目包括如下内容：

①户主固定收入。这里的户主不是指一般意义上的家庭户主，而是指家庭生活费用主要来源的收入者；②户主的临时收入；③妻子的收入；④其他家庭成员的收入；⑤待业收入；⑥其他固定收入；⑦特殊收入。

2. 支出项目包括如下项目：

①食品消费支出；②住房消费支出；③燃料、水、电消费支出；④家具、家用电器的消费支出；⑤服装和鞋方面的消费支出；⑥医疗保健方面的消费支出；⑦用于通信、交通方面的消费支出；⑧用于教育的支出；⑨用于文化、娱乐方面的消费支出；⑩用于其他方面的消费支出。如用于美容、理发用品、烟酒、送礼、交际等费用，以及用于美容、理发等的服务费等方面的支出。

此外，支出项目还包括所得税、净储蓄等非消费支出等项目。

由于西方各国的生活习惯不同，消费结构和购买习惯也不同，因而家计调查的具体项目也必然不同，不过其主要项目都是围绕着吃、穿、住、用、行来设置的。当然就一国而论，家计调查项目也是随着经济、社会、文化的发展而逐步增加的，进而更确切地反映其消费支出情况。以日本为例，1981 年以前家计调查项目只分食品、住房、光热水、被服、杂费 5 个大类，分类较粗。1981 年以后，增加了医疗保健、通信交通、文化教育、娱乐等项目，共分 10 大类。这是因为随着人们生活水平的改善和提高，用于医疗保健、通信交通、文化娱乐方面的费用越来越大。

第二节　居民收入分配统计

国民经济生产成果价值的分配和再分配给居民家庭的分配数额的多少，直接影响着居民家庭生活水平的高低。

一、收入分配的内容

在商品经济条件下，居民收入主要是指生产、服务、管理等经济活动的价值，通过初次分配和再分配给居民得到的全部货币收入，这种以货币形式表现的居民收入，基本上能反映出居民社会消费的支付能力，或者具体地说，居民家庭消费水平高低直接取决于其货币收入数量的多少。因此，居民收入指标在居民社会消费统计中占有很重要的位置。

（一）居民收入的来源

西方居民家庭的货币收入是以家庭为单位的，包括所有成员在一定时期（一般以一年为单位）内的全部货币收入，主要来源包括：

（1）工资和薪金。指基本工资、加班费、晚班费、生产奖金、鼓励奖金、佣金以及生活费用补贴等全部货币收入；

（2）自营业主的收入；

（3）各种财产性收入，包括股票、汇利、利息、租金等货币收入；

（4）再分配收入，包括社会保险金、福利金、养老金、失业救济金和各种补贴、政府或私人机构的抚恤金等。

居民收入就是上述四项货币收入的总和。

（二）居民收入水平分析

1. 居民可支配收入

上述讲的居民收入总和可以叫做全部收入，它并不确切地反映居民的消费水平，因为它是税前收入，在数量上常常被夸大。居民可支配收入则是指居民的全部货币收入减去个人所得税及保险金等负担以后的剩余收入。

可支配收入＝实际收入－非消费支出

2. 居民收入分组（按收入金额分组）

以美国为例，将居民收入按 5 个等级分组，简称"五分位法"。每组家庭数占全部家庭总数的 20％，第一个 20％是收入最低的家庭组，第二个 20％是高于第一个 20％的家庭组，依次递增，第五个 20％组的收入最高，见表 16－1。

表 16—1　　1985 年美国按"五分位法"的各组家庭收入

	最低的 20%	第二个 20%	第三个 20%	第四个 20%	最高的 20%
平均每组家庭最高收入（美元）	13 192	22 752	33 040	48 000	…
每组家庭收入占总收入的百分比	4.6	10.9	16.1	24.2	43.5

从表 16—1 可以看出，第一组 20％的家庭，最高的收入额还没有超过 13 192 美元，该组家庭收入的比重只占全部家庭收入的 4.6％，而最高一组居民家庭收入的比重却占了全部居民家庭收入的 43.5％。在这里最高一组的 20％的居民家庭收入竟比最低一组 20％的居民家庭收入高出 9.5 倍。可见美国以居民家庭收入表现的贫富差别是悬殊的。

3. 居民收入按家庭成员及来源分组

以日本为例，见表 16—2。

表 16—2　　　　　　1982 年日本家庭月平均收入情况

单位：1000 日元

居民平均家庭人数	合计收入	户主定期收入	户主临时收入	妻子收入	其他收入	企业经营收入	其他经常收入	非经常收入
3.8	393	254	73	30	15	6	6	9
比重（%）	100	65	19	8	4	1	1	2

上表中户主定期收入、户主临时收入、妻子收入和其他收入属于工资和薪金收入，即就业人员的货币收入。这四项合计数是 372 千日元，占全部收入的 95％，而企业经营性收入只占全部收入的 1％。

这说明，日本经济统计在研究全国居民收入这一指标时，是以就业人员的居民家庭为主要对象的，因此，表 16—2 中家庭月平均收入合计为 393 千日元并不能真实反映日本全国居民的平均收入水平，因为全国居民家庭还包括只依靠财产性收入而生活的家庭。

4. 居民收入按种族分组

以美国为例，见表 16—3。

表 16-3　　　　1984 年美国家庭收入按种族分组（比重）

单位：万美元

收入分组（万美元）	白人家庭（％）	黑人家庭（％）
0.5 以下	3.8	14.8
0.5~1	8.1	19.2
1~1.5	10.3	14.9
1.5~2	10.7	12.3
2~2.5	11.0	9.4
2.5~3.5	19.8	13.1
3.5~5	19.4	10.5
5 以上	16.9	5.8
合　计	100.00	100.00

从表 16-3 可以看出，0.5 万美元以下的最低收入一组中，黑人家庭占 14.8％，而白人家庭只占 3.8％，黑人家庭中低收入者几乎高出白人家庭的 4 倍。相反，在 5 万美元以上最高收入一组中，黑人家庭只占 5.8％，白人家庭却占 16.9％，是黑人家庭的 3 倍，可见在美国，黑人家庭和白人家庭的收入差别是很大的。另外，从表 16-3 中还可以看出，西方经济统计在对居民家庭收入分组时，低到一定界限和高到一定界限，就不再详细划分了，这样在一定程度上就掩盖了最贫困和最富裕家庭收入的差别。

此外，居民家庭收入水平还可以将几个国家或地区的同一类型，放在一个表格内，进行适当的对比分析，但应注意其计算范围、口径、不同货币折算等的可比性。

二、居民收入分配的平均程度测定法

目前，西方经济统计中在测定居民收入分配的平均程度时，常常采用洛伦茨曲线和基尼系数来进行测定。

（一）洛伦茨曲线

洛伦茨曲线，最早是由美国经济统计学家洛伦茨（Lorenz）为研究财富、土地、工资收入的分配是否公平而提出的。

现代西方经济统计学家则常用洛伦茨曲线测定社会收入分配的平均程度。

其数理和经济含义如下：

设收入变量的分布密度为 $\rho(u)$，假设总人数为 N，那么收入等级在 $u\sim u+du$ 之间人口数的频度为 $\rho(u)du$，则在该收入等级内的人口数为 $N\rho(u)du$，由此收入少于 y 的累计人口数为 $\int_0^y N\rho(u)du$，占总人口数的百分比为：

$$p = p（y）= \frac{\int_0^y N\rho（u）du}{N} = \int_0^y \rho（u）du$$

所有人数的累积收入在总收入中的比重为：

$$I = I（y）= \frac{\int_0^y uN\rho（u）du}{\int_0^{+\infty} uN\rho（u）du} = \frac{\int_0^y u\rho（u）du}{\int_0^{+\infty} u\rho（u）du}$$

$$= \frac{1}{\mu} \int_0^y u\rho（u）du$$

式中，当 $\mu = \int_0^{+\infty} u\rho（u）du$ 大于零时，是收入的期望值或社会总的平均收入。$I（y）$ 表示收入少于 y 的所有人的收入分布函数。洛伦茨曲线的参数方程为：

$$\begin{cases} p = p（y）= \int_0^y \rho（u）du \\ I = I（y）= \dfrac{1}{\mu} \int_0^y u\rho（u）du（y 为参数，且 y > 0） \end{cases}$$

洛伦茨曲线是指以 I 为纵轴，p 为横轴的坐标平面上的一条曲线，如图16-1所示。

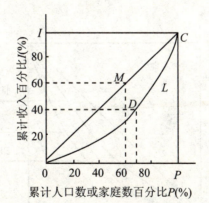

图16-1 洛伦茨曲线坐标图

洛伦茨曲线有如下数理特征：

（1）由参数方程可知：当 $p（0）= 0$ 时，表示 0％ 的人口或家庭的收入为 0％；当 $p（\infty）= 1$，$I（\infty）= 1$ 时，表示 100％ 的人口或家庭的收入为 100％。

（2）当 $0 < y < +\infty$ 时，洛伦茨曲线是递增的。

（3）洛伦茨曲线是下凹的。图16-1中，纵坐标（I）表示累计收入百分比；横坐标（p）表示累计人口数或家庭数百分比；呈 45° 角的对角线 OC 为绝对平均曲线，从几何角度看，对角线上任何一点到横、纵轴的距离相等；从经济内

容上看 OC 线上的任意一点表示总人口或总家庭数中每一定百分比的人口或家庭拥有的收入，在总收入中也占有相应的百分比。如 OC 线上的 M 点表示总人口数或家庭数中 60% 的人口或家庭所拥有的收入，在总收入中也占 60%。这时则表示社会收入的分配是绝对平均的，但在现实中是不存在的。相反曲线 OPC 是绝对不平均曲线，它表示在所有人口中或家庭中，除一个人或一个家庭外，余下的全部人数或家庭收入均为零，并且这些所有收入都由那一个人或一个家庭所得，显然这是不可能的，不现实的，但在数理统计上是严密的。

那么现实中的收入分配是怎样的呢？如图 16－1 所示，图中的 OLC 曲线就是实际收入分配曲线，即著名的洛伦茨曲线。它位于绝对平均线和绝对不平均线之间。曲线 OLC 上的任意一点到纵、横两轴的距离都不相等，如图 16－1 中的 OLC 曲线上的 D 点表示 70% 的人口或家庭拥有的收入在总收入中占 40%。显然洛伦茨曲线与对角线 OC 的距离越近，说明社会收入分配越平均，洛伦茨曲线与曲线 OPC 的距离越近，则说明社会收入分配差别越大，越不平均。

曾有经济统计学家将前苏联、美国、印度的家庭收入分配曲线加以对比，如图 16－2。

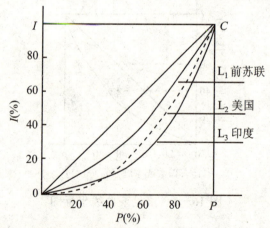

图 16－2　前苏联、美国、印度实际收入分配曲线对比图

图 16－2 中，离绝对平均线 OC 最近的曲线是 L_1，即前苏联的实际收入分配曲线，可见前苏联收入分配比美国、印度要平均许多。这是因为前苏联曾是公有制计划经济国家，按劳分配的收入差别较小。美国和印度是私有制的市场经济国家，其居民的家庭收入不仅有就业的按劳分配的工资与薪金收入，并且还有一部分人是依靠财产性收入生活的，因此，美国和印度的居民家庭收入分配比前苏联

的差别要大。同时，从图 16－2 还可以看到，L_2 和 L_3 有交叉分布的现象，这是因为印度是一个农业国，中产阶级和贫困的工人、农民之间的收入差别并不是很大。相反地主、大资本家占有大量的财产，由此获得的比工资和薪金高得多的收入，这样形成图 16－2 中的 L_3 曲线，与 L_2 交叉分布，是三条曲线中分配收入最不平均的一条。

（二）基尼系数

基尼系数是意大利经济学家基尼提出的，所以称基尼系数，它是在洛伦茨曲线的基础上，进一步计算其收入分配差异程度的，因此也叫洛伦茨系数。基尼系数是联合国规定的衡量各国社会经济发展的指标之一，即测定各国或地区、各种族、各行业收入分配的不均等程度。从理论上讲，基尼系数在 0～1 之间的范围内变动。基尼系数 G 的含义及其计算方法如图 16－3。

图 16－3 中 S_a 表示实际收入分配曲线 OLC 与绝对平均曲线 OC 之间的面积，即图中阴影部分；S_b 表示，实际收入分配曲线 OLC 与绝对不平均曲线 OPC 之间的面积。基尼系数就是要计算弓形面积 S_a（图中阴影部分）占直角三角形 $\triangle OPC$ 的面积比例，如用 G 表示基尼系数，则：

$$G = \frac{S_a}{S_a + S_b}$$

从公式中可以看出：当 $S_a = 0$ 时，基尼系数 G 为零，说明收入分配是绝对平均的；当 $S_b = 0$ 时，G 为 1，说明收入分配是绝对不平均的。显然基尼系数是在 0 到 1 之间摆动的。根据以上的原理，基尼系数的计算方法可以有多种，下面介绍其中一种方法。

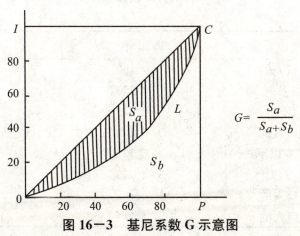

图 16－3　基尼系数 G 示意图

图 16—3 中，绝对平均曲线 OC 的右下方直角三角形 $\triangle OPC$ 的面积为 $S_a + S_b$，它等于整个正方形面积的 1/2。那么：

$$G = \frac{S_a}{S_a + S_b} = \frac{S_a}{\frac{1}{2}} = 2S_a$$

在实际应用上述公式时，G 是根据各组的人口数或家庭百分比和各组的收入百分比计算的。

此外，基尼系数的计算方法，还可以用指数方程 $Y = AX^B$ 拟合了求得 G。这里就不详细介绍了。

基尼系数的应用很广泛，它不仅能测定收入的不均等程度，还可以将同类现象的几个基尼系数加以比较，用来说明不同国家、不同部门、不同层次等的收入分配不均等的程度。

（三）贫困线统计

西方各国在反映贫困居民的收入情况时，常常由政府部门制定出贫困线。它是根据本国的社会经济标准，其中包括生活水平、消费习惯以及最低消费数量，并结合当年物价水平而制定的一个最低全年生活费用标准，这种最低生活费用标准就称为"贫困线"。通常情况下，是以贫困线为界，上下分为两组，居民家庭全年的货币收入低于贫困线的就作为"贫困家庭"，其家庭成员就是贫民。不过，贫困线的确定，受到行多条件限制，所以不同国家、不同家庭人数，贫困线的标准也不同，即使同一个国家在不同时期的贫困线也是不同的，见表 16—4。

表 16—4   美国贫困线标准

单位：美元

	1980 年	1985 年
每家庭一口人的	4 190	5 469
65 岁以下	4 290	5 593
65 岁以下	3 949	5 156
每家庭两口人的	5 363	6 998
户主在 65 岁以下	5 537	7 231
户主在 65 岁以上	4 983	6 503
每家庭三口人的	6 565	8 573
每家庭四口人的	8 414	10 989

续　表

	1980 年	1985 年
每家庭五口人的	9 966	13 007
每家庭六口人的	11 269	14 696
每家庭七口人的	13 955	…
每家庭八口人的	…	16 656
每家庭九口人的	…	18 512

资料来源：《美国统计摘要》1987 年

从上表可以看出，随着家庭人口数的增加和生活水平的提高，贫困线的标准也是提高的。通过贫困线的划分，还可以计算贫困线以下居民所占的比重，以进一步了解居民的收入分配情况，见表 16－5。

表 16－5　　　　　　　美国生活在贫困线以下人数及比重

	1980 年	1982 年	1984 年
全国家庭总数（百万户）	60.3	61.4	62.7
中等家庭收入（美元）	26 500	25 216	26 433
贫困线以下家庭			
家庭数（百万户）	6.2	7.5	7.3
占全国家庭比重（％）	10.3	12.2	11.6
生活在贫困线以下人口数（百万人）	29.3	34.3	33.7
占全国人口比重（％）	13.0	15.0	14.4

资料来源：美国《美国总统经济报告》1986 年（摘自《世界经济年鉴》1988 年版）

表 16－5 中，贫困线是按照生活费用指数逐年调整的。这种调整是因为物价上涨和美元贬值引起的，调整工作由美国联邦内各机构委员会负责。1969 年以前，美国的贫困线标准是根据农业部 1961 年的"经济食物计划"中的食品价格变化来调整的。这一计划的标准是根据 1955 年食物消费调查，凡家庭食物消费占家庭收入的 1/3 的，就作为贫困线以下家庭，那么食品开支金额乘以 3，便求得贫困线标准。从 1969 年开始，对贫困线的调整改用消费物价指数，一直沿用至今。

此外，美国在计算贫困线的同时，最近几年又增加了一项"贫困线 125％以下"的统计。例如，1985 年三口之家的贫困线标准为 8 573 美元，按贫困线的 125％计算，就是：8 573×125％＝10716 美元。由此可以反映贫困居民家庭的规模。

西方国家发表的有关贫困家庭和贫困居民的资料，是按居民家庭的货币收入为口径来确定的。因此是属于纳税前的货币收入，这比实际收入要高得多。同时居民家庭的货币收入未包括低收入家庭获得的医疗补助、食品券等补贴，上述各项应在使用资料时考虑进去。

第三节　居民消费价格指数

一、居民消费物价指数的含义

居民消费物价指数是指一定阶层的居民（主要指城市中等阶层的居民），根据他们的消费习惯，选定若干种生活必需品和服务项目，并计算其所需的费用，考察他们在不同时间上的生活费用平均波动程度，也就是按居民家庭的平均生活消费构成计算的总的或分类的价格指数。消费价格指数的变化，可以反映居民在保持生活水平不变的情况下，其生活费用的增减状况，也称消费者物价指数。

由于消费价格指数能够直接反映价格变动对居民生活费用的影响，因此，西方国家对这一指标很重视，但叫法不同。除上述称为消费价格指数外，也有的叫消费者物价指数、生活费用指数等。它们的计算方法、资料搜集、公式的应用，以及价格的选择等都有共同之处，但还是存在差别。

1. 消费价格指数和生活费用指数的区别

（1）从计算指数时所包括的项目来看：

消费价格指数之所以包括商品和劳务费用，以及和商品价格有直接关系的销售税、地价税等，而不包括间接税和社会保险税，是因为这些费用和商品的零售价格没有直接的关系。相反，生活费用指数则要包括所有的应纳的赋税，因为所得税的增减对每个人的生活都是有影响的。

（2）从计算指数时的范围来看：

一般说来消费价格指数的范围广泛些，因为它表明的是某一特定人口所选定的商品和劳务价格的变动，因此并不只限于生活必需品。但是在计算生活费用指数时，就必须指定一些生活必需品，并确定其主要商品和权数，所以，相对而言，其范围就比消费价格指数小一些。

上述两点区别，在经济动荡时期差别很大，因为这时价格之间的变化以及政府税收政策的变动都会很大。

当在经济相对稳定时期，消费价格指数与生活费用指数的差别就很小，因为这时期的商品价格变动和政府税收政策的变动都很小。

2. 消费价格指数与零售物价指数的差别

前面说过，消费价格指数不仅包括商品价格变动，还包括劳务费用的变动。但零售物价指数的计算范围却只包括商品，并且可以包括很多商品项目，凡在零售市场上出卖成交的都可以包括在内。

虽然如此，零售物价指数毕竟缺少劳务部分，不能全面反映出消费者支付的价格水平，随着家务劳动社会化的发展，劳务比重也有所提高，因此，有的西方国家已不再计算零售物价指数了，而主要计算消费价格指数，也有的国家把消费价格指数也叫做生活费指数，例如美国等。联合国在发表指数时，统称为消费者价格指数。

二、消费价格指数的计算方法

（一）消费价格指数包含的项目

选择一些有代表性的商品和劳务项目，是编制消费价格指数的首要问题，选择的项目恰当就能使编制的更接近于实际的变动。目前西方国家所选用的商品和劳务项目，一般是通过对居民家庭预算调查或家庭收入调查中获得的。西方各国选择的项目不尽相同，但主要包括如下几个方面：即衣着、食品、居住、燃料、以及杂项等五个部分。下面是几个主要西方国家的消费项目分类。

1. 美国共分 8 大类，405 个项目

8 大类是：①食品、饮料、烟；②衣着；③房租、燃料、电；④家具摆设、家庭用品；⑤医疗；⑥交通、通信；⑦娱乐、文化、教育；⑧杂品、劳务。

2. 日本共分 11 大类，485 个项目

11 大类分别是：①食物；②居住；③燃料照明和水；④家具和家庭用品；⑤服装和鞋袜；⑥保健医疗；⑦交通与通信；⑧教育；⑨阅读与娱乐；⑩各项杂费；⑪新鲜食品。

此外，英国以 1974 年为基期共包括 348 项。这些项目不仅各国之间不尽相同，即使是在同一个国家内，随着科学技术的发展、人民生活水平的提高以及居民消费观念的变化，消费者的购买标准及商品种类的改变也在不断地变化，各国对消费价格指数所包括的项目，也经常进行适当的修改。因此，在使用西方各国历年的消费价格指数时，要注意它们所包括的项目，以保证资料的可比性。

（二）消费价格指数计算方法

1. 计算公式及算法

计算消费者价格指数常用的有如下三个公式：

(1)
$$I_L = \frac{\sum p_1 q_0}{\sum p_0 q_0} = \frac{\sum \frac{p_1}{p_0} \cdot p_0 q_0}{\sum p_0 q_0}$$
（拉氏公式）

(2) $I_P = \dfrac{\sum p_1 q_1}{\sum p_0 q_1} = \dfrac{\sum p_0 q_1}{\sum \frac{p_0}{p_1} \cdot p_1 q_1}$
（派氏公式）

(3) $I_F = \sqrt{I_L \times I_P} = \sqrt{\dfrac{\sum p_1 q_0}{\sum p_0 q_0} \cdot \dfrac{\sum p_1 q_1}{\sum p_0 q_1}}$
（费氏公式或理想公式）

上式中，p 代表价格；p_0 代表基期的商品和劳务的价格；p_1 代表报告期的商品和劳务的价格；q_0 代表基期商品和劳务的消费量；q_1 代表报告期的商品和劳务的消费量。

目前西方各国普遍使用的是拉氏公式，即用基期消费额作为权数。通常情况下通过家计调查所得到的统计资料往往是消费额而不是数量。因此，在实际应用时，习惯用加权算术平均公式。具体计算步骤如下：

第一个层次：先计算各地区、各项目商品和劳务费用的个体零售物价指数，即 p_1/p_0；

第二个层次：求类指数，即用居民基期购买某一项代表性商品和劳务的费用支出占总消费支出的比重作为权数，计算各地区、各类商品和劳务的消费价格类指数；

第三个层次：求总指数，即用居民基期购买某类商品和劳务的支出占总消费支出的比重作为权数，计算各地区、全部商品和劳务的消费价格总指数；

第四个层次：最后综合各地区的消费价格指数，求得全国的消费价格指数。

2. 对公式的评价

采用基期算术平均公式有它的优点，因为权数是固定在基期的数据，每次计算不一定都要进行家计调查，而计算结果很快，又能节省开支。它的不足之处，是不能随时反映出居民生活习惯的改变，以及商品的新旧更替情况。这套固定权数使用的时间越长，与实际的差距就越长。为了弥补这一缺陷，在计算消费价格指数时，常采用"连锁"的方式，即每一时期的消费价格指数，都是用本期的商品和劳务之和和前一时期价格相比计算出"连锁指数"，由此得到如下一系列连锁指数。

把这一系列指数相乘，就得到固定基期的指数，如表16－6。

表 16—6 主要西方国家消费价格指数（连锁比％）

	1980 年	1981 年	1982 年	1983 年	1984 年	1985 年
美国	13.5	10.4	6.2	3.2	4.3	3.6
日本	8.0	4.9	2.6	1.8	2.3	2.0
前西德	5.4	6.3	5.3	3.3	2.4	2.2
法国	13.3	13.4	11.8	9.6	7.4	5.8
英国	18.0	11.9	8.6	4.6	5.0	6.1
加拿大	10.2	12.4	10.8	5.8	4.3	4.0

资料来源：1988 年《世界经济统计摘要》第 598 页

通过上表可以计算出美国 1985 年的消费价格指数比 1980 年上涨 48.4％；日本、前西德、法国、加拿大、英国的消费价格指数，1985 年和 1980 年相比分别为：123.4％、127.5％、178.9％、157.5％、167.1％。

3. 公式中权数的确定和基期的选择

权数一般是根据居民的家计调查资料来确定的。许多国家的消费价格指数中的权数一次确定以后，在几年以内相对不变。但由于居民生活水平的不断提高，尤其是消费结构的不断变化，指数中的权数也必须进行适当的修改，因此，西方一些国家主张用缩短家计调查间隔的办法，来防止基期权数过于陈旧的问题。

西方国家在选择消费价格对比的基期时，一般遵循三个基本原则：

（1）基期不应该是经济情况的非常时期，它直接影响消费价格的高低。也有的西方国家为避免经济波动带来的影响，不是用某一年作为基期，而是用几年的平均数作为基期。

（2）基期应该与家计调查相近，由此所用的权数更适合于基期的消费实际。

（3）计数期不能与基期间隔太远。为了提高指数的可靠性，许多西方学者认为，家计调查的间隔应该缩短，消费价格指数的基期也应该随之变动，使之与计算期的间隔不很远。但由于家计调查是一项很复杂的工作，目前，西方各国的家计调查大都有较长的间隔时间。以美国为例，从 1917 年开始计算消费价格指数，自 1921 年定期发表以后，以后基本上每 10 年调整一次，见表 16—7。

表 16—7　　　　美国家计调查及消费价格指数变动情况

家计调查时间	指数修改时间	基期变动时间
1917—1919 年	1919 年	1919 年＝100
1934—1936 年	1940 年	1935—1939 年＝100
1947—1948 年	1953 年	1947—1949 年＝100
1960—1961 年	1964 年	1957—1959 年＝100
1972—1973 年	1978 年	1976 年＝100

资料来源：摘自《统计研究》第 9 辑

4. 关于理想公式

"理想公式"是以 Irving Fisher 的名字命名的，因而也称为"费氏公式"。*Fisher* 用实际的数据试验了各种公式的性能，从中找出了"理想公式"，即：

$$I_F = \sqrt{\frac{\sum p_1 q_0}{\sum p_0 q_0} \times \frac{\sum p_1 q_1}{\sum p_0 q_1}} = \sqrt{I_L \times I_p}$$

目前，联合国编制地区生活费差别指数时，就是应用这个公式。

三、消费价格指数的作用

消费价格指数的作用范围广泛，无论是政府部门，还是居民家庭，对它的变动都十分关心，其主要作用表现在：

1. 可以衡量物价的变动

在西方很多国家把消费价格指数称为"通货膨胀的晴雨表或指示器"。商品价格的变动直接影响着货币价值，指数上升了，意味着有通货膨胀的可能；指数下降了，说明通货紧缩了，由此作为衡量各国政府经济政策成功与失败的依据。

2. 可以作为调整工资、津贴的依据

消费价格指数的升降，直接影响着工人实际工资的变动。在美国，工人的工资调整直接由工会出面，根据合同的规定，参照消费价格的增长向资方要求按时进行工资调整。到 1977 年有 61％的工人按照消费价格指数进行工资调整，并且其范围有越来越扩大的趋势。在美国，近一半的居民和他们的家属，都受到消费价格指数的影响，据估计，物价指数每上升 1％，他们的收入和支出将增加 10 亿美元左右。因此，美国对消费价格指数十分关心，每月的 25 号左右，由美国劳工统计局公布指数，此外，国家规定的每一时期工资的最低标准，也是按消费价格指数的变动来调整的。

3. 可以用来校正其他经济数列

如用来校正工资、商品零售额、个人消费支出等。经过消费价格指数作为减缩因子进行校正以后，这些数列就不受通货膨胀的影响。例如工资，去年每小时为1美元，今年每小时为1.25美元，工资的指数增长了25%，但如果今年用1.25美元只能购买去年的0.95美元的商品和劳务，那就说明实际工资是下降了。

4. 可以用来测定货币的购买力

四、居民货币购买力指数

居民货币购买力指的是，居民在一定时期内一单位货币实际能够买到的商品和劳务的数量。而居民货币购买力指数是在不同时期货币购买能力的变化程度。西方各国的居民货币购买力指数是根据消费物价指数的倒数计算的，其计算公式如下：

居民货币购买力指数＝1/某一时期的消费价格指数

由此可以看出，消费价格指数上涨，说明居民货币购买力下降；消费价格指数下降，则说明居民货币购买力上升。

需要强调说明的是：通常意义上讲的货币购买指数是用物价指数的倒数来计算的，但物价指数又区分为批发价格指数和零售物价指数，反映的是不同时期内批发市场和零售市场上的价格变动的程度，由此计算的货币购买力指数，反映不出服务价格的变动程度，即反映不了服务价格的变动对货币购买力的影响程度。而消费价格则不然。

前面讲过，消费价格指数反映的是居民生活必需品和服务的总变动程度。由于本章侧重的是居民生活消费统计，因此反映居民货币购买能力价格指数，其分母直接用的是"某一时期的消费价格指数。表16－8为美国、日本的货币购买力情况。

表 16－8　　　　按消费价格计算的美、日货币购买力

年份	美元的购买力 1976 年为 1 美元	日元的购买力 1980 年为 1 日元
1970	0.860	2.3641
1980	0.406	1.0000
1981	0.367	0.9533
1982	0.346	0.9285
1983	0.335	0.9116
1984	0.321	0.8921
1985	0.310	0.8741

资料来源：《世界经济统计简编》1987 年第 294、295 页

五、消费结构分析

（一）消费结构的一般含义

消费结构是指在居民家庭全部消费中，各类消费品所占的比重，而这种比重一般用结构相对数表示。各类消费品占总消费的比重，在不同的国家、不同时期、不同阶层之间有很大差别，但都与其收入有直接关系。消费结构分析的任务就是从数量上观察收入与消费支出各类项目之间的依存关系。

（二）恩格尔法则与恩格尔系数

恩格尔是 19 世纪德国著名的统计学家，曾先后担任德军斯坦皇家统计局局长、萨克逊抵押保险公司经理兼普鲁士统计局长等职务。他从 1853 年开始着手研究工人家庭收支问题。1857 年之前，恩格尔搜集了萨克逊工人家庭的开支记录，发现不同收入的家庭，用在各类物品及劳务上的支出比重是不同的。尔后，他又对比利时工人家庭的收支情况进行观察，两地资料得到相互印证，于是在 1895 年发表了《比利时工人家庭的生活费》一文。并用归纳法，得出四项法则，统称为"恩格尔法则"（Engel's law）：

（1）家庭收入愈多，则饮食费用支出在家庭收入中所占百分比愈小；

（2）无论家庭收入多寡，衣着费支出在家庭收入中所占百分比不大；

（3）无论家庭收入多寡，租金、灯火、煤炭等费用支出在家庭收入中所占百分比不变；

（4）家庭收入愈多，则杂费(包括文教费)支出在家庭收入中所占百分比愈大。

恩格尔还根据"家庭收入愈多，则饮食费支出在家庭收入中所占百分比愈小；家庭收入愈少，则饮食支出在家庭收入中所占百分比愈大"这一法则，引申出"恩格尔系数"，作为测量生活水平升降的标准。用公式表示为：

$$恩格尔系数 = \frac{食品支出总额}{家庭或个人消费支出总额} \times 100\%$$

表 16—9　　　　　　　**日本 1980、1986 年家庭支出变化**

单位：日元

	1980 年		1986 年	
	绝对数	百分比（%）	绝对数	百分比（%）
每户平均人数	3.82	—	3.78	—
实际收入（日元）	349 686	—	452 942	—
消费支出（日元）	238 126	—	293 630	—
其中：				
食品	66 245	27.8	74 889	25.5
文教	28 772	12.1	39 260	33.7

表 16－9 中证明了恩格尔法则至今是实用的。日本的 4 口之家家庭实际收入由 1980 年的 349 686 日元增加到 1986 年的 452 942 日元，增长了 29％，消费支出也增长了 23％。但其消费结构的变化却不是同步的。其中食品消费百分比由 1980 年的 27.8％缩小到 1986 年的 25.5％，与此同时文教方面的消费支出比重，却从 1980 年的 12.1％猛增到 1986 年的 33.7％。

此外，运用恩格尔法则与恩格尔系数还可以考察现代西方家庭中其他消费支出项目的变化，如保健医疗支出、房租支出、储蓄支出等占总消费支出的百分比等等，也有的西方学者称为广义的恩格尔法则。

在现代西方经济统计中，恩格尔法则的地位和重要作用不只限于揭示居民收入和食物支出之间的数量关系，它还是衡量一个家庭或国家消费水平的重要指标之一。恩格尔系数表明，系数越小，生活越富裕；系数越大，就越贫困。西方常用恩格尔系数的大小来评价一个国家的贫富情况。为此，联合国根据恩格尔系数制定了一个划分贫富的标准，如表 16－10。

表 16－10　　　　　　　　　　**联合国划分贫富标准**

恩格尔系数	生活水平
30％以下	最富裕
30％～40％	富裕
40％～50％	小康水平
50％～60％	勉强度日
60％以上	绝对贫困

此外，恩格尔系数在某种程度上也能反映出一个国家的生产能力及经济状况。通常情况下，收入的增加（排除物价上涨因素）意味着生产有了发展，经济状况处于好转或上升状态。

本章小结

本章主要介绍国外居民收入与消费统计。国外对居民的收入与消费统计，历史悠久，不论在宏观国民经济管理，还是在微观商务管理活动中都起着十分重要的参考作用。而在我国是于 20 世纪 80 年代中后期，随着改革开放的深入进行，才开始逐步进行统计和完善的。本章主要介绍了国外居民的收入与消费统计。居民家计调查的作用、方法、项目；居民收入分配的含义、分类；居民收入分配的平均程度测定方法；洛伦茨曲线、基尼系数、贫困线统计。国外居民消费方面的统计主要包括：居民消费价格指数统计方法、作用；居民货币购买力指数的计算方法；居民消费结构分析、恩格尔法则、恩格尔系数等。

本章重点名词

家计调查　可支配收入　非消费支出　洛伦茨曲线　基尼系数　贫困线统计
消费价格指数　货币购买力指数　恩格尔法则　恩格尔系数

本章思考题与习题

1. 什么是居民家计调查？居民家计调查的对象、方法和作用是什么？

2. 居民家计调查的调查项目主要有哪些？

3. 什么是居民收入分配？它的主要来源包括哪几方面？

4. 什么是居民可支配收入？

5. 居民收入水平分析主要是从哪几方面进行分析的？

6. 居民收入分配的平均程度用什么来测定的？

7. 什么是洛伦茨曲线？怎样用洛伦茨曲线来说明收入分配的平均程度？

8. 什么是基尼系数？

9. 西方经济统计中怎样划分贫困线？

10. 居民消费价格指数的含义是什么？它与生活费用指数、零售物价指数有什么差别？

11. 消费价格指数包括的项目有哪些？它的计算方法？

12. 消费价格指数的作用有哪些？

13. 什么是货币购买力？货币购买力指数与消费价格指数有什么关系？

14. 什么是恩格尔法则和恩格尔系数？

附录一

常用统计表（附表1—6）

附表1 　　　　　　　　　二项分布累积概率表

n	x	.05	.01	.15	.20	.25	.30	.35	.40	.45	.50
3	0	.8574	.7290	.6141	.5120	.4219	.3430	.2746	.2160	.1664	.1250
	1	.9928	.9720	.9393	.8960	.8438	.7840	.7183	.6480	.5748	.5000
	2	.9999	.9990	.9966	.9920	.9844	.9730	.9571	.9360	.9089	.8570
	3	1.0000	1.0000	1.0000	1.0000	1.0000	1.0000	1.0000	1.0000	1.0000	1.0000
4	0	.8145	.6561	.5220	.4096	.3164	.2401	.1785	.1296	.0915	.0625
	1	.9860	.9477	8905	.8192	.7383	.6517	.5630	.4752	.3910	.3125
	2	.9995	.9963	.9880	.9728	.9492	.9163	.8735	.8208	.7585	.6875
	3	1.0000	.9999	.9995	.9984	.9961	.9919	.9850	.9744	.9590	.9375
	4	1.0000	1.0000	1.0000	1.0000	1.0000	1.0000	1.0000	1.0000	1.0000	1.0000
5	0	.7738	.5905	.4437	.3277	.2373	.1681	.1160	.0778	.0503	.0313
	1	.9974	.9185	.8352	.7373	.6328	.5282	.4284	.3370	.2562	.1875
	2	.9988	.9914	.9734	.9421	.8965	.8369	.7648	.6826	.5931	.5000
	3	1.0000	.9995	.9978	.9933	.9844	.9692	.9460	.9130	.8688	.8125
	4	1.0000	1.0000	.9999	.9997	.9990	.9976	.9947	.9898	.9815	.9688
	5	1.0000	1.0000	1.0000	1.0000	1.0000	1.0000	1.0000	1.0000	1.0000	1.0000
6	0	.7351	.5314	.3771	.2621	.1780	.1176	.0754	.0467	.0277	.0156
	1	.9672	.8857	.7765	.6554	.5339	.4202	.3191	.2333	.1636	.1094
	2	.9978	.9842	.9527	.9011	.8306	.7443	.6471	.5443	.4415	.3438

						p					
n	x	.05	.01	.15	.20	.25	.30	.35	.40	.45	.50
	3	.9999	.9987	.9941	.9830	.9624	.9295	.8826	.8208	.7447	.6563
	4	1.0000	.9999	.9996	.9984	.9954	.9891	9777	.9590	.9308	.8906
	5	1.0000	1.0000	1.0000	.9999	.9998	.9993	.9982	.9959	.9917	.9844
	6	1.0000	1.0000	1.0000	1.0000	1.0000	1.0000	1.0000	1.0000	1.0000	1.0000
7	0	.6983	.4783	.3206	.2097	.1335	.0824	.0490	.0280	.0152	.0078
	1	.9556	.8503	.7166	.5767	.4449	.3294	.2338	.1586	.1024	.0625
	2	.9962	.9743	.9262	.8520	.7564	.6471	.5323	.4199	.3164	.2266
	3	.9998	.9973	.9879	.9667	.9294	.8740	.8002	.7102	.6083	.5000
	4	1.0000	.9998	.9988	.9953	.9871	.9712	.9444	.9037	.9471	.7734
	5	1.0000	1.0000	.9999	.9996	.9987	.9962	.9910	.9812	.9643	.9375
	6	1.0000	1.0000	1.0000	1.0000	.9999	.9998	.9994	.9984	.9963	.9922
	7	1.0000	1.0000	1.0000	1.0000	1.0000	1.0000	1.0000	1.0000	1.0000	1.0000
8	0	.6634	.4305	.2725	.1678	.1001	.0576	.0319	.0168	.0084	.0039
	1	.9428	.8131	.6572	.5033	.3671	.2553	.1691	.1064	.0632	.0352
	2	.9942	.8619	.8948	.7969	.6785	.5518	.4278	.3154	.2201	.1445
	3	.9996	.9950	.9786	.9437	.8862	.8059	.7064	.5941	.4470	.3633
	4	1.0000	.9996	.9971	.9896	.9727	.9420	.8939	.8263	.7396	.6367
	5	1.0000	1.0000	.9998	.9988	.9958	.9887	.9747	.9502	.9115	.8555
	6	1.0000	1.0000	1.0000	.9999	.9996	.9987	.9964	.9915	.9819	.9648
	7	1.0000	1.0000	1.0000	1.0000	1.0000	.9999	.9998	.9993	.9983	.9961
	8	1.0000	1.0000	1.0000	1.0000	1.0000	1.0000	1.0000	1.0000	1.0000	1.0000
9	0	.6302	.3874	.2316	.1342	.0751	.0404	.0207	.0101	.0046	.0020
	1	.9288	.7748	.5995	.4362	.3003	.1960	.1211	.0705	.0385	.0195
	2	.9916	.9470	.8591	.7382	.6007	.4628	.3373	.2318	.1495	.0898
	3	.9994	.9917	.9661	.9144	.8343	.7297	.6089	.4826	.3614	.2539

n	x	.05	.01	.15	.20	.25	.30	.35	.40	.45	.50
						p					
	4	1.0000	.9991	.9944	.9804	.9511	.9012	.8283	.7334	.6214	.5000
	5	1.0000	.9999	.9994	.9969	.9900	.9747	.9464	.9006	.8342	.7461
	6	1.0000	1.0000	1.0000	.9997	.9987	.9957	.9888	.9750	.9502	.9102
	7	1.0000	1.0000	1.0000	1.0000	.9999	.9996	.9986	.9962	.9909	.9805
	8	1.0000	1.0000	1.0000	1.0000	1.0000	1.0000	.9999	.9997	.9992	.9980
	9	1.0000	1.0000	1.0000	1.0000	1.0000	1.0000	1.0000	1.0000	1.0000	1.0000
10	0	.5987	.3487	.1969	.1074	.0563	.0282	.0135	.0060	.0025	.0010
	1	.9139	.7361	.5443	.3758	.2240	.1493	.0860	.0464	.0233	.0107
	2	.9885	.9298	.8202	.6778	.5256	.3828	.2616	.1673	.0996	.0547
	3	.9990	.9872	.9500	.8791	.7759	.6496	.5138	.3823	.2660	.1719
	4	.9999	.9984	.9901	.9672	.9219	.8497	.7515	.6331	.5044	.3770
	5	1.0000	.9999	.9986	.9936	.9803	.9527	.9051	.8338	.7384	.6230
	6	1.0000	1.0000	.9999	.9991	.9965	.9894	.9740	.9452	.8980	.8281
	7	1.0000	1.0000	1.0000	.9999	.9996	.9984	.9952	.9877	.9726	.9453
	8	1.0000	1.0000	1.0000	1.0000	1.0000	.9999	.9995	.9983	.9955	.9893
	9	1.0000	1.0000	1.0000	1.0000	1.0000	1.0000	1.0000	.9999	.9997	.9990
	10	1.0000	1.0000	1.0000	1.0000	1.0000	1.0000	1.0000	1.0000	1.0000	1.0000
11	0	.5688	.3138	.1673	.0859	.0422	.0198	.0088	.0036	.0014	.0005
	1	.8981	.6974	.1922	.3221	.1971	.1130	.0606	.0302	.0139	.0059
	2	.9848	.9104	.7788	.6174	.4552	.3127	.2001	.1189	.0652	.0327
	3	.9984	.9815	.9306	.8389	.7133	.5696	.4256	.2963	.1911	.1133
	4	.9999	.9972	.9841	.9496	.8854	.7897	.6683	.5328	.3971	.2744
	5	1.0000	.9997	.9973	.9883	.9657	.9218	.8513	.7535	.6331	.5000
	6	1.0000	1.0000	.9997	.9980	.9924	.9784	.9499	.9006	.8262	.7256
	7	1.0000	1.0000	1.0000	.9998	.9988	.9957	.9878	.9707	.9390	.8867

n	x	.05	.01	.15	.20	.25	.30	.35	.40	.45	.50
						p					
	8	1.0000	1.0000	1.0000	1.0000	.9999	.9994	.9980	.9941	.9852	.9673
	9	1.0000	1.0000	1.0000	1.0000	1.0000	1.0000	.9998	.9993	.9978	.9941
	10	1.0000	1.0000	1.0000	1.0000	1.0000	1.0000	1.0000	1.0000	.9998	.9995
	11	1.0000	1.0000	1.0000	1.0000	1.0000	1.0000	1.0000	1.0000	1.0000	1.0000
12	0	.5404	.2824	.1422	.0687	.0317	.0138	.0057	.0022	.0008	.0002
	1	.8816	.6590	.4435	.2749	.1584	.0850	.0424	.0196	.0083	.0032
	2	.9804	.8891	.7358	.5583	.3907	.2528	.1513	.0834	.0421	.0193
	3	.9978	.9744	.9078	.7946	.6488	.4925	.3467	.2253	.1345	.0730
	4	.9998	.9957	.9761	.9274	.8424	.7237	.5833	.4382	.3044	.1938
	5	1.0000	.9995	.9954	.9806	.9456	.8822	.7873	.6652	.5269	.3872
	6	1.0000	.9999	.9993	.9961	.9857	.9614	.9154	.8418	.7393	.6128
	7	1.0000	1.0000	.9999	.9994	.9972	.9905	.9745	.9427	.8883	.8062
	8	1.0000	1.0000	1.0000	.9999	.9996	.9983	.9944	.9847	.9644	.9270
	9	1.0000	1.0000	1.0000	1.0000	1.0000	.9998	.9992	.9972	.9921	.9807
	10	1.0000	1.0000	1.0000	1.0000	1.0000	1.0000	.9999	.9997	.9989	.9968
	11	1.0000	1.0000	1.0000	1.0000	1.0000	1.0000	1.0000	1.0000	.9999	.9998
	12	1.0000	1.0000	1.0000	1.0000	1.0000	1.0000	1.0000	1.0000	1.0000	1.0000

附表 2　　　　　　**标准正态分布**

（表内数字表示在分布曲线下从 0 到 Z 的面积）

Z	0.00	0.01	0.02	0.03	0.04	0.05	0.06	0.07	0.08	0.09
0.0	0.0000	0.0040	0.0080	0.0120	0.0160	0.0199	0.0239	0.0279	0.0319	0.0359
0.1	0.0398	0.0438	0.0478	0.0517	0.0557	0.0596	0.0636	0.0675	0.0714	0.0753
0.2	0.0793	0.0832	0.0871	0.0910	0.0948	0.0987	0.1026	0.1064	0.1103	0.1141
0.3	0.1179	0.1217	0.1255	0.1293	0.1331	0.1368	0.1406	0.1443	0.1480	0.1517

Z	0.00	0.01	0.02	0.03	0.04	0.05	0.06	0.07	0.08	0.09
0.4	0.1554	0.1591	0.1628	0.1664	0.1700	0.1736	0.1772	.1808	0.1844	0.1879
0.5	0.1915	0.1950	0.1985	0.2019	0.2054	0.2088	0.2123	0.2157	0.2190	0.2224
0.6	0.2257	0.2291	0.2324	0.2357	0.2389	0.2422	0.2454	0.2486	0.2518	0.2549
0.7	0.2580	0.2612	0.2642	0.2673	0.2704	0.2734	0.2764	0.2794	0.2823	0.2852
0.8	0.2881	0.2910	0.2939	0.2967	0.2995	0.3023	0.3051	0.3078	0.3106	0.3133
0.9	0.3159	0.3186	0.3212	0.3238	0.3264	0.3289	0.3315	0.3340	0.3365	0.3389
1.0	0.3413	0.3438	0.3461	0.3485	0.3508	0.3531	0.3554	0.3577	0.3599	0.3621
1.1	0.3643	0.3665	0.3680	0.3708	0.3729	0.3749	0.3770	0.3790	0.3810	0.3830
1.2	0.3849	0.3869	0.3888	0.3907	0.3925	0.3944	0.3962	0.3980	0.3997	0.4015
1.3	0.4032	0.4049	0.4066	0.4082	0.4099	0.4115	0.4131	0.4147	0.4162	0.4177
1.4	0.4192	0.4207	0.4222	0.4236	0.4251	0.4265	0.4279	0.4292	0.4306	0.4319
1.5	0.4332	0.4345	0.4357	0.4370	0.4382	0.4394	0.4406	0.4418	0.4429	0.4441
1.6	0.4452	0.4463	0.4474	0.4484	0.4495	0.4505	0.4515	0.4525	0.4535	0.4545
1.7	0.4554	0.4564	0.4573	0.4582	0.4591	0.4599	0.4608	0.4616	0.4625	0.4633
1.8	0.4641	0.4649	0.4656	0.4664	0.4671	0.4678	0.4686	0.4693	0.4699	0.4706
1.9	0.4713	0.4719	0.4726	0.4732	0.4738	0.4744	0.4750	0.4756	0.4761	0.4767
2.0	0.4772	0.4778	0.4783	0.4788	0.4793	0.4798	0.4803	0.4808	0.4812	0.4817
2.1	0.4821	0.4826	0.4830	0.4834	0.4838	0.4842	0.4846	0.4850	0.4854	0.4857
2.2	0.4861	0.4864	0.4868	0.4871	0.4875	0.4878	0.4881	0.4884	0.4887	0.4890
2.3	0.4893	0.4896	0.4898	0.4901	0.4904	0.4906	0.4909	0.4911	0.4913	0.4916
2.4	0.4918	0.4920	0.4922	0.4925	0.4927	0.4929	0.4931	0.4932	0.4934	0.4936
2.5	0.4938	0.4940	0.4941	0.4943	0.4945	0.4946	0.4948	0.4949	0.4951	0.4952
2.6	0.4953	0.4955	0.4956	0.4957	0.4959	0.4960	0.4961	0.4962	0.4963	0.4964
2.7	0.4965	0.4966	0.4967	0.4968	0.4969	0.4970	0.4971	0.4972	0.4973	0.4974
2.8	0.4974	0.4975	0.4976	0.4977	0.4977	0.4978	0.4979	0.4979	0.4980	0.4981
2.9	0.4981	0.4982	0.4982	0.4983	0.4984	0.4984	0.4985	0.4985	0.4986	0.4986

续 表

Z	0.00	0.01	0.02	0.03	0.04	0.05	0.06	0.07	0.08	0.09
3.0	0.4986	0.4987	0.4987	0.4988	0.4988	0.4989	0.4989	0.4989	0.4990	0.4990
3.1	0.4990	0.4991	0.4991	0.4991	0.4992	0.4992	0.4992	0.4992	0.4993	0.4993
3.2	0.4993	0.4993	0.4994	0.4994	0.4994	0.4994	0.4994	0.4995	0.4995	0.4995
3.3	0.4995	0.4995	0.4995	0.4996	0.4996	0.4996	0.4996	0.4996	0.4996	0.4997
3.4	0.4997	0.4997	0.4997	0.4997	0.4997	0.4997	0.4997	0.4997	0.4998	0.4998
3.5	0.4998	0.4998	0.4998	0.4998	0.4998	0.4998	0.4998	0.4998	0.4998	0.4998
3.6	0.4998	0.4998	0.4999	0.4999	0.4999	0.4999	0.4999	0.4999	0.4999	0.4999
3.7	0.4999	0.4999	0.4999	0.4999	0.4999	0.4999	0.4999	0.4999	0.4999	0.4999
3.8	0.4999	0.4999	0.4999	0.4999	0.4999	0.4999	0.4999	0.5000	0.5000	0.5000
3.9	0.5000	0.5000	0.5000	0.5000	0.5000	0.5000	0.5000	0.5000	0.5000	0.5000

附表 3   **t 分 布**

（df 为自由度，α 为显著性水平，表心数字表示分布的双尾面积为 α 时的 t 值）

df	α								df
	.20	.10	.05	.025	.02	.01	.005	.001	
1	3.078	6.314	12.706	25.452	31.821	63.657	127.320	636.619	1
2	1.886	2.920	4.303	6.205	6.965	9.925	14.089	31.589	2
3	1.638	2.352	3.182	4.176	4.541	5.841	7.453	12.941	3
4	1.533	2.132	2.776	3.495	3.747	4.604	5.598	8.610	4
5	1.476	2.015	2.571	3.163	3.365	4.32	4.773	6.859	5
6	1.440	1.943	2.447	2.969	3.143	3.707	4.317	5.959	6
7	1.415	1.895	2.365	2.841	2.998	3.499	4.029	5.45	7
8	1.397	1.860	2.306	2.752	2.896	3.355	3.832	5.041	8
9	1.383	1.833	2.262	2.685	2.821	3.250	3.690	4.781	9
10	1.372	1.812	2.228	2.634	2.764	3.169	3.581	4.587	10
11	1.363	1.796	2.201	2.593	2.718	3.106	3.497	4.437	11

df	α								df
	.20	.10	.05	.025	.02	.01	.005	.001	
12	1.356	1.782	2.179	2.560	2.681	3.055	3.428	4.318	12
13	1.350	1.771	2.160	2.533	2.650	3.012	3.372	4.221	13
14	1.345	1.761	2.145	2.510	2.624	2.977	3.326	4.410	14
15	1.341	1.753	2.131	2.490	2.602	2.947	3.286	4.073	15
16	1.337	1.746	2.120	2.473	2.583	2.921	3.252	4.015	16
17	1.333	1.740	2.110	2.458	2.567	2.898	3.222	3.965	17
18	1.330	1.734	2.101	2.445	2.552	2.878	3.197	3.992	18
19	1.328	1.729	2.093	2.433	2.539	2.861	3.174	3.883	19
20	1.325	1.725	2.086	2.423	2.528	2.845	3.153	3.850	20
21	1.323	1.721	2.080	2.414	2.518	2.831	3.135	3.819	21
22	1.321	1.717	2.074	2.406	2.508	2.819	3.119	3.792	22
23	1.319	1.714	2.069	2.398	2.500	2.807	3.104	3.767	23
24	1.318	1.711	2.064	2.391	2.492	2.797	3.090	3.745	24
25	1.316	1.708	2.060	2.385	2.485	2.787	3.078	3.725	25
26	1.315	1.706	2.056	2.379	2.479	2.779	3.067	3.707	26
27	1.314	1.703	2.054	2.373	2.473	2.771	3.056	3.690	27
28	1.313	1.701	2.048	2.368	2.467	2.763	3.047	3.674	28
29	1.311	1.699	2.045	2.364	2.462	2.756	3.038	3.659	29
30	1.310	1.697	2.042	2.360	2.457	2.750	3.030	3.646	30
40	1.303	1.684	2.021	2.329	2.423	2.704	2.971	3.551	40
60	1.296	1.671	2.000	2.299	2.390	2.660	2.915	3.460	60
120	1.289	1.658	1.980	2.270	2.358	2.617	2.860	3.373	120
∞	1.282	1.645	1.960	2.241	2.326	2.576	2.807	3.291	∞

附表 4

泊松分布表

$$P(X=x) = \frac{\lambda^x}{x!}e^{-\lambda}$$

x	0.1	0.2	0.3	0.4	0.5	0.6	0.7	0.8	0.9	1.0	1.5	2.0	2.5	3.0	3.5	4.0	4.5	5.0	6.0	7.0	8.0	9.0	10.0
0	.904 837	.818 731	.740 818	.670 320	.606 531	.548 812	.496 585	.449 329	.406 570	.367 879	.223 130	.135 335	.082 085	.049 787	.030 197	.018 316	.011 109	.006 738	.002 479	.000 912	.000 335	.000 123	.000 045
1	.090 484	.163 746	.222 245	.268 128	.303 265	.329 287	.347 610	.359 463	.365 913	.367 879	.334 695	.270 671	.205 212	.149 361	.105 691	.073 263	.049 990	.033 690	.014 873	.006 383	.002 684	.001 111	.000 454
2	.004 524	.016 375	.033 337	.053 626	.075 816	.098 786	.121 663	.143 785	.164 661	.183 940	.251 021	.270 671	.256 516	.224 042	.184 959	.146 525	.112 479	.084 224	.044 618	.022 341	.010 735	.004 998	.002 270
3	.000 151	.001 092	.003 334	.007 150	.012 636	.019 757	.028 388	.038 343	.049 398	.061 313	.125 510	.180 447	.213 763	.224 042	.215 785	.195 367	.168 718	.140 374	.089 235	.052 129	.028 626	.014 994	.007 567
4	.000 004	.000 055	.000 250	.000 715	.001 580	.002 964	.004 968	.007 669	.011 115	.015 328	.047 067	.090 224	.133 602	.168 031	.188 812	.195 367	.189 808	.175 467	.133 853	.091 226	.057 252	.033 737	.018 917
5		.000 002	.000 015	.000 057	.000 158	.000 356	.000 696	.001 227	.002 001	.003 066	.014 120	.036 089	.066 801	.100 819	.132 169	.156 293	.170 827	.175 467	.160 623	.127 717	.091 604	.060 727	.037 833
6			.000 001	.000 004	.000 013	.000 036	.000 081	.000 164	.000 300	.000 511	.003 530	.012 030	.027 834	.050 409	.077 098	.104 196	.128 120	.146 223	.160 623	.149 003	.122 138	.091 090	.063 055
7					.000 001	.000 003	.000 008	.000 019	.000 039	.000 073	.000 756	.003 437	.009 941	.021 604	.038 549	.059 540	.082 363	.104 445	.137 677	.149 003	.139 587	.117 116	.090 079
8							.000 001	.000 002	.000 004	.000 009	.000 142	.000 859	.003 106	.008 102	.016 865	.029 770	.046 329	.065 278	.103 258	.130 377	.139 587	.131 756	.112 599
9										.000 001	.000 024	.000 191	.000 863	.002 701	.006 559	.013 231	.023 165	.036 266	.068 838	.101 405	.124 077	.131 756	.125 110
10											.000 004	.000 038	.000 216	.000 810	.002 296	.005 292	.010 424	.018 133	.041 303	.070 983	.099 262	.118 580	.125 110
11												.000 007	.000 049	.000 221	.000 730	.001 925	.004 264	.008 242	.022 529	.045 171	.072 190	.097 020	.113 736
12												.000 001	.000 010	.000 055	.000 213	.000 642	.001 599	.003 434	.011 264	.026 350	.048 127	.072 765	.094 780
13													.000 002	.000 013	.000 057	.000 197	.000 554	.001 321	.005 199	.014 188	.029 616	.050 376	.072 908
14														.000 003	.000 014	.000 056	.000 178	.000 472	.002 228	.007 094	.016 924	.032 384	.052 077
15														.000 001	.000 003	.000 015	.000 053	.000 157	.000 891	.003 311	.009 026	.019 431	.034 718
16															.000 001	.000 004	.000 015	.000 049	.000 334	.001 448	.004 513	.010 930	.021 699
17																.000 001	.000 004	.000 015	.000 118	.000 596	.002 124	.005 786	.012 764
18																	.000 001	.000 004	.000 039	.000 232	.000 944	.002 893	.007 091
19																		.000 001	.000 012	.000 085	.000 397	.001 370	.003 732
20																			.000 004	.000 030	.000 159	.000 617	.001 866
21																			.000 001	.000 010	.000 061	.000 264	.000 889
22																				.000 003	.000 022	.000 108	.000 404
23																				.000 001	.000 008	.000 042	.000 176
24																					.000 003	.000 016	.000 073
25																					.000 001	.000 006	.000 029
26																						.000 002	.000 011
27																						.000 001	.000 004
28																							.000 001
29																							.000 001

附表 5

χ^2 分布表

$$P\{(\chi^2)(n) > Z^2_\alpha(n)\} = \alpha$$

n	$\alpha=0.995$	0.99	0.975	0.95	0.90	0.75	0.25	0.10	0.05	0.025	0.01	0.005
1	—	—	0.001	0.004	0.016	0.102	1.323	2.706	3.841	5.024	6.635	7.879
2	0.010	0.020	0.051	0.103	0.211	0.575	2.773	4.605	5.991	7.378	9.210	10.597
3	0.072	0.115	0.216	0.352	0.584	1.213	4.108	6.251	7.815	9.348	11.345	12.838
4	0.207	0.297	0.484	0.711	1.064	1.923	5.385	7.779	9.488	11.143	13.277	14.806
5	0.412	0.554	0.831	1.145	1.610	2.675	6.626	9.236	11.072	12.833	15.086	16.750
6	0.676	0.872	1.237	1.635	2.204	3.455	7.841	10.645	12.592	14.449	16.812	18.548
7	0.989	1.239	1.690	2.167	2.833	4.255	9.037	12.017	14.067	16.013	18.475	20.278
8	1.344	1.646	2.180	2.733	3.490	5.071	10.219	13.362	15.507	17.535	20.090	21.955
9	1.735	2.088	2.700	3.325	4.168	5.899	11.389	14.684	16.919	19.023	21.666	23.589
10	2.156	2.558	3.247	3.940	4.865	6.737	12.549	15.987	18.307	20.483	23.209	25.188
11	2.603	3.053	3.815	4.575	5.578	7.584	13.701	17.275	19.675	21.920	24.725	26.757
12	3.047	3.571	4.404	5.226	6.304	8.438	14.845	18.549	21.026	23.337	26.217	28.299
13	3.565	4.107	5.009	5.892	7.042	9.299	15.984	19.812	22.362	24.736	27.688	29.819
14	4.075	4.660	5.629	6.571	7.790	10.165	17.117	21.064	23.685	26.119	29.141	31.319
15	4.601	5.229	6.262	7.261	8.547	10.037	18.245	22.307	24.996	27.488	30.578	32.801

$\chi^2\alpha(n)$

续 表

n	α=0.995	0.99	0.975	0.95	0.90	0.75	0.25	0.10	0.05	0.025	0.01	0.005
16	5.142	5.812	6.908	7.962	9.312	11.912	19.369	23.542	26.296	28.845	32.000	34.267
17	5.697	6.408	7.564	8.672	10.085	12.792	20.489	24.769	27.587	30.191	33.409	35.718
18	6.265	7.015	8.231	9.390	10.865	13.675	21.605	25.989	28.869	31.526	34.805	37.156
19	6.844	7.633	8.907	10.117	11.651	14.562	22.718	27.204	30.144	32.852	36.191	38.582
20	7.434	8.260	9.591	10.851	12.443	15.452	23.828	28.412	31.410	34.170	37.566	39.997
21	8.034	8.897	10.283	11.591	13.240	16.344	24.935	29.615	32.671	35.479	38.932	41.401
22	8.643	9.542	10.982	12.338	14.042	17.240	26.039	30.813	33.924	36.781	40.289	42.796
23	9.260	10.196	11.689	13.091	14.848	18.137	27.141	32.007	35.172	38.076	41.638	44.181
24	9.886	10.856	12.401	13.848	15.659	19.037	28.241	33.196	36.415	39.364	42.980	45.559
25	10.520	11.524	13.120	14.611	16.473	19.939	29.339	34.382	37.652	40.646	44.314	46.928
26	11.160	12.198	13.844	15.379	17.292	20.843	30.435	35.563	38.885	41.923	45.642	48.290
27	11.808	12.879	14.573	16.151	18.114	21.749	31.528	36.741	40.113	43.194	46.963	49.645
28	12.461	13.565	15.308	16.928	18.939	22.657	32.620	37.916	41.337	44.461	48.278	50.993
29	13.121	14.257	16.047	17.708	19.768	23.567	33.711	39.087	42.557	45.722	49.588	52.336
30	13.787	14.954	16.791	18.493	20.599	24.478	34.800	40.256	43.773	46.949	50.892	53.672
31	14.458	15.655	17.539	19.281	21.434	25.390	35.887	41.422	44.985	48.232	52.191	55.003
32	15.134	16.362	18.291	20.072	22.271	26.304	36.973	42.585	46.194	49.480	53.486	56.328
33	15.815	17.074	19.047	20.867	23.110	27.219	38.058	43.745	47.400	50.725	54.776	57.648

续 表

n	α＝0.995	0.99	0.975	0.95	0.90	0.75	0.25	0.10	0.05	0.025	0.01	0.005
34	16.501	17.789	19.806	21.664	23.952	28.136	39.141	44.903	48.602	51.966	56.061	58.964
35	17.192	18.509	20.569	22.465	24.797	29.054	40.223	46.059	49.802	53.203	57.342	60.275
36	17.887	19.233	21.336	23.269	25.643	29.973	41.304	47.212	50.998	54.437	58.619	61.581
37	18.586	19.960	22.106	24.075	26.492	30.893	42.383	48.363	52.192	55.668	59.892	62.883
38	19.289	20.691	22.878	24.884	27.343	31.815	43.462	49.513	53.384	56.896	61.162	64.181
39	19.996	21.426	23.654	25.695	28.196	32.737	44.539	50.660	54.572	58.120	62.428	65.476
40	20.707	22.164	24.433	26.509	29.051	33.660	45.616	51.805	55.758	59.342	63.691	66.766
41	21.421	22.906	25.215	27.326	29.907	34.585	46.692	52.949	56.942	60.561	64.950	68.053
42	22.138	23.650	25.999	28.144	30.765	35.510	47.766	54.090	58.124	61.777	66.206	69.336
43	22.859	24.398	26.785	28.965	31.625	36.436	48.840	55.230	59.354	62.990	67.459	70.616
44	23.584	25.148	27.575	29.787	32.487	37.363	49.913	56.369	60.481	46.201	68.710	71.893
45	24.311	25.901	28.366	30.621	33.350	38.291	40.985	57.505	61.656	65.410	69.957	73.166

附表 6

F 分布表

$$P\{F(n_1,n_2) > F_a(n_1,n_2)\} = a$$

$$(\alpha = 0.10)$$

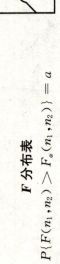

n_1 / n_2	1	2	3	4	5	6	7	8	9	10	12	15	20	24	30	40	60	120	∞
1	39.86	49.50	53.59	55.83	57.24	58.20	58.91	59.44	59.86	60.19	60.71	61.22	61.74	62.00	62.26	62.53	62.79	63.06	63.33
2	8.53	9.00	9.16	9.24	9.29	9.33	9.35	9.37	9.38	9.39	9.41	9.42	9.44	9.45	9.46	9.47	9.47	9.48	9.49
3	5.54	5.46	5.39	5.34	5.31	5.28	5.27	5.25	5.24	5.23	5.22	5.20	5.18	5.18	5.17	5.16	5.15	5.14	5.13
4	4.54	4.32	4.19	4.11	4.05	4.01	3.98	3.95	3.94	3.92	3.90	3.87	3.84	3.83	3.82	3.80	3.79	3.78	3.72
5	4.06	3.78	3.62	3.52	3.45	3.40	3.37	3.34	3.32	3.30	3.27	3.24	3.21	3.19	3.17	3.16	3.14	3.12	3.10
6	3.78	3.46	3.29	3.18	3.11	3.05	3.01	2.98	2.96	2.94	2.90	2.87	2.84	2.82	2.80	2.78	2.76	2.74	2.72
7	3.59	3.26	3.07	2.96	2.88	2.83	2.78	2.75	2.72	2.70	2.67	2.63	2.59	2.58	2.56	2.54	2.51	2.49	2.47
8	3.46	3.11	2.92	2.81	2.73	2.67	2.62	2.59	2.56	2.54	2.50	2.46	2.42	2.40	2.38	2.36	2.34	2.32	2.29
9	3.36	3.01	2.81	2.69	2.61	2.55	2.51	2.47	2.44	2.42	2.38	2.34	2.30	2.28	2.25	2.23	2.21	2.18	2.16
10	3.29	2.92	2.73	2.61	2.52	2.46	2.41	2.38	2.35	2.32	2.28	2.24	2.20	2.18	2.16	2.13	2.11	2.08	2.06
11	3.23	2.86	2.66	2.54	2.45	2.39	2.34	2.30	2.27	2.25	2.21	2.17	2.12	2.10	2.08	2.05	2.03	2.00	1.97
12	3.18	2.81	2.61	2.48	2.39	2.33	2.28	2.24	2.21	2.19	2.15	2.10	2.06	2.04	2.01	1.99	1.96	1.93	1.90
13	3.14	2.76	2.56	2.43	2.35	2.28	2.23	2.20	2.16	2.14	2.10	2.05	2.01	1.98	1.96	1.93	1.90	1.88	1.85
14	3.10	2.73	2.52	2.39	2.31	2.24	2.19	2.15	2.12	2.10	2.05	2.01	1.96	1.94	1.91	1.89	1.86	1.83	1.80

n_2 \ n_1	1	2	3	4	5	6	7	8	9	10	12	15	20	24	30	40	60	120	∞
15	3.07	2.70	2.49	2.36	2.27	2.21	2.16	2.12	2.09	2.06	2.02	1.97	1.92	1.90	1.87	1.85	1.82	1.79	1.76
16	3.05	2.67	2.46	2.33	2.24	2.18	2.13	2.09	2.06	2.03	1.99	1.94	1.89	1.87	1.84	1.81	1.78	1.75	1.72
17	3.03	2.64	2.44	2.31	2.22	2.15	2.10	2.06	2.03	2.00	1.96	1.91	1.86	1.84	1.81	1.78	1.75	1.72	1.69
18	3.01	2.62	2.42	2.29	2.20	2.13	2.08	2.04	2.00	1.98	1.93	1.89	1.84	1.81	1.78	1.75	1.72	1.69	1.66
19	2.99	2.61	2.40	2.27	2.18	2.11	2.06	2.02	1.98	1.96	1.91	1.86	1.81	1.79	1.76	1.73	1.70	1.67	1.63
20	2.97	2.59	2.38	2.25	2.16	2.09	2.04	2.00	1.96	1.94	1.89	1.84	1.79	1.77	1.74	1.71	1.68	1.64	1.61
21	2.96	2.57	2.36	2.23	2.14	2.08	2.02	1.98	1.95	1.92	1.87	1.83	1.78	1.75	1.72	1.69	1.66	1.62	1.59
22	2.95	2.56	2.35	2.22	2.13	2.06	2.01	1.97	1.93	1.90	1.86	1.81	1.76	1.73	1.70	1.67	1.64	1.60	1.57
23	2.94	2.55	2.34	2.21	2.11	2.05	1.99	1.95	1.92	1.89	1.84	1.80	1.74	1.72	1.69	1.66	1.62	1.59	1.55
24	2.93	2.54	2.33	2.19	2.10	2.04	1.98	1.94	1.91	1.88	1.83	1.78	1.73	1.70	1.67	1.64	1.61	1.57	1.53
25	2.92	2.53	2.32	2.18	2.09	2.02	1.97	1.93	1.89	1.87	1.82	1.77	1.72	1.69	1.66	1.63	1.59	1.56	1.52
26	2.91	2.52	2.31	2.17	2.08	2.01	1.96	1.92	1.88	1.86	1.81	1.76	1.71	1.68	1.65	1.61	1.58	1.54	1.50
27	2.90	2.51	2.30	2.17	2.07	2.00	1.95	1.91	1.87	1.85	1.80	1.75	1.70	1.67	1.64	1.60	1.57	1.53	1.49
28	2.89	2.50	2.29	2.16	2.06	2.00	1.94	1.90	1.87	1.84	1.79	1.74	1.69	1.66	1.63	1.59	1.56	1.52	1.48
29	2.89	2.50	2.28	2.15	2.06	1.99	1.93	1.89	1.86	1.83	1.78	1.73	1.68	1.65	1.62	1.58	1.55	1.51	1.47
30	2.89	2.49	2.28	2.14	2.05	1.98	1.93	1.88	1.85	1.82	1.77	1.72	1.67	1.64	1.61	1.57	1.54	1.50	1.46
40	2.84	2.44	2.23	2.09	2.00	1.93	1.87	1.83	1.79	1.76	1.71	1.66	1.61	1.57	1.54	1.51	1.47	1.42	1.38
60	2.79	2.39	2.18	2.04	1.95	1.87	1.82	1.77	1.74	1.71	1.66	1.60	1.54	1.51	1.48	1.44	1.40	1.35	1.29
120	2.75	2.35	2.13	1.99	1.90	1.82	1.77	1.72	1.68	1.65	1.60	1.55	1.48	1.45	1.41	1.37	1.32	1.26	1.19
∞	2.71	2.30	2.08	1.94	1.85	1.77	1.72	1.67	1.65	1.63	1.55	1.49	1.42	1.38	1.34	1.30	1.24	1.17	1.00

续 表

$(\alpha = 0.05)$

n_2＼n_1	1	2	3	4	5	6	7	8	9	10	12	15	20	24	30	40	60	120	∞
1	161.40	199.50	215.70	224.60	230.20	234.00	236.80	238.90	240.50	241.90	243.90	245.9	248.0	249.1	250.1	251.1	252.3	253.3	254.3
2	18.51	19.00	19.16	19.25	19.30	19.33	19.35	19.37	19.38	19.40	19.41	19.43	19.45	19.45	19.46	19.47	19.48	19.49	19.50
3	10.13	9.55	9.28	9.12	9.01	8.94	8.89	8.85	8.81	8.79	8.74	8.70	8.66	8.64	8.62	8.59	8.57	8.55	8.53
4	7.71	6.94	6.59	6.39	6.26	6.16	6.09	6.04	6.00	5.96	5.91	5.86	5.80	5.77	5.75	5.72	5.69	5.66	5.63
5	6.61	5.79	5.41	5.19	5.05	4.95	4.88	4.82	4.77	4.74	4.68	4.62	4.56	4.53	4.50	4.46	4.43	4.40	4.36
6	5.99	5.14	4.76	4.53	4.39	4.28	4.21	4.15	4.10	4.06	4.00	3.94	3.87	3.84	3.81	3.77	3.74	3.70	3.67
7	5.59	4.74	4.35	4.12	3.97	3.87	3.79	3.73	3.68	3.64	3.57	3.51	3.44	3.41	3.38	3.34	3.30	3.27	3.23
8	5.32	4.46	4.07	3.84	3.69	3.58	3.50	3.44	3.39	3.35	3.28	3.22	3.15	3.12	3.08	3.04	3.01	2.97	2.93
9	5.12	4.26	3.86	3.63	3.48	3.37	3.29	3.23	3.18	3.14	3.07	3.01	2.94	2.90	2.86	2.83	2.79	2.75	2.71
10	4.96	4.10	3.71	3.48	3.33	3.22	3.14	3.07	3.02	2.98	2.91	2.85	2.77	2.74	2.70	2.66	2.62	2.58	2.54
11	4.84	3.98	3.59	3.36	3.20	3.09	3.01	2.95	2.90	2.85	2.79	2.72	2.65	2.61	2.57	2.53	2.49	2.45	2.40
12	4.75	3.89	3.49	3.26	3.11	3.00	2.91	2.85	2.80	2.75	2.69	2.62	2.54	2.51	2.47	2.43	2.38	2.34	2.30
13	4.67	3.81	3.41	3.18	3.03	2.92	2.83	2.77	2.71	2.67	2.60	2.53	2.46	2.42	2.38	2.34	2.30	2.25	2.21
14	4.60	3.74	3.34	3.11	2.96	2.85	2.76	2.70	2.65	2.60	2.53	2.46	2.39	2.35	2.31	2.27	2.22	2.18	2.13
15	4.54	3.68	3.29	3.06	2.90	2.79	2.71	2.64	2.59	2.54	2.48	2.40	2.33	2.29	2.25	2.20	2.16	2.11	2.07
16	4.49	3.63	3.24	3.01	2.85	2.74	2.66	2.59	2.54	2.49	2.42	2.35	2.28	2.24	2.19	2.15	2.11	2.06	2.01
17	4.45	3.59	3.20	2.96	2.81	2.70	2.61	2.55	2.49	2.45	2.38	2.31	2.23	2.19	2.15	2.10	2.06	2.01	1.96
18	4.41	3.55	3.16	2.93	2.77	2.66	2.58	2.51	2.46	2.41	2.34	2.27	2.19	2.15	2.11	2.06	2.02	1.97	1.92
19	4.38	3.52	3.13	2.90	2.74	2.63	2.54	2.48	2.42	2.38	2.31	2.23	2.16	2.11	2.07	2.03	1.98	1.93	1.88

续表

$n_2 \backslash n_1$	1	2	3	4	5	6	7	8	9	10	12	15	20	24	30	40	60	120	∞
20	4.35	3.49	3.10	2.87	2.71	2.60	2.51	2.45	2.39	2.35	2.28	2.20	2.12	2.08	2.04	1.99	1.95	1.90	1.84
21	4.32	3.47	3.07	2.84	2.68	2.57	2.49	2.42	2.37	2.32	2.25	2.18	2.10	2.05	2.01	1.96	1.92	1.87	1.81
22	4.30	3.44	3.05	2.82	2.66	2.55	2.46	2.40	2.34	2.30	2.23	2.15	2.07	2.03	1.98	1.94	1.89	1.84	1.78
23	4.28	3.42	3.03	2.80	2.64	2.53	2.44	2.37	2.32	2.27	2.20	2.13	2.05	2.01	1.96	1.91	1.86	1.81	1.76
24	4.26	3.40	3.01	2.78	2.62	2.51	2.42	2.36	2.30	2.25	2.18	2.11	2.03	1.98	1.94	1.89	1.84	1.79	1.73
25	4.24	3.39	2.99	2.76	2.60	2.49	2.40	2.34	2.28	2.24	2.16	2.09	2.01	1.96	1.92	1.87	1.82	1.77	1.71
26	4.23	3.37	2.98	2.74	2.59	2.47	2.39	2.32	2.27	2.22	2.15	2.07	1.99	1.95	1.90	1.85	1.80	1.75	1.69
27	4.21	3.35	2.96	2.73	2.57	2.46	2.37	2.31	2.25	2.20	2.13	2.06	1.97	1.93	1.88	1.84	1.79	1.73	1.67
28	4.20	3.34	2.95	2.71	2.56	2.45	2.36	2.29	2.24	2.19	2.12	2.04	1.96	1.91	1.87	1.82	1.77	1.71	1.65
29	4.18	3.33	2.93	2.70	2.55	2.43	2.35	2.28	2.22	2.18	2.10	2.03	1.94	1.90	1.85	1.81	1.75	1.70	1.64
30	4.17	3.32	2.92	2.69	2.53	2.42	2.33	2.27	2.21	2.16	2.09	2.01	1.93	1.89	1.84	1.79	1.74	1.68	1.62
40	4.08	3.23	2.84	2.61	2.45	2.34	2.25	2.18	2.12	2.08	2.00	1.92	1.84	1.79	1.74	1.69	1.64	1.58	1.51
60	4.00	3.15	2.76	2.53	2.37	2.25	2.17	2.10	2.04	1.99	1.92	1.84	1.75	1.70	1.65	1.59	1.53	1.47	1.39
120	3.92	3.07	2.68	2.45	2.29	2.17	2.09	2.02	1.96	1.91	1.83	1.75	1.66	1.61	1.55	1.50	1.43	1.35	1.25
∞	3.84	3.00	2.60	2.37	2.21	2.10	2.01	1.94	1.88	1.83	1.75	1.67	1.57	1.52	1.46	1.39	1.32	1.22	1.00
1	647.8	799.5	864.2	899.6	921.8	937.1	948.2	956.7	963.3	968.6	976.7	984.9	993.1	997.2	1001	1006	1010	1014	1018
2	38.51	39.00	39.17	39.25	39.30	39.33	39.36	39.37	39.39	39.40	39.41	39.43	39.45	39.46	39.46	39.47	39.48	39.49	39.50
3	17.44	16.04	15.44	15.10	14.88	14.73	14.62	14.54	14.47	14.42	14.34	14.25	14.17	14.12	14.08	14.04	13.99	13.95	13.90
4	12.22	10.65	9.98	9.60	9.36	9.20	9.07	8.98	8.90	8.84	8.75	8.66	8.56	8.51	8.46	8.41	8.36	8.31	8.26

$(\alpha = 0.025)$

321

续表

n_1 / n_2	1	2	3	4	5	6	7	8	9	10	12	15	20	24	30	40	60	120	∞
5	10.01	8.43	7.76	7.39	7.15	6.98	6.85	6.76	6.68	6.62	6.52	6.34	6.33	6.28	6.22	6.18	6.12	6.07	6.02
6	8.81	7.26	6.60	6.23	5.99	5.82	5.70	5.60	5.52	5.46	5.37	5.27	5.17	5.12	5.07	5.01	4.96	4.90	4.85
7	8.07	6.54	5.89	5.52	5.29	5.12	4.99	4.90	4.82	4.76	4.67	4.57	4.47	4.42	4.36	4.31	4.25	4.20	4.14
8	7.57	6.06	5.42	5.05	4.82	4.65	4.53	4.43	4.36	4.30	4.20	4.10	4.00	3.95	3.89	3.84	3.78	3.73	3.67
9	7.21	5.71	5.08	4.72	4.48	4.32	4.20	4.10	4.03	3.96	3.87	3.77	3.67	3.61	3.56	3.51	3.45	3.39	3.33
10	6.94	5.46	4.83	4.47	4.24	4.07	3.95	3.85	3.78	3.72	3.62	3.52	3.42	3.37	3.31	3.26	3.20	3.14	3.08
11	6.72	5.26	4.63	4.28	4.04	3.88	3.76	3.66	3.59	3.53	3.43	3.33	3.23	3.17	3.12	3.06	3.00	2.94	2.88
12	6.55	5.10	4.47	4.12	3.89	3.73	3.61	3.51	3.44	3.37	3.28	3.18	3.07	3.02	2.96	2.91	2.85	2.79	2.72
13	6.41	4.97	4.35	4.00	3.77	3.60	3.48	3.39	3.31	3.25	3.15	3.05	2.95	2.89	2.84	2.78	2.72	2.66	2.60
14	6.30	4.86	4.24	3.89	3.66	3.50	3.38	3.29	3.21	3.15	3.05	2.95	2.84	2.79	2.73	2.67	2.61	2.55	2.49
15	6.20	4.77	4.15	3.80	3.58	3.41	3.29	3.20	3.12	3.06	2.96	2.86	2.76	2.70	2.64	2.59	2.52	2.46	2.40
16	6.12	4.69	4.08	3.73	3.50	3.34	3.22	3.12	3.05	2.99	2.89	2.79	2.68	2.63	2.57	2.51	2.45	2.38	2.32
17	6.04	4.62	4.01	3.66	3.44	3.28	3.16	3.06	2.98	2.92	2.82	2.72	2.62	2.56	2.50	2.44	2.38	2.32	2.25
18	5.98	4.56	3.95	3.61	3.38	3.22	3.10	3.01	2.93	2.87	2.77	2.67	2.56	2.50	2.44	2.38	2.32	2.26	2.19
19	5.92	4.51	3.90	3.56	3.33	3.17	3.05	2.96	2.88	2.82	2.72	2.62	2.51	2.45	2.39	2.33	2.27	2.20	2.13
20	5.87	4.46	3.86	3.51	3.29	3.13	3.01	2.91	2.84	2.77	2.68	2.57	2.46	2.41	2.35	2.29	2.22	2.16	2.09
21	5.83	4.42	3.82	3.48	3.25	3.09	2.97	2.87	2.80	2.73	2.64	2.53	2.42	2.37	2.31	2.25	2.18	2.11	2.04
22	5.79	4.38	3.78	3.44	3.22	3.05	2.93	2.84	2.76	2.70	2.60	2.50	2.39	2.33	2.27	2.21	2.14	2.08	2.00
23	5.75	4.35	3.75	3.41	3.18	3.02	2.90	2.81	2.73	2.67	2.57	2.47	2.36	2.30	2.24	2.18	2.11	2.04	1.97
24	5.72	4.32	3.72	3.38	3.15	2.99	2.87	2.78	2.70	2.64	2.54	2.44	2.33	2.27	2.21	2.15	2.08	2.01	1.94

续 表

n_2＼n_1	1	2	3	4	5	6	7	8	9	10	12	15	20	24	30	40	60	120	∞
25	5.69	4.29	3.69	3.35	3.13	2.97	2.85	2.75	2.68	2.61	2.51	2.41	2.30	2.24	2.18	2.12	2.05	1.98	1.91
26	5.66	4.27	3.67	3.33	3.10	2.94	2.82	2.73	2.65	2.59	2.49	2.39	2.28	2.22	2.16	2.09	2.03	1.95	1.88
27	5.63	4.24	3.65	3.31	3.08	2.92	2.80	2.71	2.63	2.57	2.47	2.36	2.25	2.19	2.13	2.07	2.00	1.93	1.85
28	5.61	4.22	3.63	3.29	3.06	2.90	2.78	2.69	2.61	2.55	2.45	2.34	2.23	2.17	2.11	2.05	1.98	1.91	1.83
29	5.59	4.20	3.61	3.27	3.04	2.88	2.76	2.67	2.59	2.53	2.43	2.32	2.21	2.15	2.09	2.03	1.96	1.89	1.81
30	5.57	4.18	3.59	3.25	3.03	2.87	2.75	2.65	2.57	2.51	2.41	2.31	2.20	2.14	2.07	2.01	1.94	1.87	1.79
40	5.42	4.05	3.46	3.13	2.90	2.74	2.62	2.53	2.45	2.39	2.29	2.18	2.07	2.01	1.94	1.88	1.80	1.72	1.64
60	5.29	3.93	3.34	3.01	2.79	2.63	2.51	2.41	2.33	2.27	2.17	2.06	1.94	1.88	1.82	1.74	1.67	1.58	1.48
120	5.15	3.80	3.23	2.89	2.67	2.52	2.39	2.30	2.22	2.16	2.05	1.94	1.82	1.76	1.69	1.61	1.53	1.43	1.31
∞	5.02	3.69	3.12	2.79	2.57	2.41	2.29	2.19	2.11	2.05	1.94	1.83	1.71	1.64	1.57	1.48	1.39	1.27	1.00

$(\alpha = 0.01)$

n_2＼n_1	1	2	3	4	5	6	7	8	9	10	12	15	20	24	30	40	60	120	∞
1	4052	4999.5	5403	5625	5764	5859	5928	5982	6022	6056	6106	6157	6209	6235	6261	6287	6313	6339	6366
2	98.50	99.00	99.17	99.25	99.30	99.33	99.36	99.37	99.39	99.40	99.42	99.43	99.45	99.46	99.47	99.47	99.48	99.49	99.50
3	34.12	30.82	29.46	28.71	28.24	27.91	27.67	27.49	27.35	27.23	27.05	26.87	26.69	26.60	26.50	26.41	26.32	26.22	26.13
4	21.20	18.00	16.69	15.98	15.52	15.21	14.98	14.80	14.66	14.55	14.37	14.20	14.02	13.93	13.84	13.75	13.65	13.56	13.46
5	16.26	13.27	12.06	11.39	10.97	10.67	10.46	10.29	10.16	10.05	9.89	9.72	9.55	9.47	9.38	9.29	9.20	9.11	9.02
6	13.75	10.92	9.78	9.15	8.75	8.47	8.26	8.10	7.98	7.87	7.72	7.56	7.40	7.31	7.23	7.14	7.06	6.97	6.88
7	12.25	9.55	8.45	7.85	7.46	7.19	6.99	6.84	6.72	6.62	6.47	6.31	6.16	6.07	5.99	5.91	5.82	5.74	5.65
8	11.26	8.65	7.59	7.01	6.63	6.37	6.18	6.03	5.91	5.81	5.67	5.52	5.36	5.28	5.20	5.12	5.03	4.95	4.86
9	10.56	8.02	6.99	6.42	6.06	5.80	5.61	5.47	5.35	5.26	5.11	4.96	4.81	4.73	4.65	4.57	4.48	4.40	4.31

续 表

n_1 \ n_2	1	2	3	4	5	6	7	8	9	10	12	15	20	24	30	40	60	120	∞
10	10.04	7.56	6.55	5.99	5.64	5.39	5.20	5.06	4.94	4.85	4.71	4.56	4.41	4.33	4.25	4.17	4.08	4.00	3.91
11	9.65	7.21	6.22	5.67	5.32	5.07	4.89	4.74	4.63	4.54	4.40	4.25	4.10	4.02	3.94	3.86	3.78	3.69	3.60
12	9.33	6.93	5.95	5.41	5.06	4.82	4.64	4.50	4.39	4.30	4.16	4.01	3.86	3.78	3.70	3.62	3.54	3.45	3.36
13	9.07	6.70	5.74	5.21	4.86	4.62	4.44	4.30	4.19	4.10	3.96	3.82	3.66	3.59	3.51	3.43	3.34	3.25	3.17
14	8.86	6.51	5.56	5.04	4.69	4.46	4.28	4.14	4.03	3.94	3.80	3.66	3.51	3.43	3.35	3.27	3.18	3.09	3.00
15	8.68	6.36	5.42	4.89	4.56	4.32	4.14	4.00	3.89	3.80	3.67	3.52	3.37	3.29	3.21	3.13	3.05	2.96	2.87
16	8.53	6.23	5.29	4.77	4.44	4.20	4.03	3.89	3.78	3.69	3.55	3.41	3.26	3.18	3.10	3.02	2.93	2.84	2.75
17	8.40	6.11	5.18	4.67	4.34	4.10	3.93	3.79	3.68	3.59	3.46	3.31	3.16	3.08	3.00	2.92	2.83	2.75	2.65
18	8.29	6.01	5.09	4.58	4.25	4.01	3.84	3.71	3.60	3.51	3.37	3.23	3.08	3.00	2.92	2.84	2.75	2.66	2.57
19	8.18	5.93	5.01	4.50	4.17	3.94	3.77	3.63	3.52	3.43	3.30	3.15	3.00	2.92	2.84	2.76	2.67	2.58	2.49
20	8.10	5.85	4.94	4.43	4.10	3.87	3.70	3.56	3.46	3.37	3.23	3.09	2.94	2.86	2.78	2.69	2.61	2.52	2.42
21	8.02	5.78	4.87	4.37	4.04	3.81	3.64	3.51	3.40	3.31	3.17	3.03	2.88	2.80	2.72	2.64	2.55	2.46	2.36
22	7.95	5.72	4.82	4.31	3.99	3.76	3.59	3.45	3.35	3.26	3.12	2.98	2.83	2.75	2.67	2.58	2.50	2.40	2.31
23	7.88	5.66	4.76	4.26	3.94	3.71	3.54	3.41	3.30	3.21	3.07	2.93	2.78	2.70	2.62	2.54	2.45	2.35	2.26
24	7.82	5.61	4.72	4.22	3.90	3.67	3.50	3.36	3.26	3.17	3.03	2.89	2.74	2.66	2.58	2.49	2.40	2.31	2.21
25	7.77	5.57	4.68	4.18	3.85	3.63	3.46	3.32	3.22	3.13	2.99	2.85	2.70	2.62	2.54	2.45	2.36	2.27	2.17
26	7.72	5.53	4.64	4.14	3.82	3.59	3.42	3.29	3.18	3.09	2.96	2.81	2.66	2.58	2.50	2.42	2.33	2.23	2.13
27	7.68	5.49	4.60	4.11	3.78	3.56	3.39	3.26	3.15	3.06	2.93	2.78	2.63	2.55	2.47	2.38	2.29	2.20	2.10
28	7.64	5.45	4.57	4.07	3.75	3.53	3.36	3.23	3.12	3.03	2.90	2.75	2.60	2.52	2.44	2.35	2.26	2.17	2.06
29	7.60	5.42	4.54	4.04	3.73	3.50	3.33	3.20	3.09	3.00	2.87	2.73	2.57	2.49	2.41	2.33	2.23	2.14	2.03

续表

$(\alpha = 0.005)$

n_2 \ n_1	1	2	3	4	5	6	7	8	9	10	12	15	20	24	30	40	60	120	∞
30	7.56	5.39	4.51	4.02	3.70	3.47	3.30	3.17	3.07	2.98	2.84	2.70	2.55	2.47	2.39	2.30	2.21	2.11	2.01
40	7.31	5.18	4.31	3.83	3.51	3.29	3.12	2.99	2.89	2.80	2.66	2.52	2.37	2.29	2.20	2.11	2.02	1.92	1.80
60	7.08	4.98	4.13	3.65	3.34	3.12	2.95	2.82	2.72	2.63	2.50	2.35	2.20	2.12	2.03	1.94	1.84	1.73	1.60
120	6.85	4.79	3.95	3.48	3.17	2.96	2.79	2.66	2.56	2.47	2.34	2.19	2.03	1.95	1.86	1.76	1.66	1.53	1.38
∞	6.63	4.61	3.78	3.32	3.02	2.80	2.64	2.51	2.41	2.32	2.18	2.04	1.88	1.79	1.70	1.59	1.47	1.32	1.00
1	16 211	20 000	21 615	22 500	23 056	23 437	23 715	23 925	24 091	24 224	24 426	24 630	24 836	24 940	25 044	25 148	25 253	25 359	25 465
2	198.5	199.0	199.2	199.2	199.3	199.3	199.4	199.4	199.4	199.4	199.4	199.4	199.4	199.5	199.5	199.5	199.5	199.5	199.5
3	55.55	49.80	47.47	46.19	45.39	44.84	44.44	44.13	43.88	43.69	43.39	43.08	42.78	42.62	42.47	42.31	42.15	41.99	41.83
4	31.33	26.28	24.26	23.15	22.46	21.97	21.62	21.35	21.14	20.97	20.76	20.44	20.17	20.03	19.89	19.75	19.61	19.47	19.32
5	22.78	18.31	16.53	15.56	14.94	14.51	14.20	13.96	13.77	13.62	13.38	13.15	12.90	12.78	12.66	12.53	12.40	12.27	12.14
6	18.63	14.54	12.92	12.03	11.46	11.07	10.79	10.57	10.39	10.25	10.03	9.81	9.59	9.47	9.36	9.24	9.12	9.00	8.88
7	16.24	12.40	10.88	10.05	9.52	9.16	8.89	8.68	8.51	8.38	8.18	7.97	7.75	7.65	7.53	7.42	7.31	7.19	7.08
8	14.69	11.04	9.60	8.81	8.30	7.95	7.69	7.50	7.34	7.21	7.01	6.81	6.61	6.50	6.40	6.29	6.18	6.06	5.95
9	13.61	10.11	8.72	7.96	7.47	7.13	6.88	6.69	6.54	6.42	6.23	6.03	5.83	5.73	5.62	5.52	5.41	5.30	5.19
10	12.83	9.43	8.08	7.34	6.87	6.54	6.30	6.12	5.97	5.85	5.66	5.47	5.27	5.17	5.07	4.97	4.86	4.75	4.64
11	12.23	8.91	7.60	6.88	6.42	6.10	5.86	5.68	5.54	5.42	5.24	5.05	4.86	4.76	4.65	4.55	4.44	4.34	4.23
12	11.75	8.51	7.23	6.52	6.07	5.76	5.52	5.35	5.20	5.09	4.91	4.72	4.53	4.43	4.33	4.23	4.12	4.01	3.90
13	11.37	8.19	6.93	6.23	5.79	5.48	5.25	5.08	4.94	4.82	4.64	4.46	4.27	4.17	4.07	3.97	3.87	3.76	3.65
14	11.06	7.92	6.68	6.00	5.56	5.26	5.03	4.86	4.72	4.60	4.43	4.25	4.06	3.96	3.86	3.76	3.66	3.55	3.44

续 表

n_1 \ n_2	1	2	3	4	5	6	7	8	9	10	12	15	20	24	30	40	60	120	∞
15	10.80	7.70	6.48	5.80	5.37	5.07	4.85	4.67	4.54	4.42	4.25	4.07	3.88	3.79	3.69	3.58	3.48	3.37	3.26
16	10.58	7.51	6.30	5.64	5.21	4.91	4.69	4.52	4.38	4.27	4.10	3.92	3.73	3.64	3.54	3.44	3.33	3.22	3.11
17	10.38	7.35	6.16	5.50	5.07	4.78	4.56	4.39	4.25	4.14	3.97	3.79	3.61	3.51	3.41	3.31	3.21	3.10	2.98
18	10.22	7.21	6.03	5.37	4.96	4.66	4.44	4.28	4.14	4.03	3.86	3.68	3.50	3.40	3.30	3.20	3.10	2.99	2.87
19	10.07	7.09	5.92	5.27	4.85	4.56	4.34	4.18	4.04	3.93	3.76	3.59	3.40	3.31	3.21	3.11	3.00	2.89	2.78
20	9.94	6.99	5.82	5.17	4.76	4.47	4.26	4.09	3.96	3.85	3.68	3.50	3.32	3.22	3.12	3.02	2.92	2.81	2.69
21	9.83	6.89	5.73	5.09	4.68	4.39	4.18	4.01	3.88	3.77	3.60	3.43	3.24	3.15	3.05	2.95	2.84	2.73	2.61
22	9.73	6.81	5.65	5.02	4.61	4.32	4.11	3.94	3.81	3.70	3.54	3.36	3.18	3.08	2.98	2.88	2.77	2.66	2.55
23	9.63	6.73	5.58	4.95	4.54	4.26	4.05	3.88	3.75	3.64	3.47	3.30	3.12	3.02	2.92	2.82	2.71	2.60	2.48
24	9.55	6.66	5.52	4.89	4.49	4.20	3.99	3.83	3.69	3.59	3.42	3.25	3.06	2.97	2.87	2.77	2.66	2.55	2.43
25	9.48	6.60	5.46	4.84	4.43	4.15	3.94	3.78	3.64	3.54	3.37	3.20	3.01	2.92	2.82	2.72	2.61	2.50	2.38
26	9.41	6.54	5.41	4.79	4.38	4.10	3.89	3.73	3.60	3.49	3.33	3.15	2.97	2.87	2.77	2.67	2.56	2.45	2.33
27	9.34	6.49	5.36	4.74	4.34	4.06	3.85	3.69	3.56	3.45	3.28	3.11	2.93	2.83	2.73	2.63	2.52	2.41	2.29
28	9.28	6.44	5.32	4.70	4.30	4.02	3.81	3.65	3.52	3.41	3.25	3.07	2.89	2.79	2.69	2.59	2.48	2.37	2.25
29	9.23	6.40	5.28	4.66	4.26	3.98	3.77	3.61	3.48	3.38	3.21	3.04	2.86	2.76	2.66	2.56	2.45	2.33	2.21
30	9.18	6.35	5.24	4.62	4.23	3.95	3.74	3.58	3.45	3.34	3.18	3.01	2.82	2.73	2.63	2.52	2.42	2.30	2.18
40	8.83	6.07	4.98	4.37	3.99	3.71	3.51	3.35	3.22	3.12	2.95	2.78	2.60	2.50	2.40	2.30	2.18	2.06	1.93
60	8.49	5.79	4.73	4.14	3.76	3.49	3.29	3.13	3.01	2.90	2.74	2.57	2.39	2.29	2.19	2.08	1.96	1.83	1.69
120	8.18	5.54	4.50	3.92	3.55	3.28	3.09	2.93	2.81	2.71	2.54	2.37	2.19	2.09	1.98	1.87	1.75	1.61	1.43
∞	7.88	5.30	4.28	3.72	3.35	3.09	2.90	2.74	2.62	2.52	2.36	2.19	2.00	1.90	1.79	1.67	1.53	1.36	1.00

续表

(α = 0.001)

n_2＼n_1	1	2	3	4	5	6	7	8	9	10	12	15	20	24	30	40	60	120	∞
1	4 053+	5 000+	5 404+	5 625+	5 764+	5 859+	5 929+	5 981+	6 023+	6 056+	6 107+	6 158+	6 209+	6 235+	6 261+	6 287+	6 313+	6 340+	6 366+
2	998.5	999.0	999.2	999.2	999.3	999.3	999.4	999.4	999.4	999.4	999.4	999.4	999.4	999.5	999.5	999.5	999.5	999.5	999.5
3	167.0	148.5	141.1	137.1	134.6	132.8	131.6	130.6	129.9	129.2	128.3	127.4	126.4	125.9	125.4	125.0	124.5	124.0	123.5
4	74.14	61.25	56.18	53.44	51.71	50.53	49.66	49.00	48.47	48.05	47.41	46.76	46.10	45.77	45.43	45.09	44.75	44.40	44.05
5	47.18	37.12	33.20	31.09	29.75	28.84	28.16	27.64	27.24	26.92	26.42	25.91	25.39	25.14	24.87	24.60	24.33	24.06	23.79
6	35.51	27.00	23.70	21.92	20.81	20.03	19.46	19.03	18.69	18.41	17.99	17.56	17.12	16.89	16.67	16.44	16.21	15.99	15.75
7	29.25	21.69	18.77	17.19	16.21	15.52	15.02	14.63	14.33	14.08	13.71	13.32	12.93	12.73	12.53	12.33	12.12	11.91	11.70
8	25.42	18.49	15.83	14.39	13.49	12.86	12.40	12.04	11.77	11.54	11.19	10.84	10.48	10.30	10.11	9.92	9.73	9.53	9.33
9	22.86	16.39	13.90	12.56	11.71	11.13	10.70	10.37	10.11	9.89	9.57	9.24	8.90	8.72	8.55	8.37	8.19	8.00	7.81
10	21.04	14.91	12.55	11.28	10.48	9.92	9.52	9.20	8.96	8.75	8.45	8.13	7.80	7.64	7.47	7.30	7.12	6.94	6.76
11	19.69	13.81	11.56	10.35	9.58	9.05	8.66	8.35	8.12	7.92	7.63	7.32	7.01	6.85	6.68	6.52	6.35	6.17	6.00
12	18.64	12.97	10.80	9.63	8.89	8.38	8.00	7.71	7.48	7.29	7.00	6.71	6.40	6.25	6.09	5.93	5.76	5.59	5.42
13	17.81	12.31	10.21	9.07	8.35	7.86	7.49	7.21	6.98	6.80	6.52	6.23	5.93	5.78	5.63	5.47	5.30	5.14	4.97
14	17.14	11.78	9.73	8.62	7.92	7.43	7.08	6.80	6.58	6.40	6.13	5.85	5.56	5.41	5.25	5.10	4.94	4.77	4.60
15	16.59	11.34	9.34	8.25	7.57	7.09	6.74	6.47	6.26	6.08	5.81	5.54	5.25	5.10	4.95	4.80	4.64	4.47	4.31
16	16.12	10.97	9.00	7.94	7.27	6.81	6.46	6.19	5.98	5.81	5.55	5.27	4.99	4.85	4.70	4.54	4.39	4.23	4.06
17	15.72	10.66	8.73	7.68	7.02	6.56	6.22	5.96	5.75	5.58	5.32	5.05	4.78	4.63	4.48	4.33	4.18	4.02	3.85
18	15.38	10.39	8.49	7.46	6.81	6.35	6.02	5.76	5.56	5.39	5.13	4.87	4.59	4.45	4.30	4.15	4.00	3.84	3.67
19	15.08	10.16	8.28	7.26	6.62	6.18	5.85	5.59	5.39	5.22	4.97	4.70	4.43	4.29	4.14	3.99	3.84	3.68	3.51

续 表

n_1 \ n_2	1	2	3	4	5	6	7	8	9	10	12	15	20	24	30	40	60	120	∞
20	14.82	9.95	8.10	7.10	6.46	6.02	5.69	5.44	5.24	5.08	4.82	4.56	4.29	4.15	4.00	3.86	3.70	3.54	3.38
21	14.59	9.77	7.94	6.95	6.32	5.88	5.56	5.31	5.11	4.95	4.70	4.44	4.17	4.03	3.88	3.74	3.58	3.42	3.26
22	14.38	9.61	7.80	6.81	6.19	5.76	5.44	5.19	4.99	4.83	4.58	4.33	4.06	3.92	3.78	3.63	3.48	3.32	3.15
23	14.19	9.47	7.67	6.69	6.08	5.65	5.33	5.09	4.89	4.73	4.48	4.23	3.96	3.82	3.68	3.53	3.38	3.22	3.05
24	14.03	9.34	7.55	6.59	5.98	5.55	5.23	4.99	4.80	4.64	4.39	4.14	3.87	3.74	3.59	3.45	3.29	3.14	2.97
25	13.88	9.22	7.45	6.49	5.88	5.46	5.15	4.91	4.71	4.56	4.31	4.06	3.79	3.66	3.52	3.37	3.22	3.08	2.89
26	13.74	9.12	7.36	6.41	5.80	5.38	5.07	4.83	4.64	4.48	4.24	3.99	3.72	3.59	3.44	3.30	3.15	2.99	2.82
27	13.61	9.02	7.27	6.33	5.73	5.31	5.00	4.76	4.57	4.41	4.17	3.92	3.66	3.52	3.38	3.23	3.08	2.92	2.75
28	13.50	8.93	7.19	6.25	5.66	5.24	4.93	4.69	4.50	4.35	4.11	3.86	3.60	3.46	3.32	3.18	3.02	2.86	2.69
29	13.39	8.85	7.12	6.19	5.59	5.18	4.87	4.64	4.45	4.29	4.05	3.80	3.54	3.41	3.27	3.12	2.97	2.81	2.64
30	13.29	8.77	7.05	6.12	5.53	5.12	4.82	4.58	4.39	4.24	4.00	3.75	3.49	3.36	3.22	3.07	2.92	2.76	2.59
40	12.61	8.25	6.60	5.70	5.13	4.73	4.44	4.21	4.02	3.87	3.64	3.40	3.15	3.01	2.87	2.73	2.57	2.41	2.23
60	11.97	7.76	6.17	5.31	4.76	4.37	4.09	3.87	3.69	3.54	3.31	3.08	2.83	2.69	2.55	2.41	2.25	2.08	1.89
120	11.38	7.22	5.79	4.95	4.42	4.04	3.77	3.55	3.38	3.24	3.02	2.78	2.53	2.40	2.26	2.11	1.95	1.76	1.54
∞	10.83	6.91	5.42	4.62	4.10	3.74	3.47	3.27	3.10	2.96	2.74	2.51	2.27	2.13	1.99	1.84	1.66	1.45	1.00

注：+ 表示要将此数乘以100。

附录二

"商务管理统计学"课程教学大纲

英文名称：Business management statistics

建议学时：必修课 54 学时，选修课 36 学时

适用对象：国际贸易与金融专业、财务管理、会计、审计、营销、物流、人力资源管理等相关的经济与贸易、商务管理各专业。

先修课程：经济学原理、概率论

课程性质、目的和任务：统计学是高等院校经济与管理各专业学生必修的专业基础课程。该课程运用统计数量分析的基本理论和方法，分析社会经济现象的数量特征和数量变化特征，揭示社会经济现象的本质和变化规律。为宏、微观经济管理和决策提供统计数据支持。通过该课程的学习，学生能够掌握必须统计的基本理论和基本方法，提高统计调查和统计分析的基本技能，为后续的专业课学习打下基础。

教学基本要求：

(1)《商务管理统计》课程的教学指导思想："商务管理统计学"侧重于商务管理活动中的应用，避免在教学中花大量时间做公式推倒，应引导学生系统掌握商务管理活动中的统计的基本理论和基本方法，教学重点是各种理论与方法在商务管理活动中的使用条件、操作步骤，结论解释。提倡"案例式教学方法"，注重本学科的基本理论、基本知识的介绍及基本技能的训练，注重理论和实践相结合，方法和应用相结合。为拓宽和加深统计知识，增加统计分析的方法和手段。在教学中注意反映统计研究的最新成果，反映我国统计改革的动向。

(2)《商务管理统计》的教学方法、学时安排与学分

根据上述指导思想与本课程的特点，本课程的教学中采用课堂教授与课外阅读相结合，理论与实际相结合的教学方法，为提高教学效果，在教学中逐步增加宏、微观经济统计分析案例的比重。加强学生搜集、整理统计资料的基本培训。尽量避免繁杂的数学推导，强调统计方法的掌握和运用。为充实统计分析的实际背景，教师应注意搜集和积累社会经济统计资料编写教学案例，开发计算机统计

分析软件。

"商务管理统计"是经济与管理各专业的核心课程中，课程总计分 3～4 学分，教学时间为一学期，每周 3～4 学时，共计 54～72 学时。

课程考核办法：

1. 期中采用笔试形式，开卷考试，当堂完成，可带教材、笔记、参考资料及计算器；

2. 期末采用闭卷；只可带计算器。考试时间一般为 2 小时；

3. 总评成绩构成：平时作业 10%，期中 20%，期末 70%。

教学内容时间分配见附表：

章	教学内容	参考学时	备注
1	商务管理统计学总论及数据来源	4	
2	统计数据的简缩、显示和对比分析	6	"动态相对数"可推后
3	统计数据的集中趋势测定	4	
4	统计数据的离散趋势测定	4	
5	数据推断预备知识	可略	若先开概率可略
6	数据的抽样与抽样分布	3	
7	单一总体的参数估计	6	
8	单一总体的假设检验	5	
9	来自两个总体的统计推断	3	选修课可略
10	方差分析	3	"多因素"可略
11	数据的回归与相关	6	
12	数据的时间数列分析	4	
13	数据的指数分析	4	
14、15、16	统计决策与国外统计介绍		视专业需要而取舍

教学与学习的重点内容：

第一章　商务管理统计学总论及数据来源

教学内容：

第一节　统计学的起源和发展

商务管理统计学的任务，古典统计的形成，近代统计的发展。

1. 国势学派
2. 政治算术学派
3. 数理学派

第二节　商务管理统计学的基本问题

一、统计的三种含义

二、商务管理统计研究的对象

三、商务管理统计研究的方法

1. 大量观察法

2. 统计分组法

3. 对比分析法

4. 综合指标法

5. 归纳推断法

6. 动态测定法

第三节　统计中常用的几个概念

一、统计总体和总体单位

二、计划期、报告期、基期

三、标志及其分类、变量

四、统计指标其分类

五、统计指标体系

第四节　常用的数据搜集方法

一、统计调查的要求

二、统计调查的组织形式

三、次级统计资料的搜集与整理

四、统计调查方案的制订

教学要求：

了解：统计学的基本性质和研究范围，统计学发展史及其各个学派的作用。

掌握：统计学的功能及其相互关系，统计学的基本概念的含义、数据搜集方法。

应用：统计指标设计、统计调查方案的制订。

教学要点：统计的三层含义。统计的两个功能：服务和监督

国势学派政治算术学派数理学派对统计学发展的影响

统计总体与总体单位，标志的分类与变量的概念及其相互关系。掌握数据搜集方法、统计调查方案的制订

第二章 统计数据的简缩、显示和对比分析

教学内容：

第一、二节 数据的频数、频率、图表显示

一、统计资料整理的程序

二、统计分组

三、分配数列及种类

第三节 数据的对比分析（相对指标）

一、相对数的概念

二、相对数的表现形式

三、几种常用的相对数

1. 计划完成相对数

2. 结构相对数

3. 比例相对数

4. 比较相对数

5. 强度相对数

6. 动态相对数

教学要求：

了解：统计数据的频数、频率、图表显示，统计资料整理的程序。相对数的概念、分类和作用。

掌握：统计分组的作用与变量数列的编制、相对数的计算方法

应用：对调查数据进行处理，反映数据特征、恰当地使用分配数列、相对数的概念及计算。

教学要点：统计资料整理的基本程序，分组标志的选择原则，统计分组体系，变量数列的编制过程。恰当地使用图表。各种相对数的计算及应用，尤其是动态相对数中的各种动态对比分析。

第三章 统计数据集中趋势测定

教学内容：

第一节 一般平均数

一、一般平均数的概念

二、算术平均数、算术平均数的数学性质

三、调和平均数

第二节 位置平均数

一、众数含义和算法

二、中位数含义和算法

三、算术平均数、众数、中位数的关系

第三节 序时平均数

一、序时平均数的概念、绝对数动态数列、相对数动态数列、时期与时点数列的区别。

二、由绝对数动态数列计算的序时平均数

三、由相对数动态数列计算的序时平均数

四、几何平均数

教学要求：

了解：平均数的概念分类，时期与时点数列的区别

掌握：算术平均数的数学特征，算术平均数、众数和中位数、序时平均数的特点及相互关系，各种平均数的计算方法，时期指标和时点指标的特征。

应用：较为熟练地应用各种平均数说明商务管理活动中的数量特征。

教学要点：各种平均的计算和应用条件，综合案例分析。

第四章 统计数据离散趋势测度

第一节 离散趋势的含义与作用

第二节 离散度的测量方法

一、全距

二、四分位差

三、平均差

四、标准差和方差、样本标准差

五、标志变异系数（相对离散系数）

教学要求：

了解：离散趋势的含义和作用

掌握：全距、标准差和标志变异系数的特点和计算方法。

应用：较为熟练地应用各类变异指标说明社会经济现象的数量特征。

教学要点：各种标志变异指标的计算，综合案例分析。

第五章 数据推断预备知识（略）

第六章 数据的抽样与抽样分布

教学内容：

第一节 统计抽样与抽样误差

一、统计抽样 样本统计量和总体参数

二、抽样方法

三、抽样分布概念

第二节 抽样分布与中心极限定理

一、总体分布、样本分布和抽样分布的关系

二、从正态总体中抽样

三、从非正态总体中抽样

四、中心极限定理 抽样误差

第三节 抽样分布其他问题

一、样本容量与抽样平均误差

二、有限总体修正系数

教学要求：

了解：抽样调查的概念、特点及抽样调查的组织形式，抽样误差的概念

掌握：抽样平均误差、抽样极限误差的计算

应用：在给定条件下能熟练的计算各种抽样误差。有限总体修正系数

教学要点：抽样调查的概念、特点及作用；抽样误差计算公式的推导及计算。

第七章 单一总体的参数估计

教学内容：

第一节 参数估计的基本原理

一、参数估计的必要性

二、估计量的评价标准

三、点估计区间估计的含义与算法

四、置信度和置信区间全及总体总量指标估计

第二节 根据大样本所做的区间估计

一、总体标准差已知条件下的区间估计值

二、总体标准差未知条件下的区间估计值

三、大样本比率的区间估计值

第三节 根据小样本所做的区间估计

一、t 分布的特征

二、自由度和 t 分布表

第四节 样本容量大小的选择

一、总体标准差已知条件下，样本容量大小的确定

二、总体标准差未知条件下，样本容量大小的确定

三、估计总体比率时，样本容量大小的确定

教学要求：

了解：点估计和区间估计的含义、特点

掌握：平均数、比率在各种条件下区间估计。

应用：在给定条件下能熟练的计算各种条件下平均数和比率区间估计值。在给定条件下正确选择样本容量。

教学要点：点估计和区间估计的概念、特点；对区间估计值的计算、解释。区间估计的形式和应用条件。样本容量大小的计算。

第八章 单一总体假设检验

教学内容：

第一节 导言

第二节 假设检验的基本问题

一、陈述假设

二、显著水平及其选择

三、假设检验中的两类误差

四、确定概率分布

五、关于检验的双边检验和单边检验问题

第三节 总体平均值的假设检验Ⅰ（总体标准差已知时）

一、总体平均值的双边假设检验

二、总体平均值的单边假设检验

第四节 总体平均值的假设检验Ⅱ（总体标准差未知时）

一、用 t 分布做总体平均值的双边假设检验

二、用 t 分布做总体平均值的单边假设检验

三、关于 P 值的使用

教学要求：

了解：假设检验的概念、分类和作用，假设检验的步骤

掌握：假设检验中的两类错误，两类错误概率的关系，总体平均值、比例和方差的假设检验。

应用：较为熟练地应用假设检验方法对生产经营和其他经济现象的数量特征进行合理的假设检验，并作出有价值的说明。

教学要点：假设检验的概念、分类和作用，假设检验的步骤；各种条件下总体平均值、比例的假设检验。

第九章　来自两个总体样本的统计推断

教学内容：

第一节　两个总体平均数之差的估计

一、什么是来自两个总体平均数之差的估计

二、两个总体的平均数之差的区间估计（大样本条件下）

三、小样本条件下两个总体的平均数之差的区间估计

第二节　两个总体平均数之差独立样本的假设检验

一、大样本条件下独立样本的假设检验

二、小样本条件下独立样本的假设检验

第三节　两个总体平均数之差匹配样本的假设检验

一、什么是匹配样本

二、匹配样本的假设检验

第四节　来自两个总体比率之差的统计推断

一、两个总体比率之差的点估计和区间估计

二、两个总体比率之差的假设检验

教学要求：

了解：两个总体平均数之差的概念、作用

掌握：两个总体平均值、比率的区间估计和假设检验。

应用：较为熟练地应用两个总体平均值、比率的区间估计和假设检验方法。对商务管理和其他经济现象的数量特征进行合理的估计和假设检验，并作出有价值的说明。

教学要点：两个总体平均数之差的概念、作用，各种条件下两个总体平均值、比例的估计和假设检验。

第十章 方 差 分 析

教学内容：

第一节 方差分析的基本问题

一、方差分析的意义

二、方差分析的基本原理

三、方差分析的基本概念

第二节 单因素方差分析

一、单因素方差分析过程的例题解释

二、F分布

三、方差分析的具体步骤

四、方差分析的假设前提

五、方差分析的数学原理

六、方差分析中的多重比较

第三节 多因素方差分析

一、基本概念

二、两个因素的方差分析例题

教学要求：

了解：方差分析的概念、作用

掌握：方差分析的基本原理

应用：较为熟练地应用单因素方差分析方法。对其计算结果作出合理说明。

教学要点：F分布的含义与F值；单因素方差分析的基本原理。

注：根据学生状况及课时要求，本章只介绍方差分析的基本思想。

第十一章 数据的回归与相关分析

教学内容：

第一节 回归与相关的概念

一、回归与相关分析的概念

二、相关关系的种类

三、相关分析的主要内容

第二节 一元线性回归分析

一、相关系数

二、回归直线的确立

三、回归直线的拟合程度

1. 判定系数

2. 估计标准误差

四、方程的显著性检验

五、回归预测

第三节　多元线性回归分析

一、多元线性回归模型

二、复回归估计平均误差

三、复相关系数

第四节　非线性回归分析

一、可线性化的常用曲线模型

二、曲线的配合

教学要求：

了解：相关与回归的概念、联系和区别，相关与回归分析的要求与程序，多元回归模型。

掌握：一元线性回归模型的建立，估计标准误差、相关系数的计算，方差分析，一元线性回归预测。

应用：在给定条件下能熟练运用有关公式分析社会经济现象之间的数量关系。

教学要点：相关与回归分析的特点、要求、程序；一元线性回归模型；一元线性回归预测。

第十二章　数据的时间数列分析

教学内容：

第一节　时间数列分析的基本问题

一、动态数列的概念

二、动态数列的编制原则

三、动态数列的影响因素

四、动态数列分析的基本原理

第二节　长期趋势分析

一、移动平均法

二、半数平均法

三、最小平方法

四、曲线模型

第三节　季节变动的测定

一、按季平均法

二、长期趋势剔除法

第四节　周期波动分析

注：可以借助统计软件加以介绍

教学要求：

了解：动态数列的概念及影响因素

掌握：社会经济现象发展变化的基本形式，长期趋势的测定，季节变动的测定。

应用：较为熟练的应用动态数列的基本方法分析社会经济现象的数量变化特征。

教学要点：动态数列的概念、分类及编制原则。长期趋势和季节变动的测定方法，重点是识别构成动态数列的要素，用最小平方法进行长期趋势分析。正确解释社会经济现象发展变化的基本形式。

第十三章　数据的指数分析

教学内容：

第一节　指数的含义与分类

一、指数的概念

二、指数的作用

三、指数的分类

第二节　综合指数的编制

一、综合指数的含义

1. 综合指数的定义

2. 同度量因素

二、综合指数的编制方法

1. 数量指标的综合指数编制

2. 质量指标的综合指数编制

第三节　平均指数的编制

一、加权算术平均数指数

二、调和平均数指数

第四节　指数体系与指数数列

一、指数体系

二、指数数列

· 1. 指数数列的概念

2. 指数数列的编制

第五节　经济指数的应用

一、货币购买力指数含义

二、实际工资及含义

教学要求：

了解：统计指数的概念及分类，个体指数的计算。

掌握：同度量因素的概念及其确定原则，综合指数和总平均指标指数的计算

应用：较为熟练的运用两类统计指数分析，分析解释在商务管理活动中的各个构成因素的变化和数量表现、作用。

教学要点：统计指数的概念及其分类，个体指数的计算；同度量因素的概念及确定原则，数量指标指数、质量指标指数和经济现象总指数的计算及相互关系，各种综合指数计算公式的变形，两类统计指数的结合运用。

第十四章　统计决策分析（略）

第十五章　外国经济统计简介（Ⅰ）人力资源与生产流通统计（略）

第十六章　外国经济统计简介（Ⅱ）居民收入与消费统计（略）

注：视专业需要而取舍。

附录三

"商务管理统计学"课程模拟试卷

一、判断题：（每题1分，共10分。正确打√，错误打×。）

1. 《概率论书简》是比利时统计学家凯特勒的主要代表著作之一。（　　）
2. 中性标志说明事物的质和量，可以用文字、也可以用数量表示。（　　）
3. 统计分组的先后步骤是指分组、审核、制表和汇总。（　　）
4. 调和平均数是每一变量值倒数的算术平均数。（　　）
5. 标准正态分布是指总体平均数为0，方差为1时的正态分布。（　　）
6. 当包含曲线下面积相同时，t分布值比Z分布值更大些。（　　）
7. 在统计上进行多个总体比较差异时，通常使用P检验分析法。（　　）
8. 定基增长速度等于环比增长速度的连乘积。（　　）
9. 一个优良的统计量应当是无偏的、有效的、一致的和充分的。（　　）
10. 如果两个变量之间为负相关，则回归系数和可决系数均为负。（　　）

二、单项选择题。（每题1分，共10分）

在以下4个备选答案中，选出你认为最恰当的一个，并将其填入括号内。

1. 统计分组后，应使（　　）

    A. 组内具有差异性，组间具有同质性

    B. 组内具有同质性，组间具有差异性

    C. 组内具有差异性，组间具有差异性

    D. 组内具有同质性，组间具有同质性

2. 统计报表大多数属于：（　　）

    A. 一次性全面调查　　　　　　B. 经常性全面调查

    C. 经常性非全面调查　　　　　D. 一次性非全面调查

3. 一项商务调查资料显示，每100个消费者中就有75人喜欢某品牌，若以交替标志表示其平均数，则标准差是（　　）。

    A. 0.1875　　　　　　　　　B. 75%

    C. 0.433　　　　　　　　　D. 25%

4. $\sum Xf / \sum f = \sum X/n$ 的前提条件是（　　）。

　A. $X_1 = X_2 = \cdots\cdots = X_n$ 　　　B. $\sum Xf = \sum f$

　C. $\sum X = \sum f$ 　　　D. $f_1 = f_2 = f_3 = \cdots\cdots = f_n$

5. 假设检验时，$H_0 : \mu \geqslant \mu_0$；$H_1 : \mu < \mu_0$，$n \geqslant 30$，$\alpha = 0.05$ 时，拒绝区为（　　）。

　A. $Z < -1.96$ 　　　B. $Z < -1.645$

　C. $Z > 1.645$ 　　　D. $Z > 1.96$

6. 有限总体修正系数可以省略的前提是（　　）。

　A. $n/N < 0.5$ 　　　B. $n/N > 0.5$

　C. $n/N < 0.05$ 　　　D. $n/N > 0.05$

7. 一批进口商品对其质量实行假设检验，在显著水平为 $\alpha = 0.01$，H_0 被拒绝时，如果使用了 $\alpha = 0.05$，则 H_0（　　）。

　A. 一定会被拒绝 　　　B. 可能会被拒绝

　C. 一定会被接受 　　　D. 必须重新假设检验

8. HE 公司物流中心 6 月初至 10 月初员工人数分别为 296、298、295、300、290（人），则第三季度月平均人数为（　　）。

　A. $\dfrac{296/2 + 298 + 295 + 300/2}{4 - 1}$ 　　　B. $\dfrac{296/2 + 298 + 295 + 300 + 290/2}{5 - 1}$

　C. $\dfrac{296/2 + 298 + 295 + 300/2}{3 - 1}$ 　　　D. $\dfrac{298/2 + 295 + 300 + 290/2}{4 - 1}$

9. 一项检验结果表明 P 值为 0.023，当显著水平为 0.05 时，则显示（　　）。

　A. 两个总体无显著差异

　B. 两个总体有显著差异

　C. 无法判定两总体是否有显著差异

　D. P 值与显著水平无关

10. 假定物价上升 4.5%，则货币购买力指数约（　　）。

　A. 上升 4.5% 　　　B. 为 95.5%

　C. 下降 4.3% 　　　D. 下降 22.2%

三、简述下列四题：（每题 5 分，共 20 分）

1. 举例说明什么是数量指标和质量指标？什么是时期指标和时点指标？

2. 离散度有几种算法？各有何优缺点？

3. 强度相对数、比例相对数、比较相对数有何不同特点？请举例说明。

4. 举例说明长期趋势、季节变动和循环波动各有何特点？

四、综合计算题：(60%)

1. 根据以下数据，分别计算：算术平均数、中位数、众数并指出其次数分布形态。(共 10 分)

某零售集团公司，其销售收入如下表：

年销售额（万元）	分销店（个）
100 以下	15
100－150	19
150－200	26
200－250	20
250－300	14
300 以上	11

2. 某小汽车轮胎厂要估计其轮胎的平均行驶里程，随机抽取 400 个样本，其平均行驶里程为 20000 公里，标准差为 6000 公里。试在 95％的置信度下，对小汽车轮胎的平均寿命作一个区间估计。(5 分)

3. 某公司人力资源管理部门制订一项员工培训计划。负责培训的主管人员估计有一半的员工，会在这项培训计划完成后的考试中，获得优秀。现从参加培训的员工中随机抽取 200 人，结果有 109 人为优秀。问：若以 0.05 为显著水平做个检验，能否认为员工成绩的优秀率，显著地高于主管人员事先估计的结果？培训计划收到了良好的效果。(6 分)

4. 某地区历年出口资料如下表，补充表中的空缺指标（保留一位小数）(12 分)

时间（年）	出口总值万美元	增长量		发展速度%		增长速度%		每增长 1% 的绝对值
		逐期	累积	环比	定基	环比	定基	
1996								
1997			30.5					3.68
1998		20.5						
1999				55.5				
2000					238.0			
2001			+				383.3	

5. 已知某种商品需求量 Y 和价格 X 的有关数据，$\sum X = 94$，$\sum Y = 604$，

$\sum XY = 5564$，$\sum X^2 = 920$，$\sum Y^2 = 36968$，样本个数为 10。（13 分）

分别计算：（1）相关系数；（2）拟合回归方程，解释回归系数的实际意义；

（3）计算估计标准差。

6. 根据以下资料计算物价指数、物量指数和物值指数，从相对数和绝对数上验证它们之间的关系（14 分）

产品名称	销售总额（万元）		2002 年比 2001 年销售价格增长％
	2001 年	2002 年	
甲	200	220	14
乙	50	50	5
丙	120	150	20

说明：试卷后可视学生的学习状况附参考公式。

参 考 文 献

1.《商务统计》何海燕主编，张红元、黄发贵副主编，广东经济出版社，1999年8月第1版

2.《应用统计学》何海燕主编，张红元、黄发贵副主编，广东经济出版社，1994年第1版

3.《商务与经济统计》（美）戴维R.安德森、丹尼斯J.斯威尼、托马斯A.威廉姆斯著，张建华、王健、冯燕奇等译，机械工业出版社，2000年4月第1版

4.《商务统计》（英）M.C.费莱明、J.G.纳理斯著，牛南洁、郭金龙译，中信出版社，1999年2月出版

5.《统计学原理》王连香主编，李俊惠、何海燕副主编，天津社会科学院出版社，1991年出版

6.《现代统计学》马俊林主编，何海燕等副主编，黑龙江朝鲜民族出版社，1991年出版

7.《国际企业管理》董黎明主编，中国对外经济贸易出版社，2003年3月第1版

8.《经济计量学精要》（美）达莫达尔N.古亚拉提著，张涛等译，机械工业出版社，2000年7月第1版

9.《西方经济统计学》伍荣坤等主编，暨南大学出版社，1992年7月出版

10.《决策统计分析》（美）M.汉柏格著，中国统计出版社，1991年出版

11.《应用统计》贾怀勤主编，对外贸易教育出版社，1994年出版

12.《统计学》袁卫、庞皓、曾五一主编，高等教育出版社，2000年7月第1版

13.《应用数理统计学》周复恭等编著，中国人民大学出版社，1996年出版

14.《经济预测与决策》徐国详主编，上海财经大学出版社，1998年出版

15.《应用统计学》卫海英主编，暨南大学出版社，2000年出版

教学课件索取说明

各位教师：

　　中国商务出版社为便于广大教学一线教师的教学需要，我社向采纳本书作为教材的教师免费提供教学课件。为确保此课件仅为教学之所用，烦请填写如下内容，并寄至北京市东城区安定门外大街东后巷28号7216室，中国商务出版社组稿编辑部　收件人：种清苑，邮政编码：100710，电话：010－64242964或传真至：010－64240576；我们收到并核实后，将尽快寄出教学课件（电子邮件或光盘）。

证　　　明

　　兹证明_____大学_____院/系_____年级_____名学生使用书名《　　　　》、作者：　　　　　的教材，教授此课教师共计_____位，现需课件_____套。

教师姓名：_____　　　　联系电话：_____
传　　真：_____　　　　E-mail：_____
通信地址：_____
邮政编码：_____

　　　　　　　　　　　　　院/系主任：_____签字
　　　　　　　　　　　　　　　（院/系公章）
　　　　　　　　　　　　　_____年____月____日